선한 영향력과
서번트 리더십

선한 영향력과 서번트 리더십

초판1쇄 발행　2021년 6월 23일
초판2쇄 발행　2024년 8월 28일

지 은 이　이종원
펴 낸 이　신일희
펴 낸 곳　계명대학교 출판부
출판등록: 제347-1998-1호(1970. 9. 1)
주소: 대구광역시 달서구 달구벌대로 1095
대표전화: 053-580-6233　팩스: 053-580-6235
홈페이지: www.kmupress.com

ISBN 979-11-6516-084-5 93320　　값 12,000원

• 빛을여는책방 은 계명대학교출판부 패밀리브랜드입니다.

선한 영향력과 **서번트** 리더십

—

이 종 원

빛을여는책방

머리말

섬김은 리더가 공동체를 바르게 이끌기 위해 꼭 필요한 덕목이다. 그런데 리더가 섬기는 자가 되는 것은 실제로 쉽지 않다. 리더는 스승이나 지도자가 당연히 맡는 역할이며, 섬기는 역할은 제자나 리더를 따르는 구성원이 당연히 맡는 역할이기 때문이다. 그래서 리더가 섬김의 자리로 내려가는 것은 쉽지 않다. 리더의 역할 상실이나 지도력 부재로 인해 혼란만 초래하지 않을까 염려하며 주저하게 된다.

서번트 리더십이란 리더가 섬기는 자세로 공동체를 바람직한 방향으로 이끌면서 선한 영향력을 발휘하는 것이다. 리더가 구성원들을 카리스마 있게 이끌려다 보면, 점점 권위적이 되고 나중에는 군림하게 되는 경우가 많다. 공동체가 분명한 목적을 갖고 번영할 때는 카리스마적 리더십이 문제가 되지 않겠지만, 공동체가 어려움이나 역경을 만나게 될 때 여기저기서 불평하는 소리가 나오고, 불만이 갈등을 증폭시켜 균열이 생기고 급기야는 와해되기도 한다.

서번트 리더는 먼저 섬김의 본을 보이면서 공동체를 이끄는 지도자이다. 공동체 구성원들의 마음을 읽기 위해 진솔하게 대화하면서 경청하고, 강압적인 방식이 아니라 구성원들과 공감하면서 설득을 통해 그들을 이해시키고, 공동체의 목적을 이루기 위해 바람직한 방향으로 이끄는 것이다. 따라서 서번트 리더가 진정성을 갖고 공동체를 이끌 때 구성원들은 자발적으로 리더를 따르게 된다.

2010년 라오스에 봉사활동을 다녀온 적이 있다. 이전에도 여러 차례 봉사활동을 다녀온 경험이 있었지만, 단장으로서 학생들을 인솔하게 된 것은 처음이었다. 봉사 담당 직원 1명과 나는 학생 19명을 인솔해서 라오스의 우돔싸이라는 시골 마을에서 봉사활동을 했다. 현지의 열악한 교육환경과 냉장고 없이 무더운 지방에서 살아가는 현지인들의 실상을 보면서 무척 안타까운 마음이 들었다.

봉사단 21명과 예수전도단 단기선교팀 6명, 코이카(KOICA) 단원 2명과 한국인 선교사 1명 그리고 라오스 현지인 교사와 학생 30여 명이 협력하여 교실을 증축하였다. 벽돌을 나르고, 시멘트를 이겨 벽을 쌓아 올렸고, 창문틀과 문틀을 만들고, 창문과 문을 달았다. 모두가 함께 협력하여 교실 5칸을 완공했을 때 기쁨과 감격이 넘쳤다. 교실을 완공한 후 교육감, 도지사와 함께 축하식도 거행하고, 우리 학생들이 준비한 다양한 문화공연을 하면서 마을잔치도 열었다.

한 주간 동안 현지인들과 함께 땀 흘리며, 함께 먹고, 함께 일하면서 친밀감을 느꼈다. 공동의 선을 위하여 함께 협력하는 것은 인종이나 문화를 초월하여 탁월한 성과를 이루는 지름길임을 라오스 봉사활동을 통해 다시 확인하였다. 나는 전체 공사 일정을 살피고 조율하면서 봉사활동 동안 학생들과 함께 땀 흘렸다.

만약 내가 단장이랍시고 뒷짐 지고 지시만 했더라면 어떠했을까 생각해 본다. 나는 '솔선수범'이란 말을 참 좋아한다. 내가 귀찮고 싫은 일은 남도 똑같이 귀찮고 싫은 일일 것이다. 반면 남에게 칭찬받거나 눈에 잘 드러나는 일은 누구나 좋아하는 일일 것이다. 하지만 진정한 지도자는 섬기는 사람이며, 뒤에서 드러나지 않게 구성원들의 부족함을 채워주면서 이끄는 사람일 것이다. 리더로서 자신을 드러내지 않으면서도 선한 영향력을 발휘하는 것, 구성원들에게 강압적이고 험악한 분위기를 조성하지 않더라도 구성원들이 감동해서 자발적으로 따르도록 이끄는 것이 이 시대에 요청되는 리더가 아닐까 생각해 본다.

코로나19로 인한 팬데믹이 지구촌을 위협하고 있다. 코로나19 발병 초기 중국 정부의 지도자들은 초기 대응에 실패했다. 그들은 의사들의 경고를 무시하고 오히려 그들을 협박하면서 비밀을 유지하려 했다. 만약 그들이 바이러스 사태를 투명하게 공개하면서 초기 진압에 힘썼더라면 상황이 이처럼 심각하게 변하지 않았을 것이다.

영국과 스웨덴을 비롯한 유럽의 몇몇 국가들은 집단면역이라는 다소 위험한 방식을 택했다. 노령층이나 기저질환을 앓는 취약한 이들은 자가격리를 시키고, 젊고 건강한 집단은 자연스럽게 감염되도록 내버려 둠으로써 '집단면역'을 통해 돌파하고자 했다. 외출 제한이나 이동통제 같은 조치로 인한 경제적 피해를 최소화함과 동시에 보건 체계의 과부하를 피할 수 있으리라 예측했기 때문이었다. 하지만 피해가 속출하자 사회적 거리두기로 정책을 수정했다.

트럼프 행정부는 경제회복을 위해 아무런 조치를 취하지 않았다. 초기에 바이러스가 확산되었을 때 위험성을 가볍게 여겨 대량 검사도 안 하고, 자가 격리도 시키지 않고, 공개 행사도 취소하지 않음으로 확진자가 순식간에 불어났고, 그 피해 또한 엄청났다. 큰 피해와 혼란을 겪은 후에야 강력한 거리두기와 이동통제 정책으로 변경하였다.

우리나라도 대구 · 경북지역 신천지 신자들의 집단 확진으로 큰 어려움을 겪었지만 신속한 대처로 위기를 극복할 수 있었다. 일관성 있고 투명한 정책을 통해 의심 증상자에 대하여 선제적인 감염검사를 시행하였고, 확진자의 동선을 대중에게 공개함으로써 확산을 막을 수 있었다.

위의 사례들을 볼 때 지도자가 어떤 비전을 세우고, 구성원을 이끄느냐에 따라 공동체가 위기와 혼란을 겪는가 하면, 오히려 위기를 발판 삼아 새로운 도약의 기회로 만들 수 있음을 알 수 있다. 특히 공동체가 예상치 못한 위기와 역경을 만났을 때, 지도자의 빠른 판단과 뛰어난 대처 능력은 중요하다. 그런 점에서 서번트 리더가 지닌 영향력과 파급효과는 매우 크다고 생각된다.

이 책은 서번트 리더십과 영향력의 상관관계에 주목하면서 서번트 리더십을 모범적으로 실천한 사례들을 소개하면서 서번트 리더십이 지닌 특징들과 영향력 있는 서번트 리더의 법칙에 대해 살펴보았다.

1장은 리더가 어떤 결정을 하고 영향력을 발휘하는가에 따라 공동체의 운명이 결정되는지에 관한 다양한 사례를 통해 리더의 중요성을 살펴보았다. 리더가 위기 상황을 제대로 파악하지 못한 채 엉뚱한 판단을 하고 잘못된 방향으로 이끌면 공동체는 큰 위기를 겪게 된다. 반면 아무리 심각한 위기와 역경이 닥쳐도 리더가 지혜롭게 대처하면서 영향력을 발휘하면 위기를 극복하고 기회로 만들 수 있음을 강조하였다.

2장은 리더십과 팔로워십의 관계에 대해 살펴보면서 리더와 추종자에게 요구되는 다양한 자질에 대해 고찰하였다. 비전과 가치관, 모험심과 균형 감각, 성숙한 인격과 실력, 공동체에 대한 헌신, 전문적인 실력과 담대한 용기 등과 같은 덕목을 강조하였다.

3장은 리더가 기질에 따라 주도형, 사교형, 안정형, 신중형 등의 네 가지 유형이 있고, 특성에 따라 개척자형, 전략가형, 경영행정가형, 목양형, 위기대처형, 조언형 리더 등으로 분류할 수 있는데, 이들 유형들을 다양한 사례와 함께 살펴보았다.

4장은 카리스마적 리더십, 민주적 리더십, 자유방임형 리더십, 변혁적 리더십 등과 같은 여러 리더십의 유형을 살펴보면서 서번트 리더십이 오늘날 주목받는 배경에 대해 로버트 그린리프와 제임스 헌터, 그리고 헤르만 헤세의 동방순례를 중심으로 살펴보았다.

5장은 영향력을 발휘하기 위한 서번트 리더십이 갖는 여러 특징, 즉 경청과 공감, 치유와 인식, 설득과 개념화, 통찰력과 청지기 정신, 타인의 성장을 위한 헌신과 공동체 건설 등을 살펴보았다.

6장은 영향력 있는 서번트 리더십의 법칙인 친밀감의 법칙(정직과 신뢰, 격려와 긍정, 친절과 존중), 자석의 법칙(인간적 매력, 겸손과 열정), 협력의 법칙을 다양한 서번트 리더의 사례와 연관지어 살펴보았다.

이 책이 나오기까지 많은 분들의 사랑과 섬김의 손길이 있었음을 고백하게 됩니다. 계명대학교 교목실에서 함께 섬기게 된 임경수 교목실장님과 황재범 전 교목실장님, 함께 협력하고 있는 박소영 목사님과 이혜정 계장님과 여러 선생님들께 감사의 마음을 전합니다.

아들을 위해 늘 기도하시면서 목회자로서 친히 본을 보이신 존경하는 아버지와 사위를 위해 늘 기도와 격려를 아끼지 않으신 장인어른과 처갓집 식구들, 두 분의 누님과 두 여동생, 그리고 매형들과 매제들에게 깊은 감사의 마음을 전합니다.

새로운 글을 쓸 때마다 세심하게 초고를 읽으면서 매끄럽고 자연스러운 글을 다듬도록 조언과 격려를 아끼지 않은 아내 류은숙에게 사랑과 감사의 마음을 전합니다. 그리고 황금 같은 대학 생활을 의미 있고 알차게 보내는 두 딸 수인과 수진에게도 사랑과 격려의 마음을 전합니다.

이 책의 출판을 허락해주신 계명대학교 출판부의 심사자들과 출판을 위해 수고를 아끼지 않은 출판부의 팀장님과 최상근 선생님께 감사의 마음을 전합니다.

2021년 4월

궁산자락 아담스채플 연구실에서

이종원

차 례

Chapter 1

리더십과 영향력

Good influence and servant leadership

Chapter

01

리더십과 영향력

1. 리더의 중요성

리더십은 우리가 사회 공동체의 구성원으로 참여하는 어느 곳에서나 나타나는 보편적인 현상이다. 어느 곳이든 공동체를 구성하는 구성원들이 있고, 구성원들을 이끄는 리더가 있기 때문이다. 심지어 구성원들을 이끄는 대표자가 없다고 하더라도 구성원들의 행동에 가장 많은 영향을 주는 중심적 역할을 하는 사람이 반드시 존재한다. 그런 점에서 본다면 공동체의 구성원에게 가장 많은 영향을 끼치는 사람이 리더인 셈이다.

공동체가 크든 작든 리더가 되어 구성원을 이끄는 일은 힘들고 고된 일이다. 리더는 때로는 외롭기도 하고, 심지어 너무나 엄청난 시련과 역경을 만나 두려움에 떨어야 하는 순간도 직면한다. 또한 리더가 구성원들의 다양한 목소리와 요구에 응하려면 여간 어려운 일이 아니다. 흔히 리더십은 배의 선장이나 팀을 이끄는 감독에 비유되기도 한다. 선장이나 감독이 지닌 개인의 역량이나 그가 발휘하는 리더십의 여부에 따라 공동체 운명이 결정되기 때문이다.

1) 타이타닉호의 비극

1912년 4월 10일 길이 268m, 폭 28m인 초호화 여객선 타이타닉(Titanic)호가 영국의 사우샘프턴을 떠나 미국 뉴욕으로 출항했다. 배를 제조한 총책임자 앤드류와 스미스 선장을 비롯해서 승무원과 승객을 포함하여 2,204명을 태운 타이타닉호가 첫 출항을 하게 되었다.[1]

4월 14일 밤 타이타닉호가 북대서양의 뉴펀들랜드 남서쪽에서 약 640km 떨어진 바다를 지나고 있을 때, 엄청나게 큰 빙산이 다가오고 있다는 경고 메시지를 받게 되었다. 승무원들은 스미스 선장과 간부들에게 경고 메시지를 전달하면서 당장 조치를 취할 것을 요청하였다. 하지만 선장과 간부들은 이러한 요구를 아무렇지도 않게 웃어 넘겼다. 당시 인간이 만든 배 가운데 가장 크고 화려한 타이타닉은 이중 바닥과 16개의 방수 격실, 수위가 어느 정도가 되면 자동으로 닫히는 첨단 기술로 만들어져 있었기에 빙산쯤은 아무 위협이 되지 않는다고 자만하였던 것이다.

밤 9시 30분쯤 타아타닉호에 긴급 정보가 다시 들어왔다. 타이타닉호 앞에 거대한 빙산이 있으니 긴급하게 피하라는 무선이었다. 하지만 호화로운 배 안의 몹시 들뜬 분위기 때문인지 이 메시지마저도 묻혀 버렸다. 밤 11시 30분 돛대 꼭대기의 망대에서 어둠 속을 응시하던 선원은 타이타닉호 앞에 놓인 거대한 물체를 보게 되었다. 몹시 당황한 그는 지휘소에 거대한 빙산이 있다고 외쳤고, 이 소리를 들은 1등 항해사는 조타수에게

---

1 홍종원, 『새로운 시대를 여는 도덕 리더십』 (서울: 호박, 2018), 35.

배를 전속력으로 후진해서 우측으로 선회할 것을 명령했다. 이는 타이타닉호가 빙산과 정면으로 충돌하는 것을 방지하기 위한 비상조치였다. 항해사의 명령에 따라 배는 모든 엔진을 가동하여 전속력으로 후진하면서 우측으로 방향을 틀었다.

하지만 20만 톤에 달하는 빙산이 타이타닉호의 우현 쪽을 스치면서 배 아래쪽 측면에 커다란 구멍이 뚫렸다. 항해사는 방수 격실의 문을 닫으라고 명령했지만 때는 이미 늦었다. 다음날 새벽 2시 20분 타이타닉호는 바다에 가라앉게 되었다. 배에는 20척의 구명보트가 있었지만 승객의 절반도 탈 수 없었고, 결국 711명만 살아남고 1,513명은 차가운 대서양 바다에서 목숨을 잃게 되었다.

2) 세월호 참사

2014년 4월 16일 발생했던 세월호 사건은 리더십의 부재가 얼마나 치명적인 결과를 낳는가를 여실히 보여주었다. 세월호는 일본에서 이미 18년 동안이나 사용하다가 침몰 사고 2개월 전에 제주 노선에 취항한 노후 선박이었다. 또한 세월호는 158번의 출항 가운데 157차례나 과적 상태로 운항했고, 사고 당일에도 허용치인 1,077톤의 3배 이상인 3,608톤의 화물을 실었는데, 더 많은 화물을 싣기 위해 배의 균형을 잡는 데 필수적인 평형수를 필요량(1,565톤)의 채 반도 되지 않는 상태(761톤)로 운항했다.[2]

세월호는 출항 전에 이미 복원력 결핍의 상태였으며, 화물 또한 느슨하게 묶인 상태에서 형식적인 출항 허가를 받은 상태였다. 또한 출항 당시 악천후인데도 불구하고 일정을 맞추기 위해 무리하게 출항했으며 유속이

2 민주화를위한전국교수협의회, 『신자유주의와 세월호 이후』(서울: 앨피, 2014), 64.

매우 빨라 위험한 곳으로 알려진 맹골수도(孟骨水道)를 빠른 속도로 통과하면서 선회하다가 화물이 한쪽으로 쏠리면서 복원력을 잃은 상태로 전복되었다.[3] 이렇게 하자가 많은 상태였던 세월호가 아무런 규제 없이 운항할 수 있었던 과정은 관계기관 당사자들의 직업윤리의 부재와 관리 부실을 보여준다.

세월호가 침몰하기 시작한 8시 48분부터 완전히 침몰한 11시 20분까지는 152분이 걸렸으나 즉각적인 조치나 구조가 이루어지지 않아 배 안의 승객은 단 한 명도 구조하지 못했다. 선박 사고 당시 가장 먼저 승객의 안전을 책임지고 대피시켜야 할 선장과 선원들은 전용 통로를 통해 자기들이 먼저 탈출했다.[4] 그들은 탈출하면서도 승객들에게는 탈출하라는 퇴선 명령을 내리지 않았다. 오히려 선실에서 가만히 있으라는 선실 대기 지시로 인해 승객들의 자발적인 탈출 기회를 차단시켰다. 배의 선장은 위급상황에서 아무런 리더십을 발휘하지 못했으며 선원들 또한 아무도 공백이 된 리더십의 자리를 채우지 못했다.

또한 사고 해역에 도착한 해경이 골든타임 동안 제대로 구조활동을 했더라면 승객들을 충분히 구할 수 있었다. 그러나 그들은 사고 소식을 듣고 구조를 위해 세월호 주변으로 몰려들었던 어선들을 막은 채 구조활동은 전혀 하지 않았다. 123정의 정장은 선실 진입 명령이 당연한데도 진입 명령을 내리지 않았을 뿐만 아니라, 배 안에서 구조를 기다리던 승객들에게 퇴선 방송도 하지 않았다. 해경이 도착한 9시 30분부터 배 안에 대기

---

3 맹골수도는 대형선박이 통과하는 국내 주요 수도 중에서는 울돌목(명량해협)과 장죽수도 다음으로 유속이 빠른 곳이다.

4 이준석 선장(69세)은 정년퇴직 후 1년 단위 계약직으로 대리선장 역할(월급 270만 원)을 해왔다. 항해사, 기관장, 기관사 월급은 170-200만 원 수준으로 다른 선박회사 급여의 6-70% 수준이었다. 특히 선박직 15명 중 9명이 계약직이었다. 고용불안과 상대적 열등 처우는 직원들의 조직헌신이나 직무몰입을 저하하는 구조적 요인이었다. 강수돌, "세월호 참사에 드러난 기업 · 정부의 사회적 무책임,"『인문논총』 72/2(2015. 5), 213.

하던 단원고 학생이 마지막 카톡을 보낸 10시 17분까지는 47분이라는 시간적인 여유가 있었고, 이는 배 안에 있던 사람들을 구하기에 충분한 시간이었음에도 단 한 명도 구하지 못했다.[5]

해경은 구조활동을 하지 않았고, 구조하는 시늉만 했다. 항의하는 유가족들에게는 거짓말을 둘러댔다.[6] 또한 해경은 민간 잠수사와 해군의 구조활동까지 막으면서 언딘이 도착하기까지 '기다리라'고만 했다. 나중에 밝혀진 충격적인 사실은 언딘은 구조가 전문이 아니라 인양전문이었다는 것이었다.

또한 세월호 침몰 당시 책임감 있게 자신의 역할을 감당해야 할 사람들은 모두 비이성적으로 행동했다. 대통령은 부재중이었고, 선장과 선원들은 제 목숨 구하기에 바빴으며, 해경은 수수방관하고 있었다. 대통령과 청와대, 총리실, 해양수산부, 안전행정부, 해양경찰, 구조팀은 서로 간에 아무런 소통조차 없는 상태에서 "가만히 있으라"는 방송만 일방적으로 내보냈다. 무엇이 최선인지 성찰조차 없는 상태에서 아까운 시간만 흘려보냈고 결국 최악의 결과를 초래하였다. 세월호 침몰 전후의 상황은 리더십의 부재가 얼마나 치명적이고 참담한 결과를 낳게 되는지를 보여주었다.

3) 히딩크의 리더십

2002년 한일 월드컵에서 4강 진출의 신화로 한국 축구의 역사를 새로 쓴 거스 히딩크(Guus Hiddink) 감독의 리더십은 많은 사람들에게 감동을 주었다. 히딩크 감독이 처음 대표팀 감독을 맡은 후 유럽의 강팀들과 평가전을 치르면서 붙은 별명이 오대영이었다. 세계적인 축구 강국들과

---

5 박찬구, "세월호 사건을 통해서 본 한국 사회의 위기에 대한 성찰," 『교육연구와 실천』 81(2015. 7), 80.

6 박민규, "눈먼 자들의 국가," 김애란 외, 『눈먼 자들의 국가』(파주: 문학동네, 2014), 49.

평가전을 치르는 가운데 계속 패하고, 심지어는 한 골도 넣지 못한 채 5골이나 먹어서 붙여진 별명이었다. 하지만 히딩크는 흔들림 없는 굳은 의지를 보여주면서 강팀들과의 대결을 통해 선수들에게 할 수 있다는 자신감을 불어 넣었다.

히딩크는 패배의 원인으로 기초 체력이 부족하다는 점과 선수들 간에 소통이 되지 않는 문제점을 지적했다. 그는 이에 대한 대안으로 기술 중심의 축구를 추구하던 기존의 방식에서 탈피하여 튼튼한 체력을 바탕으로 한 강한 조직력을 구축할 것을 강조했다. 기술이 우리보다 한 수 더 위인 강팀과는 현란한 기술로는 이길 수 없기에 강한 체력에 바탕을 둔 끈끈한 조직력으로 승부를 걸어야 한다고 선수들에게 강조하였다.

그리하여 선수들은 히딩크 감독의 분석에 동의하고 히딩크식 체력훈련에 돌입하였다. 기술로는 한 수 아래였기에 더 많이 뛰고 더 강한 압박을 하기 위해 고난도의 체력훈련에 모두가 결연한 의지로 동참하였다. 히딩크식 처방에 노장 선수들이 먼저 본을 보이면서 최선을 다하였다.

또한 히딩크는 기존의 상명하복식 조직문화로 선수들 간 소통이 안 된 점을 지적하면서 선후배의 서열을 탈피한 자유롭고 지속적인 소통을 강조했다. 소통의 중요성을 인식하게 된 선수들은 자유로운 분위기에서 조직적이고 창의적인 조직을 구축할 수 있었다. 이렇게 히딩크 감독이 구축한 강인한 체력을 바탕으로 한 끈끈한 조직력과 원활한 소통을 통해 한국 대표팀은 2002년 월드컵에서 4강 진출이라는 쾌거를 이룰 수 있었다.

4) 스콧과 아문센의 리더십

1911년 노르웨이의 로알 아문센(Roald Amundsen, 1872~1928)과 영국의 로버트 팰컨 스콧(Robert Falcon Scott, 1868~1912)은 서로 먼저

남극을 정복하겠다는 목적을 갖고 야심차게 남극 탐험을 위한 원정길에 올랐다.

로알 아문센[7]

노르웨이 출신의 탐험가 아문센은 출발하기 전 남극 지역을 여행한 사람들의 경험담을 철저히 분석했다. 남극 탐험에 필요한 최고의 장비를 준비하고 가장 효율적인 탐험 경로를 연구하면서 치밀하게 계획했다. 그는 탐험 대원들의 복장이나 장비에 이르기까지 가장 가볍고 튼튼한 것으로 사전에 철저히 준비하였다. 또한 그는 탐험 장비와 음식은 에스키모개가 끄는 썰매로 운반하는 것이 최상의 방법이라고 판단하고 팀원을 모집할 때 전문 스키어와 썰매개를 잘 다루는 사람을 선택했다.

그는 썰매 개를 이용하여 매일 6시간을 15마일에서 20마일가량 이동하였고, 다음 날의 탐험을 위해 될수록 많은 휴식 시간을 탐험대원들과 개들에게 주었다. 그는 적절한 음식 저장소를 설정하여 모든 경로에 음식을 충분하게 공급했다. 그는 탐험 일정에서 대원들의 체력 안배를 위해 약간의 음식도 직접 메고 가는 일이 없도록 배려했다. 또한 그는 탐험 과정에 있을 수 있는 모든 예측 가능한 상황들을 충분하게 고려하고 철저하게 준비하여 계획대로 실천하였다. 이처럼 철저한 사전 준비와 치밀한 계획 덕분에 아문센의 탐험대는 대원 한 명이 썩은 이 하나를 뽑은 것 외에는 부상 하나 없이 남극점을 정복하고 돌아올 수 있었다.

반면 영국의 해군 장교였던 스콧은 남극 지방을 몇 번 여행한 경험만 믿고 사전 답사를 상세하게 하지 않았다. 또한 그는 남극 탐험에 나서기

7 https://www.sciencephoto.com/media/896339/view/amundsen-at-the-south-pole

전 충실하게 준비하지 못했다. 그가 했던 치명적인 실수는 개썰매가 아닌 모터 엔진으로 끄는 썰매와 조랑말에 탐험대의 식량과 짐을 실었던 것이었다. 스콧 일행은 원정길에 오른 지 닷새 만에 모터 엔진은 남극의 추위로 인해 얼어붙어 버렸고 조랑말들도 남극의 혹독한 추위에 적응하지 못하고 얼마 못 가서 동상에 걸려 모두 죽었다. 그리하여 산더미 같은 짐들은 대원들이 직접 끌어야 했다.

팰컨 스콧[8]

스콧은 대원들의 장비에도 충분한 관심을 기울이지 못했는데, 복장이 너무 빈약하게 제작되어 모두 동상에 걸리게 되었다. 또한 부적절한 보호안경 때문에 눈보라와 강렬한 햇빛으로 인해 설맹(雪盲)이 될 정도였다. 음식과 물의 공급 또한 빈약했다. 스콧이 설치해 놓은 중간 보급 캠프들에는 물자가 부족했으며, 간격이 너무 멀리 떨어져 있었고 표식 또한 불투명해서 찾는 데 많은 어려움을 겪었다. 또한 눈을 녹이는데 필요한 연료들도 부족하여 대원들은 탈수증상에 빠지기도 했다.[9]

상황을 더욱 악화시킨 것은 네 사람 분량의 음식만 준비되었음에도 5명의 대원을 데리고 가는 바람에 다들 굶주림에 시달릴 수밖에 없었다. 생존을 위협받는 열악한 상황에서도 스콧은 대원들과 함께 앞으로 계속 전진하였다. 스콧 일행은 10주 동안 800마일을 걷는 혹독한 탐험의 결과 1912년 1월 17일 마침내 남극점에 도달할 수 있었다.

하지만 남극점에는 이미 한 달이나 먼저 도착한 아문센 일행이 꽂아 놓

8 https://picryl.com/media/members-of-the-terra-nova-expedition-at-the-south-pole-robert-f-scott-lawrence-1

9 John C. Maxwell, 채천석 옮김, 『리더십의 21가지 불변의 법칙』(고양: 청우, 2003), 61.

은 노르웨이 국기와 아문센의 편지가 휘날리고 있었다. 스콧 일행이 돌아오는 길은 더욱 끔찍했다. 돌아오는 두 달 동안 대원들은 추위와 굶주림, 괴혈병으로 시달렸다. 시간을 다 써버리고 음식 또한 부족했음에도 사태의 심각성을 인식하지 못한 스콧은 대원들에게 1인당 30파운드 분량의 지질학적 화석 자료들을 짊어지고 돌아갈 것을 명령했다.[10] 끝까지 무능력했던 스콧은 대원들의 곤경을 망각한 채 지친 대원들의 발걸음을 더 지치게 만들었다.

탐험대의 걸음은 더욱 더 느려졌고, 대원 중 한 명이 혼수상태에 빠져 사망하였다. 동상에 걸려 심각한 곤란을 겪었던 한 대원들은 스스로 낙오되었다. 스콧과 남은 두 명의 대원도 얼마 가지 못하고 포기할 수밖에 없었는데, 그곳은 베이스 캠프로부터 약 150마일 되는 지점이었다. 스콧은 죽음의 순간에서도 결연하게 "우리는 영국의 신사답게 죽을 것이다. 우리의 죽음은 역경을 이겨내는 영국인의 의지와 힘이 결코 사라지지 않았음을 입증해 줄 것이다."는 글을 자신의 일기장에 남겼다. 하지만 그의 결연한 의지와 용기에도 불구하고 무책임하고 무능력한 리더십이 얼마나 치명적인 결과를 초래하는지 보게 된다.

아문센과 스콧 두 사람이 보여준 리더십을 통해 지도자가 가진 자질과 역량이 얼마나 중요한가를 깨닫게 된다. 인생은 마치 전쟁과 같아서 항상 뜻하지 않은 변수가 발생하기도 하고, 문제와 역경이 한꺼번에 휘몰아 치기도 한다. 유능하지 못한 리더들은 위기관리 능력이 부족한 까닭에 쉽게 무너지게 되는데, 자신뿐 아니라 공동체 모두를 큰 위험에 빠뜨리게 된다. 반면 수많은 실전 경험을 겸비한 유능한 리더는 어떠한 시련과 역경의 파도가 몰려오더라도 휩쓸리지 않고 오히려 그 파도를 타고 도약의 기

---

10 한 홍, 『거인들의 발자국』 (서울: 두란노, 2000), 219.

회로 삼아 구성원 모두를 안전하게 이끈다.

5) 섀클턴의 리더십

1914년 영국의 한 신문 귀퉁이에 다음과 같은 광고가 실렸다.

qualified. M. L. Barker, 1408 Chapman Bldg.

MEN WANTED
for hazardous journey, small wages, bitter cold, long months of complete darkness, constant danger, safe return doubtful, honor and recognition in case of success.
Ernest Shackleton 4 Burlington st.

MEN—Neat-appearing young men of pleasing personality, between ages of ... and 40 to work

위험천만한 탐험에 참여할 대원 모집, 낮은 급여, 혹독한 추위, 몇 달간 지속되는 캄캄한 밤과 어둠, 끊임없이 다가오는 위험, 무사히 돌아올 수 있다는 보장도 없음. 하지만 성공할 경우 명예와 인정을 받게 될 것임.

만약 내가 이 광고를 보았다면 어떻게 했을까? 이런 무모하고도 위험천만한 모험에 도전할 수 있을까? 그런데 놀랍게도 이 광고를 본 수많은 이들이 탐험에 용감하게 도전하였다. 광고를 보는 순간 가슴이 뜨거워지고 피끓는 열정과 패기를 가진 목수, 의사, 요리사, 사진사, 항해사, 선원 등 다양한 직업을 가진 모험가들이 지원했다. 신문에 광고를 낸 사람은 남극 탐험대의 대장이었던 어니스트 섀클턴(Ernest Shackleton, 1874~1922)이었다. 얼마 전 노르웨이의 아문센이 남극을 정복하였던 뒤라, 섀클턴이 새롭게 정한 탐험대의 목적은 남극대륙을 횡단하는 것이었다.

수많은 사람들이 지원하자, 섀클턴은 꼭 필요한 사람들을 선발하였고,

모든 준비를 갖춘 후 탐원대원들은 인듀어런스호를 타고 남극을 향해 출항하였다. 하지만 안타깝게도 이들은 남극대륙에는 발을 디뎌보지도 못하고 탐험은 실패했다. 바다가 얼어붙는 바람에 배가 난파되었고, 탐험대원들은 가라앉는 배를 버리고, 떠다니는 부빙으로 건너가 겨우 목숨을 건질 수 있었다.

어니스트 섀클턴[11]

이때부터 이들은 상상을 초월하는 역경을 만나게 되었다. 예기치 못한 위기에 처하자 섀클턴은 목표를 새롭게 바꾸었다. 이제 목표는 남극대륙 횡단이 아니라, 한 사람도 죽지 않고 살아서 돌아간다는 새로운 목표였다. 우선 섀클턴은 생존에 아무 쓸모 없는 무거운 돈뭉치와 주머니에 들어 있는 은화를 버리면서, 대원들에게도 생존에 필요한 짐을 각자 1kg의 무게로 줄이도록 명령하였다. 그리하여 모든 대원들은 생존에 꼭 필요한 것 이외에는 모든 것들을 버렸다. 사진사 프랭크 헐리는 400통의 필름을 버렸고, 맥클린은 애견 시리우스를 썰매개가 아니라는 이유로 버려야 했다. 대원들은 최소한의 옷가지, 숟가락, 화장지 등 생존에 필수적인 것들로 각자의 짐을 꾸렸다.

허시가 벤조를 버리자, 섀클턴은 "이 벤조는 우리가 힘들고 지칠 때마다 음악으로 큰 위로와 용기를 줄 거야"라고 하면서 벤조를 다시 집어서 허시에게 돌려주었다. 이들은 추위와 어둠이 엄습해 옴에도 굴하지 않고, 똘똘 뭉쳐 위기를 극복해 나갔다. 얼음에 갇힌 지 150일째 되던 날 대장이 마지막 썰매견을 총살했다. 모두가 눈물을 흘리며 슬퍼해야 할 상황이

11 https://commons.wikimedia.org/wiki/File:Shack-endurance.jpg

지만, 입안 가득 침이 고일 정도로 상황은 열악했다. 대원들은 펭귄을 잡아 허기를 달래고, 혹독한 추위에 발이 동상에 걸려 썩어들어 가면서도 앞으로 전진하였다.

섀클턴은 천신만고 끝에 대원들을 엘리펀트 섬에 피신시키고, 5명의 정예대원을 선발하였다. "한 달 안에 우리가 돌아오지 않으면 절대 기다리지 말고 섬을 탈출하라."는 편지를 남겨 두고 섀클턴은 대원들과 함께 구조요청을 하기 위해 떠났다. 그는 구조 보트 위의 대원들에게 "우리가 성공하지 못한다면 저들을 우리 손으로 죽이는거나 마찬가지다. 꼭 살아서 저들을 구출해야 한다."라고 비장한 각오로 말했다. 선발 대원들은 길이가 6m에 불과한 구명용 보트 한 척을 타고 1,280km에 달하는 거칠고 험한 드레이크 해협을 통과하여 사우스조지아 섬의 서쪽 해안에 도달할 수 있었다. 하지만 그들 앞에는 얼음과 눈보라가 몰아치는 거대한 산맥이 버티고 있었다.

나흘 동안 휴식을 취한 후, 섀클턴은 정예 대원 중 두 명을 선발하여 출발하였다. 도끼 한 자루와 로프에 몸을 맡긴 채 해발 3,000m에 달하는 얼음산을 넘어 그들이 처음 출발했던 사우스조지아 섬의 기지에 도착할 수 있었다. 섀클턴의 구조요청에 칠레 정부는 군함을 급파하였고 사우스조지아 섬의 서쪽 편에 있는 세 명의 대원을 구출하고 나머지 22명의 대원들이 피난해 있는 엘리펀트 섬으로 향했다.

한편 대장이 구조요청을 위해 떠난 지 두 달이 지나가자 아무도 대장의 소식을 입에 올리지 않았다. 석 달이 지나자 대원들은 1,300마리째 펭귄을 식량으로 끼니를 때우면서 어쩌면 대장은 오지 않을지도 모른다는 생각을 하며 절망에 휩싸였다.

그때 멀리서 들리는 대장의 다급한 목소리가 들렸다. "한 사람도 빠짐없이 모두 무사한가?"

대원들은 목이 멘 채 "모두 무사합니다!"라고 대답했다.

"모두 배에 올라라!"라고 대장이 외치자 "가자, 가자, 집으로 가자!"라고 대원들이 떠나갈 듯 큰소리로 외쳤다. 시커먼 남극의 바닷물을 가르며 배가 힘차게 출발했다.

워슬리는 뱃전에 서서 그동안 그렇게나 쓰고 싶었던 항해일지를 다음과 같이 썼다.

"2시 10분, 모두가 무사하다! 마침내! 2시 15분, 전속력으로 전진! 우리가 게임에서 이겼다!"

조난당한 지 634일째 되는 날, 단 한 명의 희생자도 없이 전 대원이 구조되었다. 죽음과의 사투 가운데서도 사진사 프랭크 헐리는 탐험 대원들을 카메라에 담았다. 섀클턴이 이끈 탐험대는 비록 남극을 정복하지도 남극 대륙을 횡단하지도 못했지만, 남극 탐험사에서 가장 위대한 항해로 역사에 남게 되었다. 섀클턴이 보여준 생존 리더십(survival leadership)은 많은 사람들에게 깊은 감동과 도전을 주었고, 섀클턴은 위기관리의 탁월한 모델이 되었다.

섀클턴은 극한 위기 상황에서도 흔들림 없이 "한 사람도 낙오되지 않고 모두 돌아간다"는 궁극적인 목표를 잊지 않았으며, 이러한 목표를 대원들과 끊임없이 소통하면서 위대한 리더십을 보여주었다.

세계 최초로 에베레스트를 정복한 에드먼드 힐러리(Edmund Persival Hillary, 1919~2008)는 "역경에 빠져 출구가 보이지 않을 때 섀클턴의 리더십을 달라고 기도하라"고 말했다. 예기치 않는 위기와 역경을 만났을 때, 리더십과 팀워크를 상실하게 되면 모두가 흥분 상태에서 방향을 찾지 못한 채 우왕좌왕하게 될 가능성이 많다. 이 와중에 팀원들은 분열하고 각자 먼저 살기 위해 아우성치다 공멸하게 된다. 그런 점에서 볼 때 섀클턴의 서바이벌 리더십은 위기를 극복하고 새로운 돌파구를 발견하는 의미 있는 교훈을 제공한다.

> 시드니 후크(Sidney Hook, 1902~1989)에 따르면, 세상에는 역사의 흐름을 결정하는 데 별다른 역할을 하지 못하고 '사건 속에 묻혀 살아가는 사람'과 자신의 행동으로 역사의 방향을 바꾸는 "사건을 만드는 사람"이 있다. 사건을 만드는 이들의 행동은 그들이 우연히 그 자리에 있는 바람에 일어나게 된 것이 아니라 그들이 지닌 탁월한 지능과 의지와 개성이 빚은 결과이다.[12]

역사가 영웅을 만드는 것이 아니라 위대한 리더가 역사를 만든다. 위대한 리더는 사건 속에 묻혀 사는 이가 아니라 위기 속에서도 탁월한 역량을 발휘하여 역사의 방향을 바꾸는 사람이다. 영향력 있는 리더는 언제나 새로운 사건을 만들어 역사를 창조해 나가는 사람이다.

위의 사례에서 보는 바와 같이 타이타닉호를 책임지는 선장의 안이한 대처로 인해 수많은 이들이 생명을 잃었다. 반면 히딩크 감독의 탁월한 리더십은 한국축구의 위상을 끌어올렸다. 또한 아문센은 철저한 현장조사와 치밀한 전략을 통해 남극 탐험을 성공적으로 수행하였던 반면, 스콧은 체계적인 준비와 전략의 부족으로 자신뿐 아니라 동료들을 죽음으로 몰아넣는 잘못을 범하였다. 섀클턴은 남극 탐험에는 실패하였지만 정체절명의 위기 상황에서도 절망하거나 포기하지 않고 새로운 전략을 수립하여 불굴의 의지와 도전정신으로 탐험 대원들을 무사하게 귀환시킬 수 있었다.

이처럼 리더는 공동체의 운명에 결정적인 영향을 미친다. 리더가 어떻게 결정하고 공동체를 어떻게 이끄느냐에 따라 그 공동체의 운명이 바뀌

12 홍종원, 『새로운 시대를 여는 도덕 리더십』, 41.

고 새로운 역사가 만들어진다. 그런데 우리 사회에 엘리트는 많은데 참된 리더는 적은 것 같다. 엘리트와 참된 리더의 차이는 무엇인가? 엘리트는 자신을 성공하게 하는 사람이라면, 영향력 있는 참된 리더는 다른 사람들을 성공하게 만드는 사람이다.

진정한 리더는 구성원들이 가진 잠재력을 발견하고 그것을 긍정적인 언어로 승화시킴으로써, 자신감에 불을 붙이고, 그 가능성을 현실화시키기 위해 필요한 격려와 조언을 아끼지 않는다. 또한 그를 무대 위에 세워주고, 성공했을 때 박수를 쳐주고, 실패했을 땐 포기하지 않도록 격려하면서 제자리에 온전하게 설 때까지 옆에서 끝까지 힘을 실어 준다. 이것이 진정한 리더십이다.

또한 위대한 리더는 어떠한 위기와 역경이 닥치더라도 웃음과 여유를 잃지 않는다. 리더는 어렵고 힘든 상황일수록 웃음과 유머 감각을 잃어버리지 않으며, 가능성이 1퍼센트밖에 되지 않더라도 가능성을 발판으로 삼아 최선을 다해 노력한다.

2. 리더십의 정의

1) 리더십이란?

리더십은 공동체가 추구하는 목표를 향해서 모든 구성원으로 하여금 행동하도록 이끌어주는 선한 영향력이다. 리더십이란 한 조직체에 끼치는 영향력으로서, 공동체가 추구하는 목표에 도달하기까지 구성원들을 지속적으로 격려하고 이끄는 모든 과정에서 리더가 끼치는 영향력이다. 헌터(J. C. Hunter)는 리더십을 "공동의 이익을 위해 설정된 목표를 향해 매진할 수 있도록 사람들에게 영향력을 발휘하는 기술"이라고 정의내렸다.[13] 리더십이란 타인에게 영향력을 발휘하는 기술이다. 공동체가 구현하고자 하는 목적을 이루기 위해 그에 필요한 자질과 능력을 겸비한 리더가 구성원들에게 영향력을 발휘하기 위해 반드시 학습하거나 계발되어야 할 기술이다.

리더가 지닌 영향력은 공동체의 모든 구성원들이 함께 이해하고 공유하는 것이지, 어떤 특정 위치에 있는 리더 한 사람에게만 있는 독점물은 아니다. 리더가 선한 영향력을 발휘하기 위해서는 리더가 추구하고자 하는 바람직한 의도와 목적을 충분히 이해하고, 리더를 신뢰하며 충실하게 따르는 구성원(follower)의 역할 또한 중요하다.

리더십(leadership)이란 '이끄는 사람'이라는 뜻의 리더(leader)라는 명사와 '상태, 신분, 직분, 수완' 등을 나타내는 십(ship)이라는 접미사로 이루어져 있다. 리더십이란 이끄는 지도자인 리더의 상태와 역할을 규정하는 것으로서 이끄는 지위나 직위를 맡게 된 사람이라는 뜻으로 풀이할 수 있다.

리더십은 '조직이나 집단의 구성원들이 공유하는 목적을 효과적으로 달성하도록 이끄는 지도자로서의 바람직한 자질' 또는 '서로 간의 상호작용에서 다른 사람이 자신이 원하는 방향으로 행동하도록 이끄는 탁월한 능력'으로 정의할 수 있다. 리더는 추종자들이 자발적으로 신뢰하고 따를 수 있을 정도로 탁월한 능력과 자질, 그리고 그에 걸맞는 인격적 품성을 지녀야 한다.

리더십은 단순히 어떤 지위나 자리를 차지하는 것이 아니라 그러한 지위나 자리에 합당한 역할을 제대로 수행하는 것을 의미한다. 어떤 사람이 남을 이끄는 지위나 자리에 있다고 해서, 그가 반드시 남을 이끄는 역할이나 활동을 하는 것은 아니다. 실제로 남을 이끄는 지위나 직위가 없는데도 불구하고 다른 이에게 선한 영향력을 행사하는 경우도 많다.

---

13 James C. Hunter, 김광수 옮김, 『서번트 리더십』(서울: 시대의창, 2014), 71.

영향력은 어느 한 사람이 다른 사람에게 미치는 효과로 인해 달라지는 변화라 할 수 있다. 변화시킬 수 있는 가능성이 아니라 리더십을 통해 실제로 변화시킨 결과가 영향력이다. 권력과 영향력을 행사하는 책략(influence tactics)은 서로 비슷한 의미를 갖는 것처럼 보이지만, 게리 유클(Gary Yukl)은 둘을 구분한다. 권력이 다른 사람에게 어떤 결과나 변화를 가져올 수 있는 능력이나 영향을 미칠 수 있는 잠재력이라면, 영향력은 어떤 사람에게 영향을 미치려는 책략의 결과로서 그의 태도나 신념, 가치와 행동에 나타난 변화라고 보았다. 그리고 영향을 미치기 위한 책략은 어떤 사람이 다른 사람들의 태도나 신념, 가치나 행동을 변화시키기 위해 고안된 실제적인 행동 전략을 가리킨다.[14]

그런 점에서 볼 때, 리더의 영향력은 추종자들의 태도나 신념, 가치나 행동을 변화시키는 능력이라 할 수 있다. 리더는 영향력을 행사하는 리더십의 주체이고, 추종자는 리더의 영향을 받는 리더십의 객체이며, 태도나 신념, 가치나 행동의 변화는 영향력이 행사된 결과라고 볼 수 있다.

2) 리더십과 헤드십

헤드십(headship)이 공식적인 지도자가 행사하는 권력이라고 한다면, 리더십은 비공식적인 지도자가 행사하는 영향력이다. 헤드십은 공식적인 직책이나 지위를 근거로 권력을 행사하지만, 리더십은 공식 직책이나 지위가 아니라 개인의 탁월한 능력이나 자질을 통해 영향력을 행사한다는 점에서 진정한 의미의 리더십에 더 가깝다. 실제로 조직이나 기관에서 차지하고 있는 공식 직책이나 권한이 없더라도 특정 분야의 전문 지식과 기

14 홍종원, 『새로운 시대를 여는 도덕 리더십』, 70.

술을 통해서, 또는 탁월한 인품이나 카리스마를 통해 구성원들에게 영향력을 행사하는 경우가 이에 해당한다.

헤드십은 주인과 노예처럼 영향력이 일방적인 방향으로 행사되는 지배와 복종의 관계가 강조되지만, 리더십은 쌍방향으로 행사되는 협력관계가 강조된다. 따라서 리더십은 추종자들이 스스로 따르도록 선한 영향력을 행사한다는 측면에서 직위나 강압적인 힘으로 억지로 따르게 하는 헤드십과는 차이가 있다. 헤드십은 나를 따라오라고 명령하지만, 리더십은 함께 가자고 설득하는 것이다. 헤드십은 공식 직책에 따르는 권력이 강조된다면, 리더십은 지도자 개인의 재능이나 자질이 강조된다. 헤드십은 권력을 행사한다면, 리더십은 권위(authority)를 행사한다. 추종자 입장에서는 헤드십보다 리더십을 가진 지도자와 함께하려고 할 것이다.

3) 리더십과 십장 기술

리더십은 지시나 강압(coercion)을 띤 위협보다는 설득과 격려를 통해 구성원들을 이끄는 것이다. 이는 구성원들을 강제적인 분위기 속에서 지시에 따르게 하는 십장 기술(drivership)과는 다르다. 따라서 리더십은 특정 목적을 성취하기 위하여 조직된 집단의 구성원들을 조정하고 이끄는데 강제력이 아닌 선한 영향력을 행사하는 예술이다.

리더는 구성원들이 나아가야할 방향을 제시하고 구성원들이 자발적으로 그 목적을 이루기 위해 노력하도록 이끈다. 그런 점에서 리더십은 구성원들이 공동의 이익을 위해 함께 협력하고 헌신하도록 가치와 의미를 부여하는 과정이라 할 수 있다. 리더는 공동체가 나아가야 할 비전을 제시하고, 비전을 이루기 위해 핵심 가치들을 구체화하고, 이를 성취하기 위해 적절한 환경을 창조적으로 조성해야 한다.

4) 왕도와 패도

공자(孔子, B.C. 551~479)는 사람들을 법령(法令)과 형벌(刑罰)로 다스리기보다는 덕(德)과 예(禮)로 이끌 것을 강조했다. 맹자(孟子) 또한 왕자(王者)와 패자(霸者)를 구별하면서 왕도(王道)야말로 어떤 권세와 무력도 물리칠 수 있는 가장 강력한 리더십이라고 강조했다.[15] 맹자는 무력을 쓰면서도 마치 인(仁)을 실천하는 것처럼 가장하는 사람은 패자라고 하였다. 반면 덕으로 인을 실천하는 사람은 왕도를 실천하는 지도자인데, 이런 지도자에게는 큰 나라가 필요하지 않다. 탕왕(湯王)은 사방 칠십 리 땅으로 충분했고, 문왕(文王)은 백 리 땅으로 충분했다. 무력으로 사람을 복종시키면 겉으로는 따르는 것 같지만 진심으로 복종하지 않는다. 자기 힘이 부족하기 때문에 억지로 복종하는 것이다. 하지만 사람을 덕으로 이끌면 자발적으로 지도자를 따르게 된다.

3. 권력과 권위

1) 리더와 권력

권력은 상대의 의지와 상관없이 자신의 지위나 세력을 이용하여 상대를 자신의 의지대로 행동하도록 강제하거나 강요할 수 있는 능력이다. 권력은 어떤 근거로 행사하느냐에 따라 전문가 권력(expert power), 준거자 권력(referent power), 보상 권력(reward power), 강제력(coercive

---

15 같은 책, 47.

power), 정당한 권력(legitimate power)으로 구분할 수 있다.[16]

(1) 전문가 권력

전문가 권력은 어떤 사람이 특정한 분야에서 갖고 있는 전문 지식이나 기술 때문에 다른 사람들에게 영향을 미칠 수 있는 힘이다. 전문가 권력은 그 사람이 갖고 있는 전문 지식이나 기술이 어느 정도인가에 따라 달라질 수 있다. 가령 어느 부서에 새로 부임한 상관은 해당 업무에 대한 지식이나 기술이 부족한 반면, 그 부서에서 오랜 기간 동안 일해 온 부하 직원의 영향력이 더 큰 경우가 있다. 전문가 권력으로 볼 때 다양한 현장 경험과 지식이 축적된 부하 직원이 상관보다 더 큰 권력을 행사한다.

(2) 준거자 권력

준거자 권력은 어떤 사람이 다른 사람을 좋아하거나 닮으려고 하는 욕구로 인해 형성되는 힘이다. 가령 학생은 자신이 좋아하거나 존경하는 교사의 요청이나 충고는 쉽게 받아들이고 따른다. 반면 자신이 좋아하지 않는 사람의 말은 무시하거나 외면하는 경향이 있다. 또한 아이돌 가수나 연예인들은 그를 흠모하는 팬들에게 막강한 영향력을 행사한다. 이처럼 준거자 권력은 강한 유대 관계에서 나오는 힘이다. 따라서 리더가 그를 따르는 이들과 긴밀한 유대 관계와 신뢰를 형성하게 되면 준거자 권력을 효과적으로 활용할 수 있다.

(3) 보상 권력

보상 권력은 바람직한 결과에 대한 보상 능력과 자원을 가지고 행사할 수

---

16 같은 책, 77.

있는 힘이다. 직장에서의 보상은 월급 인상, 특별보너스 지급, 승진, 선호하는 부서 배정, 업무 환경 개선 등 다양한 인센티브가 있다. 하지만 외적인 보상이나 인센티브에만 의존해서는 안된다. 보상은 일시적으로 효과가 있지만 지속적이지 못하기 때문이다. 외적인 보상을 통한 자극보다 더욱 중요한 요소는 내적인 동기이다. 자발적인 의지나 보람, 공동체를 위한 협력과 연대 등과 같은 내적인 동기가 더 지속적이며 장기적으로 유익하다.

(4) 강제력

강제력은 보상과 달리 강압적인 분위기를 조성하거나 징벌이나 불이익을 주는 등 부정적인 방식으로 행사하는 힘이다. 가령 법을 어긴 자들에 대하여 사회봉사를 명령하거나 교통법규를 위반한 사람에게 범칙금을 부과한다든지, 회사 업무에 충실하지 못한 직원을 경고, 감봉, 해고 조치하는 것이 강제력에 해당한다.

(5) 정당한 권력

정당한 권력은 어떤 사람이 차지하는 직책에서 생기는 힘이다. 회사를 운영하는 경영자가 사업계획을 수립하여 사원들에게 업무를 총괄하고, 교사가 학생들에게 과제를 부여하면서 학습을 독려하는 것이 이에 해당된다. 정당한 권력을 지닌 사람은 자신의 지위와 역할을 통해 적절한 방식으로 구성원들에게 요구나 요청을 함으로써 영향력을 행사한다.

2) 리더와 권위

리더십이란 리더와 추종자가 서로 협력해서 아름다운 작품을 만들어내는 예술이다. 아무리 훌륭한 지도자라고 해도 그를 따르는 추종자가 없다면 리더십은 성립할 수 없다. 리더십은 언제나 지도자와 추종자가 서로 영향을 미치는 상호작용의 과정으로 드러난다. 리더십이 제대로 발휘되기 위해서는 유능한 지도자와 그를 신뢰하고 진정으로 따르는 추종자의 역할이 중요하다. 구성원들이 탁월한 인격과 실력을 지닌 리더를 진심으로 존경하고 따를 때 리더십은 빛을 발하게 된다.

권력은 구성원들의 기호나 의지와는 상관없이 그들을 움직이는 강제력인 반면 권위는 구성원들을 '기꺼이 자발적으로 움직이게 하는 힘'이다. 권위는 조직의 계층 구조를 통해 공식으로 인정되는 직책에 따른 권위(official authority)와 조직 구성원들이 비공식적으로 인정하는 인격에 따른 권위(personal authority)로 나눌 수 있다.[17] 리더의 인격에서 우러나오는 권위는 직책에 따른 권위보다 더욱 바람직한 형태이다. 직책에 따른 권위는 직책이나 역할이 바뀌면 쉽게 사라지지만, 인격에서 나오는 권위는 리더와의 끈끈한 인간관계나 리더의 탁월한 인격에서 생겨난 권위이기에 지속적이며 강렬한 영향력을 지니게 된다.

중국 전국시대 유명한 병법가인 오기 장군의 이야기는 감동적이다. 전쟁터에서 종기로 고생하던 한 병사를 발견한 오기 장군은 무릎을 꿇고 그 병사의 종기 부위에 입을 대고는 고름을 빨아냈다. 이 소식을 들은 병사의 어머니는 슬픔에 빠져 대성통곡을 했다.

이 소식을 전한 사람이 의아해서 묻는다. "아니 장군님처럼 훌륭하신 분이 몸소 종기를 빨아주셨다면 감사해야 할텐데 왜 그렇게 슬퍼하십니까?"

그러자 병사의 어머니는 "장군님께서 지난번에는 남편의 종기 고름을 빨아주어서 남편은 감동받은 나머지 오 장군님을 위해 전쟁터에서 전사했

17 같은 책, 83.

습니다. 이제 아들의 고름까지 빨아주셨으니 아들 역시 그를 위해 목숨을 아끼지 않고 내놓을 텐데, 내 어찌 슬프지 않겠습니까?"[18]

이처럼 권위는 구성원들 사이에 신뢰와 존경심을 끌어내어 자신의 목숨까지도 아끼지 않고 내놓게 만든다. 권위는 인격에서 비롯된 것으로서 다른 사람들이 따르고 좋아하게 만드는 인간적인 매력인 것이다.

4. 리더십과 주변 환경

리더십이 배를 이끌고 목적지에 도달하게 하는 능력이라고 정의할 때, 리더인 선장의 역할이 중요하지만 그것만이 리더십의 전부는 아니다. 배가 목적지를 향해 제대로 가려면 선장을 따르는 선원들이 잘해야 한다. 또한 선장과 선원들이 아무리 잘해도 주변 환경인 바람이 불지 않거나 폭풍우와 같은 예기치 못한 변수가 생기기도 한다. 리더를 따르는 구성원들의 역할과 주변 상황이 조화를 이루어야 목적지에 도착할 수 있다. 또한 갑작스러운 폭풍우가 몰려올 때 이를 잘 견뎌내지 못하면 목적지에 도달하지 못하거나 파선할지도 모른다.

따라서 유능한 자질과 능력을 지닌 리더와 리더를 전폭적으로 신뢰하고 따르는 팔로워(follower), 그리고 상황이 잘 조화되어야만 비로소 탁월한 리더십을 발휘할 수 있다. 좋은 리더는 태어날 때부터 타고난 것이 아니라 오랜 시간 동안의 훈련을 통해 만들어진다. 때로는 고난과 역경을 통해 탁월한 리더로서 자질을 겸비하게 된다.

스티븐 코비(Stephen Covey)는 학교 교육과 농사의 차이로 리더십의

---

18 최원영, 『행복한 리더가 만들어가는 이타적 리더십』(인천 : 다인아트, 2009), 19.

원리를 설명하였다. 학교 교육에서는 남들과 비교해서 웬만큼 지능이 높거나 자기만의 학습법을 익힌다면 벼락치기를 하더라도 성실하게 노력한 사람보다 나은 학점을 얻을 수 있다. 하지만 농사는 학교 교육과는 다르다. 봄에는 땅을 경작하여 씨를 심고 여름에는 성실하게 가꾸어야만 가을에 풍성한 결실을 거둘 수 있다. 만약 봄이나 여름에 게으름을 피우던 사람이 가을이 되자 이웃이 추수하는 것을 보고, 갑자기 밤새 씨를 뿌리고 가꾸어 일주일 내로 벼락치기 추수를 하는 것은 불가능하다.

농사는 자연의 질서와 섭리에 따라 성실하고 꾸준하게 일해야 추수의 기쁨을 얻을 수 있다. 이와 마찬가지로 리더십을 기르는 것은 능력과 인격과 비전을 가진 인물을 오랜 시간에 걸쳐 교육과 훈련을 통해 연마하고 빚어내는 일이다. 농사와 같이 오랜 시간과 정직한 땀을 쏟아야 하며, 농부가 적절한 시기에 하늘에서 내리는 비를 기다리고 태풍과 폭우의 피해가 없도록 바라듯이 리더십 또한 성실하게 최선을 다하면서 자신의 능력을 벗어난 하나님의 도우심과 이끄심이 있어야 탁월한 영향력을 발휘하는 리더로 준비될 수 있다.

1) 변화에 대처하는 적응력

영향력 있는 리더는 시대적 변화에 민감하게 반응하며 탁월한 혜안을 발휘하여 적응해 가는 사람이다. 연어는 강 상류의 물이 맑고 자갈이 깔려있는 곳에서 산란한다. 수정된 알은 약 두 달이 지나면 부화되고, 이듬해 봄이 오면 어린 연어는 먼바다로 여행을 떠난다. 연어는 북태평양 지역에서 생활하다가 알을 낳을 때가 다가오면 다시 멀고 먼 여행을 떠나 자기가 태어난 강을 찾아가 그곳에 알을 낳고 죽는다. 연어가 독특한 것은 민물에서도 살 수 있고, 바닷물에서도 살 수 있다는 것이다. 대부분의 물고기는 양쪽에서 사는 것은 불가능하다. 그러나 연어는 민물과 바닷물 모두가 삶의 터전이다. 이는 다른 물고기가 흉내낼 수 없는 연어만의 놀라운 적응력이다.

역사와 전통을 자랑하는 기업일수록 과거의 성공에 안주하는 경향이 있다. GM(General Motors)은 미국에서 가장 큰 자동차회사였는데, 일본의 도요타에게 추월당했던 원인이 바로 현실 안주 때문이었다. 1970년대부터 80년대 중반까지 일본의 자동차들은 미국 소형차 시장의 30%를 잠식했는데, 그중에 3분의 2가 GM의 판매량 하락에서 흡수한 것이었다.[19] 그런데도 GM은 15년 동안이나 새로운 모델을 내놓지 않은 채 과거의 영광에만 집착하다가 엄청난 경영 적자를 겪고 난 후에 새로운 모델 개발에 적극적으로 투자하였다. GM의 비극은 시대적 변화를 정확하게 읽지 못하고 이미 지나간 과거의 영광에 집착했던 리더십의 치명적인 실수였다.

반면 삼성의 이건희 회장은 1990년대에 들어서 기술과 혁신이 중요함을 깨닫고 시대적 변화에 빠르게 대처할 것을 강조하였다. 하지만 오랜 타성에 젖어있었던 중역들은 위기의식을 느끼지 못하고 이를 못마땅하게 여겼다. 하지만 1998년 IMF라는 위기를 겪게 되자 이 회장의 판단이 전적으로 옳았다는 것을 알게 되었다. 삼성도 외환위기 초기에는 다른 기업들과 마찬가지로 어려움을 겪었지만, 곧바로 빠른 회복력을 보이며 오히려 위기를 발판으로 삼아 도약할 수 있었다. 이러한 반전의 배경에는 이 회장의 초일류 기업을 목표로 변화를 강조한 개혁이 있었다.

이건희 회장은 1993년 오사카 회의에서 오른손을 묶고 24시간 생활했던 자신의 경험을 이야기하면서 변화의 방법으로 나부터, 쉬운 것부터,

---

19 한 홍, 『거인들의 발자국』, 30.

윗사람부터 변화할 것을 강조하였다. 그는 "한 손을 묶고 24시간 살아봐라, 고통스러울 것이다. 나는 해봤다. 이것이 습관이 되면 쾌감을 느끼고 승리감을 얻게 되고 재미를 느끼고 그때 바뀐다는 것을 알게 될 것이다."라고 말하였다. 지식이나 머리로 하는 변화가 아닌 직접 몸으로 체험하는 변화를 꾀하고자 했던 이 회장의 절박함과 집요함을 잘 알 수 있다. 리더는 이처럼 시대의 변화를 읽고 빠르게 대처하는 능력이 중요하다.

최근 폭발적인 IT 산업의 성장과 함께 시장과 환경은 빠르게 변화하고 있다. 지역이나 한 국가에 한정되는 내수 중심의 사업을 넘어 다국적 기업과의 경쟁 구도가 형성되었고, 소비자도 국경을 넘어 글로벌로 확산되었다. 이러한 시대적 변화에 따라 기업 문화도 세 가지 두드러진 변화가 나타나고 있다.

첫 번째 변화는 자율성을 기반으로 한 아웃풋 중심의 조직문화로 탈바꿈해야 한다. 최근에는 스타트업부터 대기업까지 아웃풋(Output) 중심의 조직문화로 탈바꿈하고 있다. 카카오, 미래에셋자산운용, EY한영 등의 기업들은 오전 8시~10시 시간대에 출근해 오후 5~7시에 퇴근하는 이른바 탄력근무제를 시행하면서 출퇴근 시간은 크게 의미가 없어지고 있다. 배달 업계의 선두인 우아한형제들의 직원들은 월요일 오후에 출근하는 주 4.5일제 근무를 시행하고 있다.

이러한 변화는 모든 부문에서 자율성을 부여하는 문화와 맞물려 있다. 직원들이 최소한의 원칙만 지키고 일한다면 나머지는 모두 아웃풋 중심으로 인재를 관리하는 방침이다. 이는 신뢰와 더불어 형성된 자율적인 분위기에서 구성원들의 역량을 최고치로 끌어올려 기업의 성장과 비례하는 선순환의 구조를 창출하려는 시도이다. 340명 규모의 기업에서 매출 2조, 직원 1만 명의 글로벌 그룹으로 발전시킨 미스미 그룹의 대표인 사에구사 다다시의 조직 운영 철학은 모든 업무 활동에 자유와 책임을 부여하는 것이다.

두 번째 변화는 애자일(agile) 중심의 조직 구축이다. 구글, 애플, 마이크로소프트, 아마존 등과 같은 혁신 기업들이 지닌 공통점은 자신들만의 애자일 조직을 구축한 것이다. 전통 기업들은 주로 워터폴(Waterfall) 방식으로 조직을 운영해 왔다. 즉 리더가 전략을 수립하고, 팀원들은 리더의 통제하에 맡은 업무를 수행한다. 이러한 방식은 계획에 따른 순차적인 업무 수행이 가능하지만 실행 속도가 느리며, 계획 수정 또한 어렵다는 단점이 있다. 이는 소비자의 반응이 시시각각 바뀌어 제품 혹은 서비스의 빠른 개선이 요구되는 이 시대에는 큰 단점으로 작용한다. 어렵고 힘든 과정을 통해 개발이 완료됐지만, 막상 출시했을 때는 변화를 따라잡지 못해 고객의 호응을 얻지 못하는 불상사가 일어날 수 있다.

반면, 애자일 조직은 스쿼드(squad)라고 부르는 한 팀 안에 개발자, 기획자, 테스트 담당자, 배포 담당자 모두를 포함시켜 마치 스타트업처럼 팀이 운영된다. 애자일 조직은 빠른 시제품 출시로 고객과 시장의 피드백을 반영하여 수정, 보완해가는 방식을 취한다. 애자일 조직을 통해 고객에 더욱 집중하며, 고객의 반응에 효율적이며 민첩하게 대응할 수 있다. 이같이 기존의 기능조직 중심에서 프로젝트 중심, 고객 중심으로의 조직을 개편하는 방식은 급변하며 불확실한 경영 환경에서 조직을 운영해가는 가장 효율적이고 현명한 운영 방식이다.

세 번째 변화는 긱 이코노미(Gig Economy) 형태의 인재 활용이다. 자율성을 기반으로 한 아웃풋 중심, 애자일 조직과 같은 프로젝트 단위 팀 구성과 같은 변화의 영향으로 최근 기업들이 인재를 고용하는 방식 또한 크게 변하고 있다. 기존 전통기업에선 조직에 필요한 적절한 능력을 갖춘 인력을 채용하는 것에 그쳤다면, 프로젝트 중심의 조직에선 외부 인재를 단기간 계약하여 투입하는 고용 방식을 선호하고 있다. 이러한 긱 이코노미 형태의 인재 활용은 외부 전문가를 특정 프로젝트에 필요한 시간만큼 투입함으로써 더욱 전문성 있고, 네트워크가 강한 그들의 역량을 기업에 내재화할 수 있는 강점이 있기에 매력적인 옵션으로 활용되고 있다.[20]

2) 따뜻한 감성

빠르게 급변하는 첨단 기술(High Tech) 시대에는 하이터치(High Touch)와의 균형을 꾀하는 리더의 역할이 요구된다. 우리는 과학기술문명으로 전례 없는 물질적인 풍요를 경험하고 있지만 너무나 빠른 변화로 인해 균형 감각이나 정서가 무뎌지기도 한다. 맑고 푸른 가을하늘이 호수에 비취는 모습이라든지 석양을 바라보며 조용히 묵상할 수 있는 마음의 여유, 강변을 산책하면서 삶을 깊이 음미할 수 있는 여유마저 잊어버리게 만든다. 그런 점에서 첨단 기술 시대에는 우리 영혼을 정화시키며 인간다운 삶에로 이끄는 영혼의 터치가 필요하다. 풍부한 철학적 성찰과 종교적 혜안과 예술적 감성을 접목시켜 구성원들의 영혼을 정화하고 우리의 감성을 순화시키는 리더의 역할이 중요하다.

리더는 타인을 배려하는 따뜻한 인간적 감성을 갖추어야 한다. 감성지수의 구성요소는 자기 절제, 동정심, 열정, 사랑, 인내, 부지런함, 양보, 정직성, 창조력 등이다. 타인을 배려하는 리더는 물처럼 자유롭고 따뜻한 감성으로 다른 사람을 대하는 사람이다. 물은 끊임없이 흐른다. 땅 위로 흐르고, 땅속으로도 흐른다. 넓게도 흐르고, 좁게도 흐른다. 빠르게 흐르

---

20 "아웃풋 긱 이코노미" 참고.
https://post.naver.com/viewer/postView.nhn?volumeNo=27229733&memberNo=39989806 (검색 2021년 3월 17일)

기도 하고, 천천히 흐르기도 한다. 물은 흐르다가 고이기도 한다. 고인 물은 추우면 얼음이 되고, 더우면 녹는다. 물은 뜨거우면 수증기가 되어 하늘로 오른다. 그리고 차가우면 비가 되어 다시 땅으로 내린다.

물처럼 상황과 여건에 맞게 유연하게 대처하며 다른 사람을 배려하는 사람이 주변을 밝게 만든다. 감성지수는 선천적으로 타고나는 것보다 주로 환경적인 요인이나 교육으로 형성되는데, 주로 부모나 학교 교사, 친구 등을 통해서 영향을 받으며 자연스럽게 형성된다. 대인관계에서 가장 중요한 감성지수는 타인을 포용하고 끝까지 기다려주는 사랑과 인내라고 할 수 있다.

3) 역경을 극복하는 도전정신

험난한 인생길을 걷는 과정에서 누구나 역경을 만난다. 폴 스톨츠(Paul G. Stoltz)에 따르면, 역경에 부딪힐 때 사람들은 세 가지 종류로 나뉜다. 첫째, 퀴터(Quitter, 포기하는 사람)이다. 역경을 만나면 쉽게 포기하는 사람이다. 힘든 문제만 부딪치면 그냥 포기하고 도망가 버리거나 쉽게 회피하고 포기하는 사람이다. 둘째, 캠퍼(Camper, 주저앉는 사람)이다. 역경을 넘어갈 생각을 하지 못한 채 역경 앞에서 캠프치고 주저앉아 현실에 안주하는 사람이다. 셋째, 클라이머(Climber, 정복하는 사람)이다. 자신이 가진 모든 자질과 힘을 다해 기어 올라가서 역경을 정복해 버리는 사람이다. 하지만 진정한 리더(Leader)는 자기만 역경을 넘어갈 뿐 아니라 다시 돌아와서 캠퍼들을 데리고 같이 역경을 넘어가는 사람이다.[21]

리더는 변화에 빠르게 대처하는 적응력과 따뜻한 감성뿐 아니라 역경

---

21 한 홍, 『거인들의 발자국』, 45.

을 담대한 도전정신으로 극복하는 사람이다. 인생길에서 고난과 시련을 만나기 마련인데, 이를 어떻게 극복하느냐가 중요하다. 유능한 리더는 자신이 가진 지식과 능력을 총동원하여 역경을 지혜롭게 극복한다.

제임스 맥그레거 번스(James McGregor Burns)는 "리더십이란 리더 스스로와 자신이 대표하는 사람들로 하여금 특정한 가치를 가진 공동의 목표, 즉 기대와 욕구, 소망을 지향하여 행동할 수 있도록 배려, 격려, 설득하는 행위"라고 정의 내렸다.[22] 리더십의 본질은 리더가 자기 스스로와 추종자들의 가치와 동기에 관심을 가지고 이를 구체화하며 행동으로 옮기는 방법에서 유발된다. 리더십은 배려와 격려, 설득을 통해 구성원들을 자발적으로 움직이도록 이끌기에 강압적인 권력과는 거리가 멀다. 진정한 리더는 공동체가 추구하는 목표를 최우선으로 여기고 행동으로 모범을 보이면서 공동체의 가치를 위해 헌신하기를 주저하지 않는다.

---

22 Donald T. Philips, 김광수 옮김, 『마틴 루터 킹의 리더십』(서울: 시아출판, 2001), 33.

Chapter 2

리더십과 팔로워십

Good influence and servant leadership

Chapter

02

리더십과 팔로워십

1. 리더에게 요구되는 자질

존 맥스웰은 한 사람이 지닌 영향력은 그가 얼마나 좋은 리더십을 가졌는가에 따라 달라지기 때문에 더 높이 오르기를 원할수록 더 좋은 리더십이 요청된다고 역설하였다.[1] 좋은 리더일수록 더 큰 영향력을 행사하기에 리더에게는 그에 걸맞는 탁월한 자질과 특성이 요청된다.

리더는 예리한 분석력과 판단력, 창의성과 같은 지적인 능력과 친근감, 뛰어난 화술과 같은 사회성, 성실성, 자기 긍정에서 나오는 자신감, 불굴의 의지, 회복탄력성과 같은 정신적 자질, 그리고 건강한 신체와 지치지 않는 강인한 체력과 같은 신체적 자질 또한 뛰어나야 한다.

1 John C. Maxwell, 채천석 옮김,『리더십 101』(고양: 청우, 2003), 11.

1) 비전

위대한 일을 하려면, 그에 걸맞은 원대한 비전(Vision)을 가져야 한다. 위대한 업적 뒤에는 언제나 원대한 꿈을 꾼 리더가 있었다. 원대한 비전은 시도는 해보지만 아직 성취하지 못한 상태에 있다. 리더가 이루어야 할 목표는 아직 요원하지만 꿈을 열망하면서 조금씩 다가가야 한다. 리더는 비전을 통해 공동체가 추구해야 할 이상적인 목표와 나아갈 바람직한 방향을 제시해야 한다. 이를 위해서 리더는 남들이 보지 못하는 것들을 볼 수 있어야 한다. 리더가 비전과 결합될 때 공동체 전체에 강력한 영향력을 발휘하게 된다. 리더는 구성원들에게 꿈으로 가득찬 상상력을 자극하고, 이를 성취하기 위해 도전하도록 이끌어야 한다.

"묵시가 없으면 백성이 방자히 행하거니와(잠언 29장 18절)"라는 성경 구절처럼, 비전이 없으면 사람들이 무질서와 혼란, 방종과 무정부 상태로 빠져들게 된다. 따라서 리더는 구성원들이 추구해야 할 명확한 비전을 제시해야 한다. 오스카 와일드는 "유토피아가 들어가지 않는 세계지도는 쳐다볼 필요도 없다. 인간의 본성이 늘 향하는 국가를 빼놓은 지도이기 때문이다."라고 말했다. 유토피아는 실현불가능한 이상이지만 유토피아를 실현하겠다는 리더들의 강렬한 비전으로 인해 인류는 비약적으로 발전했다.

1969년 7월 20일 닐 암스트롱은 인류 최초로 달 표면에 위대한 발자국을 남겼다. 그의 달 착륙 프로젝트의 성공은 혁신과 팀워크가 빚어낸 성과였다. 하지만 그 이면에는 8년 전 케네디 대통령의 원대한 비전 선포가 있었다. 1961년 5월 25일 케네디 대통령은 의회에서 인간의 달 착륙에 대한 비전을 다음과 같이 선언했다.

"1960년대가 저물기 전에 미국이 달에 사람을 보내고, 안전하게 지구로 귀환시키는 꿈을 달성해야 한다고 생각합니다. 오늘날 이보다 더 인류를 흥분시키는 사건은 없습니다."

당시까지만해도 인간의 달 착륙은 희망사항일 뿐 결코 현실적으로 이룰 수 없는 목표라고 생각했다. 하지만 시간이 지날수록 달 착륙 프로젝트에 참여한 모든 사람들은 케네디의 비전을 진지하게 받아들였다. 케네디는 구체적인 비전을 통해 모두에게 영감을 불어넣었고 구체적인 목표와 시한까지 제시했다. 이를 실현하기 위해 세계 각지에서 뛰어난 인재들이 모여들었다. 1967년 1월 27일에는 시험 도중 아폴로 1호에 화재가 발생하여 세 명의 우주인이 목숨을 잃는 사고를 겪었다.

하지만 실패를 통해 배운 NASA는 원대한 비전을 이루기 위해 다시 도전했다. 케네디의 비전을 공유한 수천 명의 과학자와 기술자들은 상상력을 총동원하였다. 그들이 가진 재능과 열정이 인간의 달 착륙이라는 한 가지 목표를 향해 똘똘 뭉쳤을 때 불가능한 꿈이 마침내 실현되었다.

영화 아이언맨의 주인공 토니 스타크의 실제 모델인 일론 머스크(Elon Musk)는 화성에 인류가 살 수 있는 환경을 만들고 로켓을 통해 사람을 화성까지 운송하겠다는 비전을 품고 있다. 그는 이러한 비전을 실현하기 위해 팰컨 헤비(Falcon Heavy)라는 로켓을 개발해서 2018년 2월 발사에 성공했고, 양쪽 1단 부스터를 회수하는 데도 성공했다. 또한 그는 테슬라의 로드스터(Roadster)를 우주로 보내는 데도 성공했다.

일론 머스크는 전기자동차를 제조하는 기업 테슬라의 CEO이며 스페이스X의 CEO이기도 하다. 머스크는 스페이스X를 통해 화성 기지 건설에 총력을 다하고 있다. 그는 이를 위해 그의 재산 대부분을 쓸 것이라고 공언하기도 했다. 그는 자산을 은행에만 넣어두고 생을 마감하거나 돈을 적절한 일에 쓰지 못하는 것은 실패한 삶이라고 보았다.

머스크는 인류의 미래가 더 나아졌으면 하는 소망을 갖고 이를 실현하기 위해 새롭고 흥미로운 사업에 도전하고 있다. 그는 미국항공우주국

(NASA)의 프로그램이 야심 차지 못하다는 이유로 민간 우주기업인 스페이스X를 설립했다. 그는 달에 기지를 세우고, 화성에도 인간을 보내는 거대한 프로젝트를 실현하고자 한다. 그는 '화성 오아시스 미션'이라는 아이디어를 갖고 있는데, 이는 화성에 온실을 설치하여 인간을 이주시킬 계획이다. 이러한 그의 비전은 수많은 사람들을 흥분시켰다.

그는 테슬라를 통해 자동차 산업을 혁신하고, 화성에 인간이 거주할 기지를 건설하며, 진공 터널을 만들어 기차가 초고속으로 다니도록 하고, 인간의 뇌를 AI와 결합하고, 태양열을 통해 배터리 산업의 혁신을 꾀하고자 한다. 이러한 계획들은 모두 먼 미래에서나 이루어질 일처럼 보이지만 그는 하나씩 이루어가고 있다. 이처럼 리더가 비전을 제시할 때 구성원들은 그 비전을 함께 공유하고 이를 실현시키기 위해 매진하게 된다.

앤서니 라빈스(Anthony Robbins)는 인생을 강물에 비유하면서 구체적인 계획이나 목적이 없는 삶이 겪게 될 위험성을 다음과 같이 경고하였다.

> 우리는 어디로 가 닿겠다는 구체적인 생각 없이 그냥 인생의 강물에 뛰어든다. 그런데 얼마 흘러내려 가지 않아서 여러 가지 사건과 두려움, 도전 등 이런저런 일을 만나게 된다. 강물이 갈라지는 분기점에 접어들게 되어도, 가고 싶은 곳이 어디인지, 어느 방향으로 가는 것이 옳은지 제대로 결정하지 못한다. 그냥 강물을 따라 흘러갈 뿐이다. 우리는 집단의 구성원이 되면서 가치체계가 아니라 사회적 환경에 지배당하며 살게 된다. 결과적으로 우리는 자신의 운명을 통제할 수 없다고 느낀다. 이렇게 생각 없이 살다가 어느 날 갑자기 물살이 빨라지고 요동치는 소리를 듣고 깜짝 놀라 깨어나게 된다. 후회하지만 이미 때는 늦었다. 우리는 강물과 함께 낭떠러지로 추락하게 된다.[2]

---

2 Anthony Robbins, 조진형 옮김, 『네 안에 잠든 거인을 깨워라』 (서울 : 씨앗을뿌리는사람, 2008), 60.

리더는 비전을 가질 뿐만 아니라 비전을 실현하기 위해 구체적인 방향과 목표가 분명해야 한다. 리더가 구성원들에게 제시해야 할 목표는 스마트(SMART)해야 한다. SMART는 다음과 같이 정리될 수 있다. 첫째, 'Specific', 구체적이어야 한다. 추상적인 목표는 모호하기 때문에 리더는 구체적인 목표를 제시해야 한다. 둘째, 'Measurable', 측정 가능해야 한다. 애매모호한 목표는 피하고, 측정가능하게 목표를 잡고 단계별로 목표를 이룰 계획을 세워야 한다. 셋째, 'Attainable' 또는 'Achievable, 달성 가능해야 한다. 처음부터 무리하게 불가능한 목표를 야심차게 잡게 되면 거창할지는 몰라도 실패로 인해 좌절감만 갖게 될 수 있다. 따라서 달성 가능한 목표를 잡고 이를 실행에 옮겨야 한다. 넷째, 'Realistic' 또는 'Relevant', 눈에 명확하게 보이도록 현실적이어야 한다. 가령, 인내라는 덕목을 개발하겠다고 한다면, 친구가 약속을 어겨도 미소 지으면서 너그럽게 이해하기 등과 같이 목표를 눈에 분명하게 보이도록 정해야 한다. 다섯째, 'Time-based' 또는 'Time-bounded', 끝내야 할 시간이 분명해야 한다. 마감 시간이 불분명하면 여러 상황이나 여건으로 인해 시간이 지체되어 목표를 이루지 못할 가능성이 많기 때문이다.

비전은 하루 아침에 이루어지지 않는다. 오랜 시간의 인내가 필요하고, 희망의 끈을 놓지 않아야 이룰 수 있다. 길가 한 모퉁이에서 밤늦은 시간까지 구두를 닦으면서도 노래를 부르는 소년이 있었다. 사람들이 "구두 닦는 일이 그렇게 좋으냐?"라고 물을 때마다 소년은 "그럼요, 저는 희망을 닦고 있는 걸요."라고 대답했다. 희망을 닦던 구두닦이 소년은 후에 영국을 대표하는 세계적인 작가가 되었다. 그가 바로 '올리버 트위스트'를 쓴 찰스 디킨스(Charles John Huffam Dickens, 1812~1870)이다.

디킨스의 아버지가 채무 관계로 감옥에 갇히면서 경제적으로 어려움을 겪었다. 그는 12살 때 돈을 벌기 위해 런던의 한 구두약 공장에 견습공으로 취직하여 하루 10시간 동안 일했다. 하지만 그는 열악한 환경 속에서도 희망의 끈을 놓치 않았고 꿈을 이루기 위해 최선을 다했다.

어느 가난한 나라를 돕고 있던 선교사가 부유한 기업가에게 "아이들이 제대로 된 환경에서 교육을 받고, 희망을 잃지 않게 해 달라"고 하면서 천 달러를 후원받기 원한다는 편지를 써 보냈다. 답장이 도착하였는데, 열어 보니 천 달러는커녕 단돈 10센트만이 들어 있었다.

선교사는 비웃음을 당한 것 같아 당황스럽고 실망스러웠지만 희망을 심기로 했다. 그는 10센트로 땅콩을 사서 아이들과 함께 땅콩 농사를 시작했다. 5년 후 선교사는 10센트를 보내준 사업가에게 감사의 마음을 담아 농사해서 열매로 거둔 땅콩을 동봉해서 보냈다. 그랬더니 사업가는 크게 감동히였고, 치음 희망했던 금액의 열 배나 되는 만 달러를 후원했다.

남아프리카 콰줄루나탈(KwaZuluNatal) 지방에 은코모(Nkomo) 초등학교를 세운 지크할리(Zikhali) 교장은 학교가 전혀 없는 그곳에 교사들과 학생들, 훌륭한 교실들과 교구들로 가득 찬 활기 넘치는 배움의 공동체를 상상했다. 그녀는 열의에 가득 찬 학생들이 그들의 줄루(Zulu) 문화에 대해, 그리고 남아프리카 밖의 세상에 대해 배우는 모습을 상상했다. 그녀는 어린 학생들이 영향력 있고 건실한 시민으로 성장하길 원했다.

그녀는 비전을 실현하기 위해 소박하게 시작했다. 1998년 그녀가 갖고 있던 협소한 땅에 갈대로 만든 오두막과 나무 밑에 이동 교실을 만들고 조악한 물건들로 학습도구를 갖추었다. 그러자 60여 명의 아이들이 희망을 품고 학교로 왔다. 지크할리는 그 지역에 학교를 다니지 않는 아이들이 더 많이 있다는 것을 알고, 보다 많은 교사들을 확보하고자 노력했다.[3] 그녀는 교실을 짓기 위해 기금을 모집하기로 하고 지역사회와 정부의 도

---

3 Richard E. Boyatzis & Annie Mckee, 정준희 옮김, 『공감 리더십』 (서울: 에코의서재, 2007), 241.

움을 받고자 노력했다. 또한 그녀는 대기업에 편지를 써서 그곳의 상황과 자신의 꿈에 대해 이야기했다. 대기업의 CEO들은 그녀의 편지에 귀를 기울였고 기꺼이 답장을 해주었다.

그녀는 지역사회에서 교육에 관심을 갖고 지원해 줄 곳이 있는지 살펴보았다. 마침 그곳에는 부유한 이들이 이용하는 사파리 공원이 있었는데, 사파리 공원을 운영하고 있는 재단은 현지 주민들의 향상에 관심을 갖고 있었다. 그녀는 아프리카 재단의 현지사무소장과 사파리 공원 관리 책임자의 도움을 받아 사파리 공원을 찾는 이들을 그녀의 학교에 초대할 수 있었고 그들에게 자신의 꿈을 이야기했다. 초대받은 이들은 학교발전을 위한 기금 지원을 약속하였다.

오늘날 760명 이상의 학생들이 다니는 그 학교에는 11개의 교실과 2개의 교무실이 있다. 졸업한 학생들은 고등학교에 진학하고, 일부는 공업학교와 단과대학에 진학하였다. 은코모 초등학교에서 받은 견실한 교육 덕분에 모두가 꿈과 희망을 갖고 비전을 실현하고 있다.[4]

지크할리는 꿈을 꾸었고, 그 꿈을 이루기 위해 다양한 방법을 시도했기에 마침내 자신의 꿈을 실현시킬 수 있었다. 꿈과 포부는 리더가 이끄는 공동체의 바람직한 미래상을 형성하는 데 근간이 된다. 미래에 대한 꿈과 희망은 개인의 변화를 촉진시키는 선한 영향력으로 작용한다. 그리고 리더가 품은 꿈과 비전이 주변으로 확산될 때 그 영향력은 더욱 극대화된다.

2) 올바른 가치관

리더는 올바른 가치관(Value)을 가져야 한다. 리더의 가치관이 올바르지 못하면 그의 숭고한 비전은 자칫 개인의 야망으로 변할 수 있다. 또한

---

4 같은 책, 243.

리더십을 수행하는 과정에서 여러 난관을 만날 때 타협의 유혹을 겪을 수 있다. 이때 리더가 지닌 가치관은 올바른 방향으로 인도하는 나침반이다. 따라서 리더는 재주는 많지만 덕이 부족한 재승덕박(才勝德薄)을 경계해야 한다. 정직성과 윤리성을 지닌 리더에게는 깨끗한 인격이 요구된다.

고대 벽돌 제조자나 조각가와 같은 장인들은 자신이 만들었다는 증거로 작품에 표시를 했다. 이 표시를 캐릭터(character)라고 불렀다. 장인이 만든 작품이 볼품이 없으면 캐릭터의 가치도 하락했지만, 작품이 훌륭하면 캐릭터의 가치가 상승하였다. 나중에는 캐릭터가 장인이 만든 작품의 품질보증이었으며 그의 인격과 동일시 되었다.

이는 오늘날에도 그대로 적용된다. 인격과는 상관없이 자신의 직함이니 지위로 인정을 받으려는 사람이 있다. 그런 사람은 인격의 힘이 아니라 지위에 의존하여 영향력을 발휘하려 한다. 하지만 지위나 직함은 일시적일뿐이다. 지위나 직함이 사라지면 더 이상 영향력을 발휘할 수 없게 된다. 반면 인격(character)은 영구적이며, 사람들로부터 존경과 신뢰를 얻게 되며, 많은 이들에게 유익을 끼친다.

조지 폭스(George Fox, 1624~1691)[5]는 젊은 시절부터 진리를 찾고자 애썼다. 그의 40년간은 고난의 연속이었다. 그의 추종자들은 온갖 박해를 받았다. 수천 명이 감옥에 투옥되었고 100명 이상이 목숨을 잃었다. 조지 폭스도 6년 동안 감옥에서 보냈다. 왕이 그에게 사면을 제안했지만, 제안을 받아들이면 자신의 죄를 인정하게 되기 때문에 거절했다. 그는 일신의 평안보다 감옥을 택했다. 폭스에게서 볼 수 있는 것처럼 평범함을 거부하는 일은 쉬운 일이 아니다. 능력 있고 신실한 리더가 앞장설 각오를 하고

---

5 퀘이커교의 창시자로, 내면으로부터의 빛에 의한 구제를 주장하며, '진리의 벗'이란 조직을 만들어 웨일스 등을 중심으로 전도활동을 펼쳤다. 퀘어커교를 프렌드회라고 부르기도 한다.

세상을 더 낫게 만드려는 진정한 바람을 가진 이들과 평범함을 넘어서려는 목표를 향해 매진할 때 혁신적인 변화를 이끌게 된다.

조지 폭스가 이끈 퀘이커교도의 전통에 생명력을 준 것은 서로를 친구라 부르며 모든 이들을 지극한 사랑으로 대하고, 사회와 제도에 대한 막중한 책임을 기꺼이 받아들인 결과였다. 폭스는 높은 수준의 윤리적인 실천을 강조했는데, 그의 영향력은 광범위하게 빛을 발했다. 그는 새로운 상업윤리를 제시했고, 여성의 동등한 지위를 요구했으며, 모두가 동등하게 교육받을 권리도 주장했다.[6] 가장 혁신적인 결과는 폭스에게 영향받은 이들의 노력으로 기업의 질이 크게 향상되었던 점이었다.

3) 모험심

리더는 모험(Venture)하는 도전정신이 있어야 한다. 역사는 모험정신으로 도전하는 자들에 의해 발전해왔다. 리더는 올바른 비전과 가치관을 가지고 힘들고 어려운 일에도 과감하게 뛰어드는 모험정신이 투철해야 한다. 리더는 편안하고 안락한 삶보다는 모험심을 갖고 위기와 역경을 뛰어넘는 사람들이다.

일론 머스크는 위험부담이 큰 사업들에 무모하리만큼 도전을 거듭한 모험정신이 강한 사업가이다. 뛰어난 지능을 갖고 있었던 머스크는 어린 시절 친구들과 노는 것보다 책 읽는 것을 더 좋아했고, 이로 인해 친구들에게 따돌림을 당하기도 했다. 머스크는 그가 태어난 남아프리카 공화국을 떠나 캐나다로 이주했다. 1989년 캐나다 온타리오 주 킹스턴에 있는 퀸스 대학교에서 공부하였고, 1992년에는 우수한 성적 덕분에 장학금을

6 Robert K, Greenleaf, 강주헌 옮김, 『서번트 리더십 원전 : 리더는 머슴이다』(서울: 참솔, 2006), 281.

받고 펜실베이니아 대학교로 편입했다. 머스크는 그곳에서 경제학뿐만 아니라 물리학도 추가로 전공하였다. 24살 때인 1995년 그는 재료과학과 물리학 분야 전공으로 스탠퍼드 대학 박사과정에 등록했지만 얼마 후 자퇴하고 실리콘 밸리로 이주하였다.

그는 1995년 동생 킴벌 머스크와 함께 인터넷을 기반으로 하는 지역 정보 제공 시스템인 Zip2를 창업했다. 그들은 뉴욕 타임즈, 시카고 트리뷴과 같은 신문사들을 대상으로 서비스를 제공했으며 4년 후인 1999년 컴퓨터 제조업체인 컴팩에 이를 매각했다. 일론 머스크는 이를 통해 자신의 보유 지분인 7%에 해당하는 2,200만 달러를 손에 넣었는데, 이 중 1,000만 달러를 투자해 온라인으로 금융 서비스를 제공하는 X.com이라는 회사를 창업했으며 2001년에는 이메일을 통한 결제 서비스인 페이팔에 집중하면서 회사 이름 또한 페이팔로 변경했다.

2002년 페이팔의 시가 총액은 6,000만 달러를 웃돌았고, 온라인 쇼핑몰 이베이에게 15억 달러를 받고 페이팔을 넘겼다. 머스크는 이를 통해 1억 6,500 달러를 벌었다. 30대에 들어선 그는 2,000억 원이나 되는 거액의 자산가가 되었다. 그런데 그는 절반을 저금하고, 나머지 절반을 사업에 투자하였다. 하지만 새로운 사업은 그의 계획대로 흘러가지 않았다. 머스크는 이로 인해 가장 힘들고 어려운 시간을 보내게 되었다.

그가 세운 회사들은 초창기 크고 작은 문제들로 인해 많은 어려움을 겪었다. 스페이스X는 세 번에 걸친 발사에서 모두 실패했고, 테슬라는 제조, 공급, 디자인의 문제로 인해 어려움을 겪었다. 그리고 자금 고갈로 인한 재정적 위기가 닥쳤다. 머스크는 당시 냉혹한 선택의 갈림길에 서게 되었다. 자신이 투자한 돈을 회수하고 회사를 망하게 하느냐, 아니면 남은 돈까지 모두 투자해서 다시 한번 기회를 얻느냐 사이에서 치열하게 고민했다.

그는 남은 돈을 모두 회사에 쏟아 넣기로 결정하였다. 머스크는 생활비를 벌기 위해 친구들에게 돈을 빌리는 처지까지 되었다. 파산당할 위기 앞에서 두려움도 있었지만, 그는 "아이들이 사립 학교가 아닌 공립 학교에 가는 일밖에 더 있겠는가"라고 생각하며 두려움을 극복했다.

2006년 머스크는 그의 사촌들이 창업한 태양광 발전 회사인 솔라시티에 초기 자금을 대주었고, 이사회 의장으로 활동하다 2016년 테슬라에서 솔라시티를 인수하였다. 솔라시티는 태양광 패널을 설치해 주거나 그로부터 얻은 에너지를 공급해 주는 일을 주로 하고 있고, 테슬라의 급속 충전소에 태양광 패널을 설치해 전기차에 전기를 공급해 주거나 가정용 전기 보관 시스템인 파워월을 제공하는 서비스를 제공하고 있다.

2013년 8월 머스크는 진공 튜브 안에서 캡슐 형태의 고속열차가 움직이는 시스템인 하이퍼루프(Hyper Loop) 콘셉트를 공개했다. 그 이후 테슬라와 스페이스X에서 공동으로 이 시스템에 대한 기초 개념을 설립했고, 이를 정리한 문서를 공개하기도 했다. 하이퍼루프는 최고 속력 1,300km/h로 움직일 수 있고, 운행에 쓰이는 에너지는 100% 태양광 발전으로 생산되는 친환경 교통수단이다. 머스크는 2015년부터 진공 튜브 안에서 움직이는 캡슐을 디자인하고 테스트하는 대회를 열었으며, 최초로 만들어질 하이퍼루프는 뉴욕에서 워싱턴을 이동하는 데 사용될 것이라고 전망하였다.

머스크가 스페이스X를 설립하면서 세운 목표 중 하나는 우주선 발사 비용을 10분의 1로 줄이는 것이었다. 이를 위해 재활용 가능한 로켓 발사 시스템 개발을 진행하였고, 여러 차례의 실패 후에 2015년에 최초로 1단 부스터를 지상에 착륙시키는 쾌거를 이루었다. 머스크는 테슬라를 통해 전기차는 느리다는 편견을 깨려 노력했고, 스포츠카 모델인 로드스터, 세단 모델인 모델 S, SUV 모델인 모델 X, 준중형 모델인 모델 3을 출시하였다.

대표 모델인 모델 S는 기존의 전기차에 비해 배터리 용량도 크고, 충전 속도도 빨라 많은 사람들의 이목을 끌었고, 반자율주행 기술을 포함해서 첨단 기술들을 적용하여 프리미엄 전기차 세단이라는 칭호도 얻었다.

2015년 12월, 머스크는 비영리 인공지능 연구 기업인 오픈AI를 설립했고, 2016년 12월에는 인간의 뇌와 컴퓨터의 연결을 연구하는 회사인 뉴럴링크를 공동 창업했다. 그는 2016년 터널을 만드는 회사인 더 보링 컴퍼니를 설립했다. 머스크는 로스엔젤레스 교통 체증의 해결 방안으로 2차원 교통 시스템을 3차원으로 확장할 것을 제안했고, 땅속에 터널을 만들어 차량을 분산시키는 것이 비용을 절감하는 효율적인 대안이라고 보았다.

머스크는 2020년 9월 테슬라가 3년 안에 강력한 25,000달러짜리 전기자동차를 출시할 것이며, 조만간 모든 테슬라 차량이 완전한 자율주행 차량이 될 것이라고 말했다. 또한 2020년 12월에는 인간을 화성으로 이주시킬 수 있는 유인우주선 스타십의 첫 고도 비행 실험을 진행하기도 했다. 스타십은 시험 발사 후 다시 착륙하던 과정에서 폭발했지만, 그는 실험이 만족스러운 성공이었다고 자축했다.[7] 비록 실패하더라도 중요한 가치를 지닌다면 도전할 충분한 가치가 있다고 그는 생각한다. 그의 동기는 돈이 아니라 화성에 사람을 이주시키겠다는 원대한 꿈이다. 그는 이러한 꿈을 실현하기 위해 창조적 열정을 품고 도전하고 있다.

4) 균형 감각

리더는 한쪽으로 치우치지 않는 균형 감각이 있어야 한다. 리더는 지성과 감성과 의지가 조화를 이루어야 한다. 리더가 한쪽으로 치우치게 된다

7 "일론 머스크 세계최고부자 6가지 성공비결"
https://blog.naver.com/junghwanedu_official/222262095618 (검색 2021년 3월 8일)

면 구성원들 또한 중심을 잃고 무너지게 될 것이다. 따라서 리더는 다양한 정보와 빠르게 급변하는 세상의 변화에 항상 열려 있어야 한다.

리더는 자기 관리가 철저해야 한다. 자기 관리가 잘되지 않으면 리더로서 구성원들을 이끌 수 없다. 따라서 리더는 육체와 정신과 영혼의 계기판을 잘 체크해야 한다. 리더가 자기 관리를 소홀히 한 나머지 정신적으로 소진되거나 육체적인 질병을 얻게 된다면, 이는 공동체 전체에 큰 위기를 초래하게 될 것이다.

5) 성숙한 인격

리더는 인격적인 면에서 성숙해야 하며, 신뢰성이 높아야 선한 영향력을 발휘할 수 있다. 리더의 인격은 수면 아래에 있고, 리더의 기술(skill)은 수면 위로 드러난다. 리더십은 성품(character)과 행동(doing)이라는 두 가지 요소를 가지고 있다.[8] 북해를 항해하던 많은 배들은 빙산으로 인해 큰 피해를 입었다. 배들은 눈에 보이는 작은 빙산 때문이 아니라 수면 아래 보이지 않는 거대한 부분 때문에 침몰하게 되었다. 마찬가지로 리더들 가운데는 눈에 보이는 기술이 아니라 눈에 쉽게 드러나지 않는 인격의 결함 때문에 한순간에 몰락하게 된다. 그들은 능력이나 기술만 습득하면 유능한 리더가 될 수 있을 것이라고 생각한다. 하지만 인격은 한순간에 개발되는 것은 아니다.

리더가 신뢰할 만한 인격을 가질 때 구성원들은 리더를 신뢰하며 따르게 된다. 스티븐 코비는 리더의 자질에 대해 논하면서 부수적 위대성과 본질적 위대성의 차이를 구분하였다. 부수적 위대성은 그 사람의 학벌,

8 Kenneth H. Blanchard & Mark Miller, 조천제 & 이명노 옮김, 『행복 주식회사』 (파주: 21세기북스, 2006), 48.

재산, 외모, 지위, 배경으로 이루어지는데, 대부분의 사람들은 이런 부수적인 위대성을 가지고 경솔하게 평가해 버리는 우를 범한다는 것이다. 하지만 수많은 역경을 극복하면서 탁월한 영향력을 발휘한 리더들을 보면, 부수적 위대성도 있지만 그 저변에는 인내심, 사랑, 이해, 동정심, 비전, 결단력, 포용력 등과 같은 본질적 위대성이 깔려 있다는 것이다.[9] 이런 본질적 위대성을 갖추지 못한 리더의 영향력은 지속되지 못한다.

엠퍼러스 클럽

〈엠퍼러스 클럽(The Emperor's Club)〉은 성숙한 인격을 갖추기 위해 힘쓰지 않으면 성품은 쉽게 변하지 않는다는 것을 일깨우는 영화이다. 교시로 은퇴한 헌더트 선생에게 어느날 초청장이 날아온다. 그 초청장은 헌더트 선생의 교육 인생에서 가장 큰 아픔으로 기억되는 제자 세드윅 벨이 보내온 것이었다. 세드윅 벨이 자기 회사 소유의 리조트로 스승과 옛 급우들을 모두 초대한 것이었다. 초대에 응한 헌더트와 옛 급우들은 리조트에서 과거의 즐거웠던 추억들을 떠올리며 행복한 시간을 보내게 되었다.

세드윅 벨은 25년 전 명예와 품격을 중시하는 헌더트 선생의 교육 인생에 하나의 큰 상처로 남은 학생이었다. 그는 상원의원의 아들로서 학교에 온 첫날부터 말썽을 부렸던 문제아였다. 헌더트 선생은 세드윅 벨에게 "우리 모두는 어느 순간에는 자신을 거울에 비춰보면서 진정한 자신이 누군지를 봐야 하는 순간이 있어. 그날이 너에게 오면 정직함 없이 살아온

9 한 홍, 『거인들의 발자국』, 202.

네 인생을 볼 것이고, 도덕 기준도 없었던 너 자신에 대해 불쌍하게 여기게 될 거야."라고 조언한다.

그러자 세드윅 벨은 "그래서 어쩌라고요? 솔직히 말씀드려서 세상에 누가 도덕 기준이나 정직함을 신경이나 쓰나요? 선생님 자신을 보세요. 자신을 내세울 뭐가 하나라도 있나요? 전 현실 속에서 살아왔는데, 사람들이 원하는 것을 얻으려고 뭐든지 하는 것이 현실이죠. 만약 거짓과 속임수가 난무하면 그냥 그렇게 살면 돼요."라며 당돌하게 대답한다. 세드윅 벨의 말썽 때문에 학교로 호출당한 상원의원인 그의 아버지는 헌더트 선생에게 "당신은 교육하는 사람이오. 인격 형성은 내가 하는 것이니 신경을 끄시오."라고 말했다. 인성이 삐뚤어진 세드윅 벨의 근본 문제는 그의 아버지의 잘못된 인격과 교육관에서 비롯된 것이었다.

제자들 가운데 한 명이라도 낙오되길 원치 않았던 헌더트 선생은 문제아 세드윅 벨에게 더 많은 관심을 갖고 격려와 도움을 아끼지 않았다. 그러던 어느날 세드윅 벨은 세인트 베네딕트 아카데미에서 줄리어스 시저 경시대회를 앞두고 놀랍게 변화되기 시작하였다. 매년 개최하는 줄리어스 시저 경시대회는 로마사에 관한 지식을 겨루는 권위 있는 대회였다. 경시대회를 앞두고 여러 차례 예비시험을 치러 최종 선발된 세 사람만이 학부모와 내빈의 참석 하에 최종전을 겨룰 수 있었다.

세드윅 벨은 예비시험을 치를 때마다 성적이 가파르게 상승하였고, 최종 선발시험에서 아깝게 4등을 하였다. 헌더트 선생은 고민을 거듭한 끝에 4등을 한 세드윅 벨을 최종 선발전에 출전시키기로 하였다. 이러한 결정은 세드윅 벨의 발전가능성에 대한 확신과 더불어 벨의 성품 변화에 대한 기대 때문이었다.

그런데 경시대회에서 문제를 내던 헌더트 선생은 세드윅 벨이 가운 안쪽에 컨닝 페이퍼를 숨긴 채 컨닝하는 것을 목격하게 되었다. 헌더트 선생은 세드윅 벨이 답변할 차례가 되자 교실 현판에 기록된 슈트럭 나훈테에 대해 즉흥적으로 질문했다. 헌더트 선생은 첫 수업에서 "슈트럭 나훈테가 정복자이기는 하지만 업적이 없었기 때문에 오늘날 어떠한 역사책에서도 그의 이름을 찾아볼 수 없다"고 말하면서 "업적이 없이는 아무리 위대한 야망과 정복이라 해도 아무런 의미가 없다"는 것을 가르쳤던 것이다.

그런데 슈트럭 나훈테에 대한 가르침은 세드윅 벨이 전학오기 전에 있었던 일이었고 교과서에는 없는 내용이었다. 커닝으로는 전혀 알 수 없었던 세드윅 벨은 답변하지 못했고 그날 이후 학교에서 사라지게 되었다. 헌더트 선생은 세드윅 벨의 배신행위로 인해 마음에 큰 상처와 아픔을 겪게 되었다.

그런데 25년이 지난 후 유망 기업의 CEO가 된 세드윅 벨은 경시대회를 다시 열어 그때 잃었던 명예를 되찾고자 이들을 초대했던 것이었다. 그리하여 과거처럼 최종후보 세 사람이 로마사 경시대회를 다시 열게 되었다. 그런데 세드윅 벨이 고성능 칩이 내장된 이어폰으로 컨닝하는 것을 헌더트 선생은 또다시 목격하였다. 25년이라는 시간이 지나는 동안 세드윅 벨은 성공가도를 달리는 듯 보였으나, 여전히 속임수와 거짓으로 살고 있음을 알고 헌더트는 크게 실망하게 된다. 이 영화는 인간의 품성이 운명을 좌우하기에 인생의 진정한 성공은 올곧은 성품을 지니고 정직하게 살아가는 것이라는 교훈을 준다.

성숙한 인격을 지닌 리더는 진정성이 자연스럽게 묻어난다. 진정성은 거짓말을 하지 않는다는 것과 더불어 온 정성을 다한다는 의미가 포함되어 있다.[10] 진정성은 자신과 다른 사람의 인격을 완성하고 동시에 서로의

10 박성희, 『진정성』 (서울: 학지사. 2011), 8.

잠재성을 창조적으로 실현할 수 있게 돕는 인간관계의 깊은 원리이다. 진정성을 지닌 리더의 얼굴에는 신뢰감을 주는 해맑음과 따사로움이 있다. 돈이나 권력이나 명예를 추구하는 사람들은 흉내 내기 어려운 고상한 품격이 그의 얼굴에서 드러난다. 진정성을 지닌 리더와 함께 하는 사람들 역시 밝고 건강한 삶을 누리게 된다.

6) 탁월한 실력

리더는 인격으로 신뢰를 얻고 실력(Competence)으로 권위를 인정받는다. 따라서 리더는 배움을 향한 뜨거운 열정과 새로운 발견에 대한 지적 흥분을 강렬하게 느끼면서 실력을 갖추기 위해 항상 힘써야 한다. 리더는 공동체를 이끌면서 지속적으로 탁월한 성과를 올리거나 위대한 목표를 성취해야 하기 때문에 구성원들보다 월등한 실력이 요구된다. 리더가 그에 걸맞는 능력이나 실력이 없다면 구성원들은 그를 신뢰할 수 없고 불안감을 느낀다.

괄목상대(刮目相對)란 '눈을 비비고 상대방을 대한다'는 말로서 상대방의 학식이나 재주가 몰라볼 정도로 진보했을 때 보이는 반응이다. 삼국시대 오나라를 다스리던 손권에게는 여몽이라는 장수가 있었다. 그런데 그는 어려운 집안 사정으로 인해 학문을 닦지 못하여 무식한 처지에 있었으나 용맹하게 싸운 공로로 장군까지 되었다. 그런데 여몽은 용맹스러웠지만, 학식이 부족해서 그를 업신여기는 자가 많았다. 이를 안타깝게 여기던 어느 날, 손권이 여몽을 불러 지금이라도 늦지 않았으니 학문에 전념하도록 힘쓰라고 진심으로 충고했다.

여몽은 왕의 진심에 감동하여 학문에 전념하기로 굳게 결심하고는 이를 실행에 옮겼다. 그는 책을 손에서 놓지 않았으며 시간이 흐를수록 학식이 쌓여갔다. 얼마 후 학식이 뛰어났던 재상 노숙이 여몽을 찾아갔다. 여몽과는 오랜 친구 사이였던 노숙은 여몽과 대화를 나누던 중 여몽의 박식함에 깜짝 놀라 다음과 같이 말했다.

"자네 언제 그렇게 공부했는가? 학식이 대단하니 이미 오나라의 시골 촌구석에 있던 여몽이 아니로군." 그러자 여몽이 웃으면서 이렇게 대꾸했다. "무릇 선비는 헤어진 지 사흘이 지나면 눈을 비비고 상대를 다시 쳐다볼 정도로 달라져 있어야 하는 법이라네"

탁월한 오케스트라 지휘자는 아무리 작은 악기라도 하나하나 내는 음을 모두 잡아낸다고 한다. 때로는 한 사람씩 솔로를 시켜 보면서 모든 단원들이 최고의 개인적 기량을 발휘하도록 만든다. 마찬가지로 탁월한 실력을 겸비한 리더는 아무리 큰 난제라도 구성원 하나하나의 개인적 역량을 최고 수준으로 올려놓는다. 능력은 타고나는 측면도 있지만 대부분 노력을 통해 만들어지고 다듬어진다. 유능한 리더는 끊임없이 공부하고, 이를 현장에 접목시켜 실천적으로 잘 활용하고, 그를 신뢰하고 따르는 이들의 실력과 역량도 배가시키기 위해 힘쓴다.

2. 추종자에게 요구되는 자질

추종자(follower)는 리더를 따르는 사람들로서 공동체의 구성원들이다. 그런데 추종자라고 해서 리더가 시키는 대로 무조건 복종하고, 리더가 이끄는대로 아무 생각 없이 따라가는 사람들로 생각하기 쉬운데, 이는 잘못된 선입견이다. 추종자라는 말은 '돕다, 후원하다'라는 뜻의 독일어인 'follazionhan'이라는 말에서 유래되었다고 한다. 이 어원이 지닌 의미는

'리더에게 없으면 안 되는 돕는 존재'라는 뜻이다.[11] 추종자는 리더를 따르는 자들이지만 리더가 지도력을 잘 발휘할 수 있도록 함께 협력하는 조력자인 것이다. 추종자에게 필요한 자질은 다음과 같다.

1) 공동체에 대한 헌신

진정한 추종자는 리더 한 개인에게 절대적으로 복종하는 것이 아니라 공동체의 사명이나 비전에 대해 헌신해야 한다. 카리스마적 리더들은 구성원들을 자신의 개인 추종자로 만들려고 한다. 또한 추종자들의 공동체에 대한 충성심을 리더 한 개인에 대한 충성으로 이끌려는 유혹에 빠져들기 쉬운데, 이는 경계해야 한다. 지혜롭고 헌신적인 추종자는 리더의 조력자가 되어 공동체가 이루고자 하는 목적에 충실해야 한다.

2) 전문적인 실력

아무리 헌신이 잘 된 추종자들이라도 각자에게 주어진 역할과 임무를 수행할 수 있는 전문성을 갖추지 못한다면 그 헌신은 아무런 능력을 발휘할 수 없다. 추종자들 또한 리더와 마찬가지로 자신에게 주어진 임무를 잘 감당하기 위해 끊임없이 자신의 재능을 연마하고 인격을 다듬어야 한다.

3) 담대한 용기

추종자는 불굴의 용기와 담대함을 갖고 리더를 따라갈 수 있어야 한다.

---

11 한 홍, 『거인들의 발자국』, 61.

리더가 나아가려는 방향이 옳은 길이며 비록 위험하고 수많은 난관이 있더라도 함께 갈 수 있어야 한다. 하지만 리더가 도덕성이나 판단 능력을 상실한 채 잘못된 선택을 하려 할 때는 정중하면서도 진솔한 태도로 충고할 수 있어야 한다. 충실하면서도 탁월한 업적을 세운 추종자는 리더들이 카리스마적 권력에 도취되어 권력을 남용하거나 실수하지 않도록 견제해주고 적절한 도움을 제공하는 조언자 역할을 충실하게 하는 자이다. 값비싸고 좋은 차일수록 브레이크 성능이 좋아야 하듯 좋은 리더일수록 그의 곁에는 그가 실수하거나 잘못 판단하지 않도록 곁에서 조언해주는 훌륭한 추종자가 필요하다.

〈영광의 깃발(Glory)〉은 남북전쟁 당시 흑인 병사들로 구성된 메사추세츠 54보병연대를 이끈 로버드 굴드 쇼(Robert Gould Shaw) 대령에 관한 실화를 다룬 영화이다. 1862년 흑인 징병이 허용되자 흑인들로만 구성된 매사추세츠 54보병연대가 결성되었다. 열렬한 노예폐지론자였던 로버트 굴드 쇼가 연대장이 되어 흑인 병사들을 훈련시키는 역할을 맡게 되었다. 그는 흑인 부대에 대해 처음에는 회의적인 시각을 지니고 있었지만 시간이 가면서 흑인들이 처한 열악한 상황을 이해하게 된다.

그는 자신이 훈련시키고 있는 흑인 병사들이 군인과 시민으로서 그들의 진정한 가치를 입증할 것인지 아니면 오히려 백인들의 비난과 조롱의 대상이 되는지를 가늠하는 중요한 갈림길이 될 것임을 알고는 병사들을 훈련시키는 데 최선을 다했다. 그는 흑인 병사들의 용기와 열정을 북돋우면서 마침내 혼연일체의 용맹스러운 부대를 만든다.

하지만 54연대에 기대하는 것은 흑인들이 전투병으로 적과 용감하게 싸우는 것이 아니라 백인 군인들의 뒤치다꺼리를 하는 것이었다. 쇼 대령이 흑인 부대에 대한 상부의 편견과 무시와 조롱에 대항해 싸운 결과, 54연대가 실전에 투입되는 기회를 얻게 되었다. 그리하여 메사추세츠54연대는 사우스캐롤라이나의 와그너 요새 탈환 작전에 투입되어 선봉에서 싸웠다. 600명의 병사 중 절반이 부상당했고, 많은 이들이 포로로 잡히거나 전사했다.[12] 쇼 대령은 최전방에서 부하들을 이끌다가 전사하였다.

이 전투로 쇼 대령을 비롯한 많은 병사가 전사했는데 비록 그들이 요새를 탈환하지는 못했지만, 불굴의 용기와 담대함을 보여줌으로써 당시 흑인 부대에 대한 사회적 편견을 깨는 데 크게 기여했다. 쇼 대령과 54연대의 용기와 희생정신은 수많은 흑인들이 전쟁에 참전하는 계기를 제공하였고, 남북전쟁의 판세를 바꾸는 계기가 되었다.

3. 리더와 추종자의 조화

지도자의 리더십이 중요하지만 추종자들이 기꺼이 나서서 리더를 따를 때 공동체의 목적을 성공적으로 이룰 수 있다. 리더의 잠재력은 리더와 함께 하는 추종자들에 의해 결정된다. 만일 주변 핵심 인물들이 강력하다면 리더는 보다 강력한 영향력을 끼칠 수 있다. 그러나 만일 핵심 인물들이 빈약하다면 리더의 영향력 또한 감소된다.[13]

실제로 추종자들은 누구를 지도자로 받아들일 것인지를 스스로 결정하고, 리더의 요구나 명령에 자발적으로 헌신하기도 하지만 의견이 맞지 않을 때는 충돌하거나 저항하기도 한다. 또한 유능한 추종자는 리더에게 무조건 복종만 하는 것이 아니라 리더와 의견이 맞지 않을 때는 자신의 의견을 밝히면서 리더와 지속적으로 소통하는 사람이다. 비록 추종자의 위

12 J. C. Maxwell, 『리더십의 21가지 불변의 법칙』, 95.

13 같은 책, 158.

치에 있지만 리더가 리더십을 잘 수행할 수 있도록 적극적으로 돕는다. 유능한 추종자는 자신을 잘 관리하면서 리더가 자리를 비우게 되면 즉시 리더의 역할을 맡아 잘 감당할 수 있도록 항상 준비된 사람이다.

리더와 추종자 간의 관계에는 두 가지가 있다. 첫째 유형은 상호 교환적 관계로서 리더와 추종자가 함께 일함으로써 얻는 이익 때문에 관계를 지속하는 경우이다. 서로에 대한 애착이나 관심이 없으면서도 서로 간의 이익을 위한 필요악으로 서로를 참아주는 관계이다. 매우 안타깝고 슬픈 관계이다. 둘째 유형은 상호 변화적 관계로서, 관계를 지속함으로써 서로의 인격 깊숙이 자극과 감동과 변화를 경험하는 관계이다. 추종자는 리더를 따름으로써 비전을 발견하고, 자신의 잠재된 능력이 마음껏 발휘되는 희열을 느끼고, 인격이 다듬어지고 발전해 나가는 것을 경험하면서 리더를 진심으로 존경한다. 리더는 추종자를 이끌면서 더 많이 배우고 위로를 얻고 보람을 발견한다. 둘의 관계는 서로 간에 끈끈한 인격, 사랑과 신뢰, 비전과 감동으로 연결된다.

상호 교환적 관계는 리더와 추종자가 서로 부수적 위대성을 충족시켜 주는 차원에 머무는 반면, 상호 변화적 관계는 서로의 본질적 위대성을 자극하는 차원으로 확장된다. 상호 변화적 관계를 통해 구현된 리더십은 예수 그리스도가 섬김의 삶을 통해 제자들에게 보여준 것이다. 이외에도 이집트의 노예생활에서 민족을 해방시킨 모세를 도와 약속의 땅 가나안으로 인도한 모세와 그의 형 아론의 관계, 모세의 후계자였던 여호수아를 도와 가나안 땅 정복의 대업을 완수한 갈렙과 여호수아의 관계, 유다 왕국을 번영시킨 다윗 왕과 그를 따라 생사고락을 함께 한 뛰어난 용사들의 관계는 모두 상호 변화적 관계의 모델들이다.

〈리멤버 타이탄〉은 조화로운 리더십이 이룬 기적같은 실화를 토대로 만들어졌다. 이 영화는 버지니아주, 알렉산드리아시의 한 고등학교 풋볼

팀이 겪었던 인종 갈등을 소재로 드라마틱하게 전개된다. 1971년 알렉산드리아시의 시민들에게 풋볼은 삶의 전부라고 해도 과언이 아니었다. 그런데 지역 교육청이 인종차별 반대 시위를 잠시 누그러뜨리기 위한 정책의 일환으로 백인 학교와 흑인 학교를 하나로 통폐합시켜 버렸다. 그러자 백인 학교와 흑인 학교의 풋볼팀은 큰 위기에 봉착하게 되었다. 통폐합의 결과로 새로 탄생한 T. C. 윌리암스 고등학교의 풋볼팀 '타이탄'을 맡기 위해 흑인 감독 허만 분(덴젤 워싱턴 분)이 부임하였다.

한편 백인 고등학교에서 오랫동안 풋볼 감독을 맡았던 빌 요스트(윌 패튼 분)는 당연히 통폐합된 학교의 풋볼팀 감독이 될 것으로 기대하였는데, 새로 부임한 흑인 감독을 돕는 조감독으로 밀려나자 백인 사회와 선수들 사이에서는 강력한 불만이 제기되었다. 신임 감독이 된 허만 분은 강력한 카리스마를 가진 리더십 스타일이었던 반면, 빌 요스트 감독은 강력하게 밀어붙이기보다는 선수들을 먼저 생각하며 인화를 강조하는 리더십을 갖고 있었다. 일부 백인 선수들은 풋볼을 그만두고 떠날 생각까지 밝히자 요스트는 학생들을 설득하면서 끝까지 함께 하자고 다짐을 받았다.

분 감독이 부임한 후 새롭게 통합된 풋볼팀의 화합을 위해 합숙 훈련을 떠나게 되었다. 합숙 훈련 아침 허만 분이 출발장소에 도착했을 때, 두 대의 버스에 백인 학생과 흑인 학생이 따로 타고 있었다. 그러자 분 감독은 모든 학생들로 하여금 버스에서 내리게 하였다. 그리고는 백인 학생과 흑인 학생들을 반반씩 섞어 버스에 승차하도록 했다.

합숙소에 도착해서도 분 감독은 흑인 학생과 백인 학생이 서로 한방에서 지내도록 배정하였다. 하지만 합숙 첫날부터 백인 선수과 흑인 선수 사이에 시비가 붙어 싸움이 일어났다. 서로 양보하거나 타협하지 못한 채 갈등하다가 싸우게 되었고, 나중에는 패싸움으로 번지게 되었다.

분 감독은 합숙 훈련을 통해 선수들이 서로 부대끼면서 팀을 위해 서로의 존재가 필요함을 느끼도록 많은 시도를 했다. 매일 피부색이 다른 학생과 만나 면담하고 좋아하는 것과 싫어하는 것, 장래 희망에 대해서 이야기하고 감독에게 보고하는 과제를 부여하였다.

하루는 이른 새벽 선수들을 모두 깨워 구보를 강행했다. 선수들은 분 감독을 따라 거친 숲길을 가로지르고 시내를 건너 한적한 곳으로 이끌려 갔다. 그들이 도착한 곳은 바로 남북전쟁으로 인해 5만 명의 전사자들이 묻힌 게티스버그 묘지였다. 분 감독은 흑백 갈등으로 인한 전쟁으로 수많은 젊은이들이 이곳에 묻혔음을 상기시키면서 다음과 같이 말했다.

> 그때 그들이 했던 전쟁을 지금 우리도 하고 있다. 이들의 영혼의 소리를 들으라. 난 원한을 품고 내 형제를 죽였습니다. 증오가 우리 가족을 망쳤습니다. 이들의 죽음을 헛되이 하지 말라. 이 숭고한 땅에 두 발을 딛고 있으면서도 마음을 합하지 못한다면 우리 역시 망가질 것이다.

그리고는 그들 스스로 생각하고 자신의 행동을 진지하게 돌아보도록 하였다. 밤늦은 시간까지 계속되는 훈련 가운데 선수들 사이에서 피부색의 장벽이 서서히 허물어지기 시작하였다. 그리하여 합숙 훈련을 통해 타이탄 풋볼팀은 분 감독의 강력한 통솔력과 카리스마 아래 하나로 뭉치게 되었다.

합숙을 성공적으로 마친 후 타이탄은 헤이필드와 첫 경기를 치르게 되었다. 분 감독은 경기 전 선수들에게 다음과 같이 말하면서 선수들을 독려하였다.

> 우리와 상대하는 팀은 인종차별에 대해 고민할 필요가 없지만, 우리는 해야 한다. 하지만 그런 이유로 우린 저들보다 우월하다. 그 어느 것

> 도 우리 사이를 방해하지 못하도록 하라. 타이탄이 절대 권력을 갖고 우주를 지배했던 것처럼 오늘 우리가 뛸 이 운동장은 우리의 우주이다. 타이탄처럼 지배하자!

헤이필드와의 경기 초반에는 수비진의 실수로 어려움에 봉착하지만, 빌 요스트의 처방으로 위기를 넘기고 타이탄은 승리하였다. 이후 타이탄은 연승을 거듭하였다. 흑백 갈등으로 인해 큰 혼란을 겪던 알렉산드리아의 시민들도 한마음으로 타이탄을 응원하면서 인종 갈등을 극복하고 하나가 되었다.

분 감독과 요스트 조감독은 함께 일하면서 서로 의견 차이로 인해 갈등도 있었지만 그들 사이에는 풋볼에 대한 열정 이상의 공통점이 있다는 것을 발견하였다. 서로 다른 배경에도 불구하고 두 사람은 갈등과 분노로 응어리진 선수들을 교화시켜 강력한 우승팀으로 만들었다.

주 챔피언 결정전을 앞두고 팀의 주장인 게리가 교통사고로 하반신이 불구가 되는 아픔을 겪기도 하였다. 또한 마샬 고등학교를 맞아 초반에 고전하였지만 분 감독과 요스트 조감독은 서로 존중하면서 마지막 투혼을 발휘하여 승부를 뒤집고 승리하였다.

두 감독이 투철한 직업관을 가지고 탁월한 실력과 조화로운 팀워크로 풋볼팀을 이끌어 각종 시합에서 연전연승을 기록하자 흑백 갈등으로 분열되어 있던 알렉산드리아시의 냉랭한 분위기도 변화되었다. 중요한 것은 피부색이 아니라 그 안에 숨겨져 있는 영혼이라는 것을 깨달았다. 두 감독은 서로에 대한 이해와 소통을 통해 깊은 우정을 쌓으며 서로를 보완하면서 탁월한 팀워크를 형성하여 괄목할만한 성과를 보여주었다.

Chapter 3

기질과 리더십

Good influence and servant leadership

Chapter

03

기질과 리더십

1. 리더와 기질

사람들은 모두 나름의 성격과 기질을 갖고 있다. 자신의 성격과 기질이 어떤 특성을 지니는지 알게 되면 많은 유익이 있다.

첫째, 자신이 어떤 강점을 지니고 있는지 알게 된다.

둘째, 자신이 잘할 수 있는 분야를 쉽게 이해할 수 있다.

셋째, 자신이 특별히 관심을 갖고 개발해야 할 부분이 무엇인지 파악할 수 있다.

넷째, 자신의 성격이나 기질이 가진 장점을 더욱 발전시키고 자신의 능력을 향상시키는 데 많은 도움이 된다.

다섯째, 자신의 성격과 기질이 갖고 있는 단점을 이해할 수 있다. 이러한 이해를 바탕으로 행동할 때 늘 자신을 살피며, 이러한 단점을 보완하기 위해 힘써 온전한 성품을 개발할 수 있다.

또한 다른 사람의 성격과 기질이 갖고 있는 특징을 알게 되면 나와 전혀 다른 타인의 사고방식이나 엉뚱한 행동 또한 너그럽게 이해할 수 있다. 이러한 이해를 바탕으로 불필요한 오해를 예방할 수 있으며, 타인과 원만한 대인관계를 형성하는 데 많은 도움이 된다. 기질에 따른 리더는 다음 네 가지 유형으로 나눌 수 있다.

1) 주도형 리더

주도형(Dominant)은 담즙질이다. 주도형 기질을 가진 리더는 목적 지향적이며, 강력한 추진력을 갖고 있다. 이들은 매우 열정적이며 다른 사람의 의견을 경청하기보다는 자신이 모든 대화의 주도권을 잡고 이끈다. 주도형 리더는 단도직입적이며, 지시적인 경향이 강하다. 이들은 모험적이며, 활동적이고 통솔력이 뛰어나며 단호하게 결정하고 열정적으로 이끈다는 장점을 지닌다. 이들은 비록 어렵고 힘든 일이라도 과감하게 도전하여 이루어내는 행동파이다.

사도바울은 부활한 예수 그리스도를 만나기 전에는 율법에 대한 지나친 열정으로 기독교인들을 핍박하는 데 앞장섰던 인물이었다. 하지만 그는 다메섹으로 기독교인들을 체포하기 위해 가다가 부활한 예수 그리스도를 만나 변화되었다. 그는 이후 목적지향적이며 불도저 같은 추진력으로 4번에 걸친 전도여행을 하면서 복음을 전했고, 이러한 전도여행의 결실로 그가 머물렀던 곳마다 수많은 교회들이 생겨났다.

바울은 목표 지향적인 삶을 살았기에 단도직입적이었고 불같은 성격을 거침없이 표현하기도 하였다. 그는 힘들고 어려운 일도 주저하지 않고 실천에 옮겨 성취하는 결단력이 강한 리더였다. 1차 전도여행 중에는 함께 동행했다가 중도에 떠나버렸던 마가 요한이 2차 전도여행에 참가하려고 하자, 바울은 완강하게 반대하였다. 이로 인해 1차 전도여행에서 동고동락(同苦同樂)하던 바나바와 격렬하게 논쟁하고 서로 갈라서는 상황까지 가게 되었다. 이처럼 바울은 타협을 모르고 목적 중심적인 삶을 산 열정적인 리더였다.

주도형이 지닌 단점은 성격이 급하고 충동적이며 권력 지향적이다. 따라서 주도형 리더는 느리고 더딘 일처리에 불만을 느끼고 버럭 화를 내거나 심지어는 폭력적인 성향을 드러낼 수 있으며, 변덕이 심하기 때문에 일을 진행하는 과정에서 다른 사람들의 마음에 상처를 줄 수 있다. 또한 공동체가 위기를 겪는 특수한 상황에서는 독재자가 될 가능성이 많다.

따라서 주도형 스타일의 리더는 좀 더 인내심을 갖고 상대의 이야기를 경청하는 자세를 갖기 위해 힘쓰고, 일의 결과를 중시한 나머지 상대를 너무 급하게 다그치지는 않는지 자주 성찰하는 것이 유익하다.

2) 사교형 리더

사교형(Interactive)은 다혈질이다. 사교형 기질을 가진 사람은 활동적이고 낙천적이며 설득적이며, 공동체에서 분위기 메이커 역할을 한다. 사교형 기질을 가진 리더는 기발한 아이디어와 생각을 탁월하게 표현하면서 구성원들을 열정적으로 이끈다. 또한 직관에 따라 신속하고 순발력 있게 상황에 대처해 나간다. 그는 낙관적이고 외향적이어서 늘 좋은 분위기를 만들기 때문에 주위에는 사람들이 많이 모인다.

예수의 수제자 베드로는 매우 사교적이며 활동적인 성격을 지녔다. 베드로는 예수가 성난 파도를 헤치고 물 위로 걸어오자 "만약 주님이시면 나도 물 위를 걷게 해 달라"고 요구하였다. 주님이 "오라"고 하자 그는 주저하지 않고 물속으로 뛰어들었다. 놀랍게도 그는 예수처럼 물 위를 걷게 되었다. 그는 흥분 상태에서 물 위를 걷다가 그만 바람과 파도가 휘몰아치는 것을 보고 두려움을 느껴 물속에 빠지게 되었다. 예수가 그에게 다가가 손을 내밀자, 그는 위기를 면할 수 있었다. 이처럼 베드로는 성미가 급해서 일단 저질러보는 스타일이다.

그는 지나친 열정을 주체하지 못해 남들보다 항상 앞서 나가다 사고를 치고, 성급하게 지킬 수도 없는 약속을 남발하기도 했다. 예수가 잡히던 밤에 "너희가 모두 나를 부인하리라"고 경고할 때, 베드로는 "주님과 함께 죽을지언정 절대 부인하지 않을 것"이라고 호언장담하였다. 하지만 베드로는 결정적인 순간 스승을 세 번이나 모른다고 부인하는 치명적인 실수를 했다.

시교형의 단점은 즉흥적이며 충동적으로 행동할 수 있는 위험 소지를 갖고 있다. 일단 일을 시작하지만 일의 끝마무리가 부족한 경우가 있으며, 다른 사람들로부터 인정받지 못한다고 느낄 때 힘들어한다. 또한 과장이 심한 경우도 있으며, 지나치게 많은 말을 하면서 지킬 수 없는 약속을 남발하기 쉽다.

사교형 리더에게는 그의 기발한 창의력과 사교적인 성격을 진지하고 적극적으로 들어주면서 그를 인정하고 격려해주면 유익하다. 또한 자신이 맡은 일을 책임 있게 완수할 수 있도록 충분한 시간적 여유를 주고 중간중간 점검하는 가운데 칭찬과 격려를 제공하는 것이 바람직하다.

3) 안정형 리더

안정형(Stable/Submissive)은 점액질이다. 안정형은 모험을 싫어하고 안정적이며, 사람들과의 원만한 관계를 중요하게 생각하며, 때로는 일에 방해가 될 정도로 사람들과 만나는 것을 좋아한다. 그는 온화하고 다정다감하며 사람들의 이야기를 잘 듣는 편이다.

아브라함은 하나님의 부르심에 따라 갈데아 우르를 떠나 가나안까지 먼 거리를 여행한 믿음의 조상이다. 그는 하나님의 부르심과 인도하심에 군소리 없이 순종하고 새로운 정착지를 향하여 떠났다. 그는 가나안 땅에서 그곳에 거주하던 원주민과 자주 마찰을 겪기도 했다. 그는 온화하고 다정다감하며 부드러운 성품을 지녔기에 갈등을 정면으로 돌파하기보다는 양보하는 평화로운 방식을 선택했다. 또한 그는 자신과 함께 고향을 떠났던 조카 롯과 더 이상 함께 살 수 없게 되었을 때 롯에게 거주지에 대한 선택권을 주며 양보하였다. 그는 소돔 땅을 선택했던 롯이 전쟁의 와중에 포로로 잡혀가자 위험을 무릅쓰고 조카를 구원할 정도로 정이 많았다.

하지만 안정형 리더의 단점은 주도적으로 일하기를 주저하기에 결단력이나 추진력이 부족한 편이다. 또한 대인관계에서 평화로운 관계를 유지하려 협력을 우선시하기에, 중대한 사안을 두고 의견이 대립할 경우 쉽게 타협하거나 양보함으로 공동체에 어려움을 줄 수 있다.

4) 신중형 리더

신중형(Cautious)은 우울질이다. 신중형은 매사에 꼼꼼하고, 철저하며, 원칙적이며 완벽을 추구하는 유형이다. 지나치게 신중한 나머지 시간 내에 일을 마치지 못하는 경우가 많다. 신중형은 속도보다는 질적 우수성과 정확성을 중시하는데, 지나치게 조사하고 연구하고 검사해 본 뒤에야 발을 내딛는 타입이다. 이러한 기질을 가진 사람은 돌다리를 두드려 보는 정도가 아니라 흔들어 보면서 여러 번 확인한 후에 건너는 유형이다. 신중형은 항상 정리되어 있고 철저하고 분석적인 장점이 있다.

모세는 이스라엘 민족을 이집트 종살이에서 해방했으며 이스라엘 백성들을 약속의 땅 가나안으로 인도한 민족의 영웅이다. 하나님이 그를 민족의 해방자로 불렀을 때 그는 매우 소극적이었고 소심한 반응을 보였다. 그는 시내산에서 십계명을 받았고, 이스라엘 백성들에게 율법을 상세하게 가르쳤다. 그는 매사에 꼼꼼하며 성실하게 일 처리를 하였으며 율법중심의 원칙적인 삶을 살았다.

신중형 리더는 일 처리를 할 때 실수 없이 정확하고 빈틈없이 처리하는 스타일을 고수하기 때문에 도전정신과 융통성, 결단력이 부족한 듯 보이기도 한다. 또한 신중형 리더는 긴급한 일임에도 추진력 있게 진행시키는 것이 상대적으로 부족하고, 지나치게 꼼꼼하고 신중한 나머지 융통성 또한 부족한 면이 있다.

2. 특성에 따른 리더의 종류

1) 개척자형 리더

미래의 새 비전을 제시하고, 불가능한 장애물들을 넘어가는 모험적인 리더이다. 대표적으로는 전쟁의 잿더미 위에서 소니(Sony)사를 창업한 모리타 아키오(盛田昭夫, 1921년~1999년) 회장이 있다. 모리타 아키오는 이부카 마사루와 함께 소니 주식회사(당시 東京通信工業株式會社)를 창업하였다. 그는 오사카 대학 물리학과를 졸업한 후 태평양 전쟁 때 일본 해군이 추진하고 있던 열추적 유도탄 연구에 동원되었고, 그곳에서 이부카 마사루를 만났다.

전쟁이 끝나자 아키오와 이부카는 폭격으로 폐허가 된 건물에 책상 하나를 갖다 놓고 생전 보지도 못한 녹음기를 만들기로 했다. 그들은 가느다란 철사에 음을 녹음시키는 데까지는 성공을 거두었다. 하지만 녹음한 것을 편집하려면 철사를 잘라내고 때워야 하는데 그 부위에서 음이 파괴되었다. 미국 사령부에서 확성기 음이 퍼져나오자 그것이 분명 녹음기일 것이라는 생각에 사령부로 달려가 녹음기를 생전 처음 보게 되었다. 그는 미군 장교에게 부탁해서 그 녹음기를 몇 시간 빌릴 수 있었고, 녹음기는 철사가 아니라 테이프에 녹음이 돼 있다는 사실을 발견했다. 그는 그 테이프를 질긴 종이라고 불렀다.

그는 질긴 종이를 만드는 회사를 수소문해 보았지만 일본에서는 그런 테이프를 만드는 공장이 없었다. 대신 그는 두꺼운 곽대기를 길게 오려서 거기에 자석가루를 칠했다. 녹음기는 만들어졌지만 덩치가 크고 조잡하여 상품으로서의 가치가 없었다. 참으로 미련한 시작이었다. 하지만 이러한 무모한 노력은 새로운 기술에 대한 도전정신과 그들만의 노하우를 길러주는 계기가 되었다.

그들의 두 번째 목표는 트랜지스터 라디오를 만드는 일이었다. 라디오를 가장 먼저 만든 회사는 미국 TI사였다. TI사가 만들어낸 라디오는 진공관식 라디오로, 넓은 응접실 한 모퉁이를 장식하는 커다란 가구로 취급되고 있었다. 라디오는 가구라는 생각에 젖은 미국 기업들은 트랜지스터를 먼저 만들고도 그것으로 소형 라디오를 만들 생각은 하지 못했다. 트랜지스터는 1948년에 미국 벨 연구소에서 만들었는데, 이 기술을 이용하여 소형 라디오를 만든 이는 모리타였다.

그는 1955년에 만든 소형 라디오를 팔기 위해 미국으로 갔다. 당시 새로운 제품은 대부분 미국에서 발명하고 생산되었기 때문에 미국인들은 미국 밖에서 만들어진 상품을 경시했다. 소니사의 라디오 역시 쉽게 받아주지 않았다. 그는 문제가 있는 곳에는 반드시 해결책이 있다는 신념을 가지고 있었고, 사흘 만에 해결책을 찾았다. 신문광고를 통해 유통망을 통하지 않고도 고객에게 상품의 존재를 알릴 수 있었다.

신문에 광고를 내자 브로바사가 20만 개의 트랜지스터 라디오를 주문해 왔다. 단 신형라디오에 브로바사의 로고를 새겨달라는 조건이었다. 20만 개의 주문은 소니사에게는 엄청난 횡재였다. 하지만 모리타는 하룻밤을 꼬박 새우면서 고민한 끝에 이를 거절했다. 눈이 휘둥그레진 브로바사 중역이 우리 브로바사는 50년 전통을 자랑하는 세계적인 기업인데, 소니사 제품에 브로바 로고를 새겨넣는 것이 얼마나 큰 횡재인지 아느냐고 물었다.

그러자 모리타는 "브로바사도 50년 전에는 우리 소니사와 같은 처지에서 출발했을 것입니다. 브로바사가 50년 만에 오늘과 같은 기업을 일으켰다면 앞으로 50년 후에 우리 소니사도 브로바사 만큼 키울 수 있을 것입니다. 소니사 제품은 소니의 이름으로만 팔 것입니다."라고 당당하게 말했다. 모리타는 엄청난 액수의 단기 이익을 포기했다.

모리타는 주위의 반대에도 불구하고 워크맨을 만들었다. 워크맨은 만들자마자 30만 개가 팔렸다. 그는 새로운 상품에 대해서도 남다른 혜안을 가지고 있었지만 경영과 마케팅에도 귀재였으며 늘 도전정신을 가지고 진취적으로 개척하였다.

2) 전략가형 리더

전략가형 리더는 비전을 현실화시킬 수 있는 능력을 가진 리더이다. 시대의 흐름을 읽고 분명한 방향 전환, 환골탈태(換骨奪胎)의 과정을 통해 새롭게 정비하는 리더이다. 그는 자신에게 주어진 재능과 시간, 조직의 인적 물적 자원을 가지고 어느 곳에 어떻게 쓸 것인가를 결정하는 리더로서, 대표적으로는 포드 모터 컴퍼니의 창설자인 헨리 포드(Henry Ford, 1863년 1947년)가 있다.

포드는 미시간주 디트로이트의 농촌에서 농부의 아들로 태어났다. 그는 어린 시절부터 기계를 연구하고 다루는 데 열정을 품었다. 그는 고향에서 농사일을 하면서 틈틈이 공작실을 만들어 연구를 계속하였다. 그는 디트로이트의 작은 기계 공장에 들어가 직공으로서 기술을 배우면서 증기 엔진, 시계, 발화 엔진에 관하여 연구하였다. 그는 전국을 순회하면서 공짜로 기계를 수리해 주면서 기계와 엔진을 다루는 기술을 연마했다. 그는 탁월한 정비사이자 시계수리공이 되었다.[1] 그는 1890년 에디슨 조명 회사의 기사로 근무하던 중 내연 기관을 완성하였고, 1892년에는 자동차를 만들었다.

당시에는 대부분 마차를 사용하였고, 엔진을 사용하는 새로운 운송 수단은 매우 비싸 부자들만이 사용하는 사치품이었다. 그는 단순히 자동차를 팔아서 돈을 벌겠다는 생각보다 중산층들도 자동차로 가족과 함께 즐길 수 있도록 낮은 가격과 좋은 품질의 차를 만들어야겠다고 결심했다. 그는 1899년 디트로이드 모터 회사의 설립을 도왔다. 하지만 자동차를 대량으로 팔기 위해 자동차 생산품을 값싸게 제조하자는 그의 생각에 동료 창업자가 반대하자 그는 그 회사를 떠났다.

그는 자동차의 대중화라는 꿈을 실현하기 위해 1903년 포드 자동차 회사를 설립했고, 세계 최초로 대량 생산 방식을 도입하여 모델 T를 제작하였다. 첫째 해는 약 6천 대의 자동차를 생산했으나 8년 뒤에는 50만대를 생산했다. 그리고 그는 자동차 가격을 850달러에서 360달러로 낮추었다. 모델 T는 대중들에게 엄청나게 인기를 끌어 1914년에는 미국 전체 자동차 중 50%에 가까운 양을 생산하였다. 또한 포드는 자동차만 판매한 것이

---

1 J. C. Maxwell, 『성공여행』 (고양: 한움, 2003), 41.

아니라 차가 팔릴 수 있는 인프라 시스템 구축에도 힘써 딜러 프랜차이즈(dealer-franchise) 시스템을 개발하였다.

포드는 경영지도의 원리로서 미래에 대한 공포와 과거에 대한 존경을 버릴 것, 경쟁을 위주로 일하지 말 것, 봉사가 이윤에 선행할 것, 값싸게 제조하여 값싸게 팔 것 등의 4가지의 봉사원칙을 강조하였다. 포드는 공장의 경영합리화를 위해 제품의 표준화, 부품의 단순화, 작업의 전문화라는 3S운동을 전개하면서 컨베이어 시스템을 적용하여 노동생산성을 향상시키는 데 크게 기여하였다.

3) 경영행정가형 리더

경영행정가형 리더는 조직이 비전을 이루어가는 과정에서 실수 없이 제대로 굴러가도록 점검하고 실행하는 관리능력을 가진 리더이다. 상당한 치밀성과 정확성, 성실성이 요구되는데, 대표적으로는 창세기 39장에 등장하는 요셉이 있다.

요셉은 17세에 꾼 꿈 때문에 형들에게 미움을 받아 노예로 팔려 이집트로 끌려갔다. 그는 30세의 젊은 나이에 꿈을 이루기까지 혹독한 고통을 겪었다. 노예로서 고통스러운 시간을 보냈고, 가정 총무로 충실했지만 성폭력범으로 몰려 억울하게 누명을 쓰고 감옥살이도 했다. 하지만 파라오가 꾼 꿈을 해석하면서 실력을 인정받아 애굽의 총리가 되었다. 요셉은 파라오의 꿈을 해석했을 뿐만 아니라 앞으로 다가올 7년간의 풍년과 7년간의 흉년을 어떻게 대비해야 할지 그 대책에 관해서도 이야기하였다.

파라오와 그의 신하들은 요셉을 지혜롭고 총명한 사람으로, 하나님의 신에 감동된 사람으로 인정하고 이집트의 총리로 삼았다. 요셉이 총리가 되자 왕궁을 떠나 이집트 온 땅을 직접 돌아다니면서 정확한 정보를 수집하고, 앞으로 다가올 위기를 극복하기 위한 전략을 세웠다. 파라오가 꾼 꿈대로 7년간의 풍년 동안 요셉은 추수한 곡식의 5분의 1을 창고에 비축해 두었다. 7년간의 풍년 이후 7년간의 흉년이 닥치자 그동안 비축해 둔 곡식을 풀어 위기를 극복할 수 있었다. 이러한 요셉의 경제 계획은 그의 탁월한 재정 관리와 행정력을 보여주었다.

4) 목양형 리더

목양형 리더는 상처 입은 이들을 싸매어 주고 품어 주는 따뜻한 사랑의 리더이다. 대표적으로 테레사 수녀(Mother Teresa Bojaxhiu, 1910년~1997년)가 있다. 테레사 수녀는 1910년 오스만 제국령 북마케도니아에서 태어났다. 1928년에 아일랜드의 라스판햄으로 이주하여, 로레토 수녀회에 입회하여 수녀가 되었고, 테레사로 개명하였다. 이후 선교 활동과 빈민 구제를 목적으로 영국의 식민지였던 인도로 이주하였다. 1947년 인도가 독립하자 인도에 귀화하였고, 1950년에 인도의 콜카타(Kolkata)에 사랑의 선교회를 설립하였다.

이후 45년간 사랑의 선교회를 통해 빈민과 병자, 고아, 그리고 죽어가는 이들을 위해 인도와 다른 나라들에서 헌신하였다. 테레사 수녀는 거리에서 비참하게 죽어가는 최하층 사람들이 최소한 인간의 품격을 갖추고 죽음을 맞이할 수 있도록 피난처를 제공하였다. 그녀는 생명의 존엄성을 변호하기 위해 미국 국회에 초청되어 더 이상 낙태와 같은 살인 행위를 묵인해서는 안된다고 연설했다.

테레사 수녀의 사랑의 선교회는 계속 확장하여 그녀가 사망할 무렵에는 나병과 결핵, 에이즈 환자를 위한 요양원과 무료 급식소, 상담소, 고아원, 학교 등을 포함해 123개 국가에 610개의 선교 단체로 확장되었다.

5) 위기대처형 리더

공동체가 위기 상황에 직면하게 되었을 때, 뛰어난 실력과 담력으로 위기를 지혜롭게 극복해나가는 리더로서, 윈스턴 처칠이나 이순신 장군이 이에 해당한다. 이순신 장군은 12척의 배만 남은 절체절명의 위기 상황 속에서도 포기하지 않았다. 그는 명량해전을 준비하면서 죽음을 두려워하지 않는 용기, 냉철한 지략, 부하들을 아우르는 포용력 등을 갖고 뛰어난 지도력을 행사하였다. 이순신 장군은 두려움을 용기로 바꾸는 치밀한 전략을 사용하여 명량에서 대승을 거두었다.

이순신 장군에게서 빼놓을 수 없는 자질이 위기의 순간에도 무너지지 않는 자존감이었다. 이순신 장군은 『난중일기』에서 집안 탓, 약한 몸 탓, 기회 탓을 하지 말라고 하였다. 그는 자신의 능력을 믿고, 주변에 흔들리지 않고 자신이 원하는 삶을 살라고 하였다. 그리고 자신의 잠재된 재능을 끌어내고 싶다면 우선 자기 자신부터 믿어야 한다고 강조하였다.

윈스턴 처칠(Winston Leonard Spencer-Churchill, 1874년-1965년)은 제2차 세계 대전이라는 위기 상황에서 강력한 리더십으로 전쟁을 승리로 이끌었던 위기 대처형 리더였다. 그의 아버지인 랜돌프 처칠은 재무장관을 역임할 정도로 유명한 정치인이었으나 정적과의 권력투쟁에서 밀려나 회한의 세월을 보내다가 일찍 사망하였다. 처칠은 아버지의 정치적인 실패를 반면교사로 삼아 정적에게 타협과 유머와 기지를 발휘하기도 했다.

처칠은 3수 끝에 육군사관학교에 입학했으며, 독서, 수영, 승마 등을 익히고 리더십을 배웠다. 이후 정계에 입문한 처칠은 독일이 영국을 공습할 것을 대비하여 공군을 강화해야 한다는 의견을 낸 적이 있었지만 정계에서 무시되었다. 하지만 나치가 영국을 공습하자 영국 정부는 처칠을 인정하여 해군장관에 임명하였다. 이후 총리에 임명된 처칠은 영국 본토에서의 항공전을 막아내고 연합국의 승리를 가져왔다.

역사상 최강의 전력을 가진 독일에 의해 유럽이 초토화되었던 1941년 그는 영국의 수상으로서 나치 독일과 맞섰다. 독일이 영국을 침공하기 위해 엄청난 병력을 프랑스 해안에 집결시키자 라디오 방송을 통해 영국인은 최후의 한 명이 남을 때까지 싸울 것이라고 연설했다. 이는 침체된 영국에게는 용기를 주었고, 아직 참전하지 않았던 미국에게는 존경을 선사했고, 당시 기세 등등하던 나치 독일에게는 저항이 만만치 않을 것임을 인식시키는 탁월한 심리적 전술이었다.

계속되는 독일의 공습으로 공포에 떨고 있는 런던 시민들에게 용기를 주기 위해 처칠은 공습이 끝나는 즉시 때로는 공습 도중에 태연히 파이프를 물고 시내를 걸어 다니면서 특유의 웃음과 승리의 V자를 그려 보였다. 그는 영국 국민들이 절망하거나 낙담하지 않도록 용기와 자신감을 불어넣었다.

그는 프랑스와 영국의 65만 명의 패잔병을 도버 해협을 건너 도피시킨 후, 그들을 아프리카 전선 및 이탈리아로 보내 독일과 이탈리아의 군사력을 흐트러뜨렸다. 또한 그는 작은 규모의 자살 특공대로 구성된 폭격 편대를 보내 독일의 수도 베를린을 폭격하는 모험을 감행하였다. 이에 격분한 히틀러는 당시 영국의 각 도시에 흩어져 분산 폭격하던 것을 모두 영국의 수도 런던으로 집중시켰다. 독일의 폭격기들이 런던에 집중하는 동안 영국의 지방 도시들에서 건설 중이던 비밀 무기 레이더 및 주요 무기, 군사 시설들의 피해를 최소한으로 줄일 수 있었다.[2]

그는 전쟁 전부터 독일의 폭격에 대비하여 몸체가 커 움직임이 둔한 독

2 한 홍, 『거인들의 발자국』, 165.

일의 폭격기들을 요격할 수 있는 날랜 시피츠 파이터와 허리케인 비행기들을 대량 생산하였고, 젊은 조종사 약 3백 명을 훈련시켜 놓았다. 또한 그는 카이로 선언, 테헤란 회담, 얄타 회담, 포츠담 선언 등 전후 유럽의 문제를 놓고 연합국의 몇 차례 회담을 주도하여 나치의 아돌프 히틀러를 고립시키는 치밀한 외교 전략을 구사하였다.

6) 조언형 리더

조언형 리더는 야율초재(耶律楚材, 1190년~ 1244년)나 제갈공명(諸葛孔明, 181년 ~ 234년) 같은 이들이다. 제갈량(諸葛亮)은 유비가 삼고초려를 통해 얻은 닥월한 선략가이자 조언자로서 삼국시대 촉나라의 재상이었다. 그의 자는 공명(孔明)이며 서주 낭야국 양도현(陽都縣) 출신이며, 그의 별호는 와룡(臥龍) 또는 복룡(伏龍)이다. 그는 양양(襄陽) 인근의 융중이란 마을에서 학문(學文)을 닦으면서 농사일을 하였다. 당시 형주는 전란을 피해 온 명망 높은 문인들이 많았는데, 제갈량은 이들과 활발히 교류하였다, 그의 학식은 탁월하여 20대 중반의 나이에 재야의 현인(賢人)으로 상당한 명성을 얻게 되었다. 유비는 여남에서 조조에게 패한 후 유표(劉表)에게 의지하고 있었는데, 제갈량의 명성을 듣고 직접 세 번이나 찾아가 몸을 낮추고 그를 책사로 삼게 되었다.

화북 일대를 석권한 조조가 유비가 있는 형주를 공격해오자, 제갈량은 유비를 수행하면서 남쪽으로 퇴각하였다. 이후 조조가 동진하자, 제갈량은 손권에게 사신으로 가서 반 조조 동맹을 성사시켰다. 208년 11월 손권과 유비 연합군이 적벽에서 조조의 대군을 격파하는 데 큰 공을 세웠다. 삼국지연의에서는 제갈량은 배를 몰고 가서 조조군의 화살 10만을 획득하고, 동남풍을 이용하여 화공으로 조조의 대군을 무찌르는 이야기가 나온다.

221년 유비가 촉한을 세우자 그는 승상에 취임하였고, 유비가 죽은 후에는 유비의 뒤를 이어 왕이 된 유선을 보좌하였다. 227년부터 지속적인 북벌(北伐)을 일으켜 8년 동안 5번에 걸쳐 위나라의 옹 · 양주 지역을 공략하였다. 하지만 안타깝게도 234년 제5차 북벌 중 오장원(五丈原) 진중에서 54세의 나이로 병사하였다. 그는 중국 역사상 지략과 충의의 전략가로 많은 이들의 추앙을 받았다.

제갈량은 백성을 안정시키고, 가야 할 길을 제시하고, 시대에 맞는 정책을 내고, 공정한 정치를 하였다. 사람들은 모두 그를 존경하고 사랑했다. 그가 시행한 형벌과 정치는 엄격했는데도 원망하는 자가 없었던 것은 그의 마음가짐이 공평하고 상벌이 명확했기 때문이다.

야율초재(耶律楚材)는 칭기즈 칸이 광대한 땅을 정복하고 잘 다스릴 수 있도록 지혜로운 조언자 역할을 하였다. 야율초재는 금(金)의 수도인 중도(中都, 베이징)에서 태어났다. 그의 부친은《춘추좌씨전》에 나오는 "초(楚)나라에 인재가 있는데 진(晉)나라에서 이를 데려다 썼다(雖楚有材, 晉實用之)"라는 이야기에 따라 아들의 이름을 야율초재로 지었다.

그의 어머니는 사람이 공부를 하지 않는 것은 짐승과 같다고 이야기하며 그에게 학문을 권했다. 학문에 전념했던 야율초재는 재상의 아들로서 과거가 면제되었는데, 과거 대신 치른 시험에 수석을 하여 상서성(尚書省)의 하급 관료가 되었다. 몽골이 금나라에 쳐들어오자 그는 포로가 되었다. 포로가 되었지만 당당한 그의 태도를 눈여겨 본 칭기즈 칸은 천문학과 복점(卜占)에 능통한 그를 기용하였다.

몽골 제국이 중앙아시아로 원정을 갈 때 그는 칭기즈 칸의 본대를 수행하며 측근에서 점성술사로 일했고, 서역에서 약 6년을 머무르면서 각지의 길 · 마을 · 산천 · 산물과 도중에서 겪은 체험과 시작(詩作)을 『서유록(西遊録)』으로 남겼다. 야율초재는 청빈을 미덕으로 여겼으며, 그가 남긴 유산은 거문고와 책밖에 없다. 그는 시 짓는 것을 좋아하였으며 『잠연거사집(湛然居士集)』을 남겼다.

Chapter 4

서번트 리더십과 영향력

Good influence and servant leadership

Chapter

04

서번트 리더십과 영향력

1. 리더십의 유형

1) 카리스마적 리더십

카리스마는 사람을 끌어당기는 독특한 특성을 가리키는데, 보통 사람들보다 탁월한 능력을 갖고 구성원을 이끄는 매력이다. 리더가 강력한 카리스마를 갖고 구성원을 이끌 경우 의사결정이 매우 신속하고 상황에 빠르게 대처할 수 있는 장점이 있다. 그런 점에서 카리스마적 리더십은 공동체가 위기 상황을 겪을 때와 같은 특별한 상황에서 효과적이다.

하지만 카리스마적 리더는 의사결정 시 구성원의 견해를 고려하지 않은 채 리더 혼자 독단적으로 결정하여 일을 추진하는 경우가 많으므로 강압적이거나 독단적으로 비치기도 한다. 수많은 리더들이 지도자인 체하지만 미래를 정확히 예견하지 못한다. 그들은 이러한 자신들의 무능력을 감추기 위해 사회 조직과 시스템에 따라 규칙을 지켜야 하며 자신들의 카리스마에 따를 것을 강조한다. 이는 정직과 투명성을 강조하는 시대적 요구와 정반대되는 사고이다.

카리스마적 리더십은 자유과 평등, 창의적인 소통을 강조하는 이 시대와는 역행하는 방식이다. 이 시대를 이끄는 리더에게 요구되는 진정한 자질은 먼저 구성원의 의견에 귀를 기울이고, 구성원의 의견을 의사결정에 충실히 반영함으로써 구성원이 자발적이고 적극적으로 따르도록 분위기를 유도하는 것이다.

2) 민주적 리더십

민주적 리더십은 구성원의 의견을 적극적으로 수용하여 의사결정에 이를 적극 반영하는 것이다. 모두가 자유롭고 평등한 분위기에서 자유롭게 자신의 의견을 밝히고, 의사결정에도 적극적으로 참여할 수 있는 소통형 리더십이다. 하지만 의견수렴 과정이 상대적으로 더디게 진행될 수 있으며 구성원 간의 의견충돌이 발생할 때 이를 조율하면서 의사결정을 해야 한다. 사안이 긴급하고 신속한 의사결정이 요구되는 특수 상황이 발생할 때 신속하게 대처하지 못하는 약점이 있다.

3) 자유방임적 리더십

자유방임적 리더십은 구성원의 자율적인 의사결정을 최대한 존중하여 구성원에게 모든 권한을 맡겨 놓고 전혀 개입하지 않는 유형이다. 자유방임적 리더십의 대표적인 사례는 노자의 무위자연(無爲自然)의 리더십이다. 노자(老子)는 지도자를 다음과 같이 네 가지 유형으로 분류하였다.

"가장 훌륭한 지도자는 사람들이 그가 있는 줄도 모른다. 그다음 지도자는 사람들이 그를 가깝게 여기며 찬양한다. 그다음은 사람들이 두려워하는 지도자이고, 그다음은 업신여기는 지도자이다. 믿음이 부족하니 불신이 생겨난다."[1]

가장 형편없는 지도자는 추종자들이 업신여기는 사람이다. 그보다 나은 지도자는 사람들이 두려워해서 그를 따르는 사람이다. 그보다 나은 지도자는 사람들이 그를 가깝게 여기며 칭송하는 사람이다. 덕스러운 성품을 지니고 덕으로 사람을 이끄는 지도자이다. 노자에 따르면, 덕스러운 지도자보다 더 뛰어난 지도자는 사람들이 무엇을 원하는지 잘 알고 미리 대처하며, 마치 물 흐르듯 자연스럽게 일을 처리하기 때문에 지도자가 있는지조차 모를 정도가 되는 것이다. 바로 이것이 무위자연의 리더십이다. 지도자가 아무것도 하지 않는 것 같지만 이루어지지 않는 것도 없는 무위이무불위(無爲而無不爲)의 탁월한 경지다.

요임금이 왕이 되어 천하를 다스린지 50년이 되자, 천하가 잘 다스려지는지 백성들이 진심으로 자신을 따르기 원하는지 알고 싶었다. 그래서 이를 확인하고자 평민복 차림으로 거리에 나섰다. 그가 먼저 넓고 번화한 네거리에 이르자, 아이들이 "우리 백성들이 잘 사는 것은 모두 임금 덕이라네. 우리 백성들은 모르는 사이에 임금의 법도를 따르고 있네"라고 노래했다. 그가 이번에는 발길을 돌려 시골로 가 보니, 노인들이 손으로 음식을 잔뜩 먹은 배를 두드리면서 작대기로 땅을 치며 다음과 같은 노래를 부르고 있었다.

해가 뜨면 나가서 일하고, 해가 지면 들어와 쉬네. 우물 파서 물 마시

1 홍종원, 『새로운 시대를 여는 도덕 리더십』, 88.

고, 밭 갈아서 먹으니, 임금의 힘이 나에게 무슨 상관이랴?[2]

노인들의 노래를 들은 요임금은 크게 만족하면서 궁으로 돌아갔다고 한다. 정치의 고마움을 알게 하는 정치보다 그조차 느끼지 못하게 하는 정치가 더욱 위대하다는 것을 그는 알았기 때문이었다. 훌륭한 지도자는 우리가 늘 마시는 공기와 같다. 공기가 없으면 우리는 한순간도 살 수 없기에 우리의 생존에는 없어서는 안될 필수적인 요소이다. 하지만 우리가 공기의 고마움조차 느끼지 못할 정도로 공기는 당연하게 존재한다. 위대한 지도자 역시 그가 마치 없는 듯 무위자연의 리더십을 펼치기 때문에 사람들은 그가 있는지조차 의식하지 못한다.

자유방임적 리더십은 리더가 구성원을 진직으로 신뢰하고 구성원이 자발적으로 자기의 역할에 책임을 다할 수 있도록 온전히 맡기는 장점이 있다. 하지만 공동체에 천재지변이나 외부 세력에 의한 침입 같은 위기 상황이 발생할 때 리더의 공백이 오랜 기간 지속되었기 때문에 신속하게 대처하지 못하는 약점이 노출된다. 그런 점에서 자유방임적 리더십은 공동체가 평화롭고 번영할 때 가장 이상적인 리더십이다.

4) 변혁적 리더십

변혁적 리더십은 구성원들의 욕구 수준을 한층 더 높은 차원으로 상승시키고 변화시키는 유형이다. 공동체가 바람직한 방향으로 변화되려면 리더의 카리스마, 구성원에 대한 적절한 동기부여, 구성원의 적극적인 변화의식, 자발적인 참여 등이 중요한 요소이다. 변혁적 리더는 세상의 문제

---

2 같은 책, 90-91.

를 남 탓이 아닌 자신의 탓으로 여긴다. 세상에 고쳐야 할 문제들이 있다면, 자기 자신부터 되돌아보면서 변화를 모색하고 변화를 시도한다.

켄 키지(Ken Kesey)의 『뻐꾸기 둥지 위로 날아간 새』는 부조리한 관습과 제도를 부정하고 자유와 인간성 회복을 추구했던 젊은 세대에게 큰 반향을 불러일으켰던 소설이다. 뻐꾸기 둥지는 정신병원을 뜻하는 속어다. 켄 키지는 대학 시절인 1959년 멘로파크 재향군인 병원에서 진행했던 연구에 자원봉사자로 참여하여 정신병 관련 약물의 효과를 기록하고 환자들과 인터뷰를 진행했고, 정신병원에서 야간 보조원으로 일하기도 했다. 그는 이러한 자신의 경험을 바탕으로 이 소설을 집필했다.

소설에는 대조적인 두 인물이 등장한다. 랫치드는 정신병원에 감금된 환자들을 전기 충격으로 고문하거나 뇌를 수술해서 불구로 만들어버리는 등 다른 사람의 정신을 파괴하는 사악한 수간호사이다. 그녀는 겉으로는 강인하고 유능하고 헌신적으로 보였지만, 실제로는 위압적이고 권위적이며 간교한 간호사였다. 반면 빈민가 출신의 환자 맥머피는 본래 죄수 신분으로, 작업 농장에서 노역하는 것보다 정신병원이 편할 것이라는 생각에 정신질환자로 가장하여 정신병원에 들어오게 되었다.

맥머피는 사람들과 쾌활하게 어울리며 다른 사람의 기운을 북돋워주었다. 그는 랫치드 수간호사와 의료진이 환자들을 억압하고 있다는 사실을 알아차리고 종종 수간호사와 충돌을 일으킨다. 이를 본 환자들은 맥머피를 염려하여 병원 방침에 저항하게 되면 전기 고문을 받거나 뇌 전두엽 절제 수술로 불구가 될 것이라고 알려주었다. 그럼에도 불구하고 맥머피는 병원의 통제에 따를 수밖에 없는 어그러진 현실에 분개하면서 텔레비전 시청 시간을 바꾸거나 청소를 하지 않는 등 병원에 작은 변화를 만들어낸다. 그는 환자만 아니라 의사의 정신까지 더욱 건강하게 변화시켰다.

맥머피에게서 시작된 작은 변화로 브롬든을 비롯한 환자들이 무기력에서 벗어나자 다양한 사건이 일어나고, 병원 측은 맥머피를 제지하기 위해 전기 충격 치료를 가했다. 하지만 이후 맥머피의 위상이 더욱 높아지자 병원 측은 뇌 전두엽 절제 수술로 그를 식물인간으로 만들어버렸다. 브롬든은 맥머피가 환자들의 기억 속에 식물인간이 아닌 영웅으로 남을 수 있도록 그를 질식시켜 죽음에 이르게 한 뒤 병원을 탈출하게 된다.

맥머피는 환자들과 쾌활하게 어울리며 경직된 병원 분위기를 자유롭게 바꾸었으며, 심지어 의사들까지 변화시켰다는 점에서 변혁적 리더십의 모델이다. 변혁적 리더십을 지닌 리더는 공동체를 밝고 건강하게 변화시킨다.

2. 서번트 리더십

1) 서번트 리더십이란?

서번트 리더십은 종(Servant)과 지도자(Leader)를 역설적으로 조화시킨 것으로서, 리더가 겸손한 태도로 구성원을 존중하고 배려하면서 이끄는 리더십이다. 리더가 영향력을 발휘하기 위해서는 구성원들로 하여금 억지로 따르도록 강요하는 것이 아니라 감화력이나 감동을 줌으로써 구성원 스스로 자발적으로 따르도록 이끄는 리더이다. 서번트 리더십을 지닌 리더는 카리스마형 리더십과 정반대로서, 군림하는 리더가 아니라 헌신하는 리더이며 섬기는 리더이다. 리더가 섬기는 리더로서 낮은 자리에서 구성원을 섬길 때, 구성원은 리더의 진심을 이해하고 진정으로 사랑하고 존경하며 따르게 된다. 즉 리더가 솔선수범하면서 구성원에게 사랑과 겸손, 절제를 보여줄 때, 구성원은 리더를 더욱 신뢰하고 따르게 된다.

서번트 리더십은 리더가 먼저 섬기려는 마음의 동기에서 시작된다. 남을 섬기려는 태도는 자신의 욕망이나 이익보다 다른 사람의 유익을 먼저 생각하는 것이다. 이는 자신의 계획이나 목적을 잠시 내려놓는 것이다. 리더가 서번트의 자세를 갖는다는 것은 다른 사람이 필요로 하는 것이 무엇인지를 적극적으로 파악하여 그것을 도와주기 위해 노력하고, 그들이 진정으로 원하는 것을 수용하는 것이다.

기업을 경영하는 CEO나 조직을 이끄는 리더는 구성원을 끌어당겨 단합시키고, 그들의 내면에 감춰진 동기를 끌어내 공동의 목표를 성취하게 만드는 역할을 한다. 전통적인 리더의 역할이 외부에서 다양한 방법으로 성과를 독촉하며 동기를 부여하는 방식이었다면, 이제는 서번트 리더로서의 역할로 바뀌고 있다. 즉 내부로 들어가 구성원에게 꿈을 심어주며 그들 각자가 지닌 잠재적인 능력을 끌어내고 계발시켜 나가는 방식으로 바뀌고 있다. 서번트 리더는 모두가 공감하는 공동의 비전을 만들고, 그 비전을 성취하는 일에 각자가 지닌 능력을 기꺼이 발휘하게 하는 역할을 한다.

서번트 리더십은 추종자들이 과업을 잘 처리할 수 있도록 서비스를 제공하고 지원하는 것이다. 리더는 자신을 섬기는 자로 인식하기 때문에 추종자들이 성공할 수 있도록 이끈다. 서번트 리더는 스스로를 다른 사람이 잘 활용할 수 있는 자원으로 여기면서 자신이 가진 전문 지식과 경험을 기꺼이 제공한다. 그는 리더십을 하나의 스킬로 보는 것이 아니라 삶 속에서 실천하는 미덕으로 삼고 이를 적용한다.

서번트 리더십은 인간을 존중하고 구성원 한 사람 한 사람의 가치를 고양시키기 위해 힘쓴다. 전통적인 리더십에서 사람은 관리하고 조정하는 대상이었다. 주어진 목적을 달성하기 위해 활용할 수 있는 다양한 자원들 가운데 하나였을 뿐이고, 이에 따라 사람들의 능력을 개발하는 일보다 수행하고 있는 일들을 관리하고 통제하는 데 더 많은 비중을 두었다.

하지만 서번트 리더십은 사람의 인격과 가치를 더욱 존중하기 때문에 구성원들이 성장하고 성숙할 수 있도록 더 많이 배려한다. 사람을 가장 가치 있는 존재로 인식하기 때문에 각자가 가진 잠재력을 충분히 발휘할 수 있는 환경을 조성하고 더욱 성장하도록 지원하고 도움을 제공한다.

2) 그린리프의 서번트 리더십

서번트 리더십은 로버트 그린리프(Robert Greenleaf)에 의해 처음 제시되었다. 그는 1970년 "섬김의 리더(The Servant as Leader)"라는 제목으로 글을 발표하였다. 하지만 당시 그의 주장은 별다른 주목을 받지 못했다. 그러다가 20년이 지난 1996년에 『서번트 지도자 되기(On Becoming a Servant Leader)』라는 책을 출간하면서 학자들과 전문 경영가들에게 주목을 받게 되었다. 그는 최고의 리더는 하인, 즉 조직원들을 첫 번째로 생각하고, 서번트 리더를 위한 핵심 도구는 경청, 설득, 직관과 통찰력, 언어 사용, 그리고 결과의 실제적인 측정이라고 주장했다. 그의 연구와 서적들은 관리, 리더십, 조직 개발, 평가 그리고 13개의 다른 규율들에 다양하게 영향을 끼쳤다.

그는 미국 전화회사인 AT&T에서 38년 동안 관리 조사 책임자로 근무하면서 관리자 교육을 담당하였는데, 그는 이때 교육의 패러다임을 완전히 바꾸었다. 기존에는 일렬로 앉아 강의를 듣는 방식이었는데, 그는 강의 대형을 변형시켜 둥근 탁자에 둘러앉아 토론을 하게 했다. 그는 원탁 형태의 토론을 통해 조직의 실제 상황을 보다 구체적으로 파악할 수 있었고 수직적인 문화보다는 수평적인 소통과 공감을 통해 생산적인 기업환경을 구축할 수 있었다. 그는 이러한 경험을 토대로 서번트 리더십을 주장하게 되었다.

그린리프는 우연히 헤르만 헤세의 『동방순례』를 읽고 서번트 리더십이라는 개념을 착상하게 되었다. 그는 소설에 등장하는 순례단의 이야기를 통해 위대한 지도자는 서번트가 되어야 하고, 서번트 리더십이야말로 지도자를 진정으로 위대하게 만든다는 교훈을 깨닫게 되었다.

> 지도자의 자질은 서번트 기질을 타고난 사람에게만 주어진다. 세상에는 주어지고 떠맡겨지는 것이 헤아릴 수 없이 많다. 하지만 그것들은 언제라도 물거품처럼 사라질 수 있다. 그러나 서번트라는 자질은 주어지는 게 아니다. 떠맡겨지는 것도 아니고, 사라지는 것은 더욱 아니다. 그러기에 레오는 처음부터 서번트였던 것이다.[3]

세상에서 리더에게 제공되고 맡겨지는 것들이 많지만, 그것들은 언제라도 물거품처럼 사라질 수 있다. 하지만 리더에게 주어지는 서번트의 자질은 주어지는 것이 아니고, 떠맡겨지는 것도 아니며, 사라지는 것은 더욱 아니다. 리더가 보여주는 서번트적 자질에 비례해서 추종자의 존경심이 결정된다. 서번트적 자질을 드러내 다른 사람을 존중하는 리더는 존경을 받게 된다. 그런 점에서 서번트와 리더의 융합이야말로 위험한 창조적 발상이라고 할 수 있다.

현실적으로 볼 때, 종은 리더가 될 수 없다. 만약 종이 리더가 된다면 자칫 지도력을 상실하거나 공동체 내의 분열과 갈등으로 인해 어려움에 처할 수 있다. 따라서 종의 신분을 가진 사람이 리더가 되는 것은 불가능하고 위험한 발상일 수 있다. 역으로 리더가 종이 되는 것 또한 쉬운 일은 아니다. 더 편하고 쉬운 길이 있는데, 왜 리더가 종이 되려는 위험한 길을

---

3 R. K. Greenleaf, 『서번트 리더십 원전』, 25.

선택해야할까? 그린리프는 이 질문에 답하려할 때마다 두 가지 난관에 부딪친다고 말했다.

> 하나는 지도자로서의 서번트란 개념을 논리적으로 설명할 수 없다는 것이다. 이는 오히려 직관적 통찰에 가깝다. 섬김과 지도력은 거의 언제나 직관에서 비롯되는 개념이다. 둘째, 지도자로서의 서번트란 개념이 모순되듯이 인식 세계도 모순으로 가득 차 있다.[4]

리더가 종이 되는 것은 일종의 모험이며 발상의 전환을 통해 가능하다. 리더가 스스로 주인의 자리에서 내려와 가장 낮은 종의 자리로 자신을 낮추는 것이다. 다른 이들을 섬기려는 순수한 동기를 갖고 낮은 자의 마음으로 겸손의 자세를 취하는 것이다. 리더가 구성원들을 진정으로 섬기고 싶어하는 마음, 먼저 섬기려는 마음에서 시작하는 것이다. 그런 마음을 가진 뒤에야 앞에서 끌어가고 싶은 뜨거운 열망을 갖는 사람이 진정한 서번트 리더이다. 하지만 권위와 물질을 탐내는 사람에게서는 이러한 섬김의 자세를 기대하기란 어렵다.[5]

> 타고난 서번트, 곧 먼저 서번트이기를 원하는 사람은 다른 사람의 욕구를 최우선으로 섬기겠다는 특별한 가정을 지켜가면서 조금씩 완성시켜간다. 그런 점에서 먼저 지도자이기를 원하고 나중에야 양심의 충동질과 사회적 규범 때문에 마지못해 섬기는 체하는 사람들과는 질적으로 다르다. 우리의 가치관과 품격도 특별한 재능을 갖고 태어난 개인의 가치관에 따라 변해가기 마련이다. 이런 재능을 타고난 사람은 소수에 지나지 않지만, 나머지 다수가 그들에게서 배우게 된다.[6]

---

4 같은 책, 32.

5 같은 책, 33.

6 같은 책, 34.

처음부터 서번트의 자세를 갖는 리더는 다른 사람들이 섬김을 받고 싶어한다는 것을 확인하는 순간 보여주는 배려에서 잘 드러난다. 사람들은 섬김을 받으면서 점점 인간다워지게 된다. 그들은 섬김받는 동안 더 건강해지고 더 지혜로워지고 더 자유로워지면서 그들 또한 서번트로 변하려고 하는 선순환이 시작된다. 이러한 섬김의 선순환은 공동체에서 소외된 이들에게 긍정적인 영향을 미치게 된다.

3) 헌터의 서번트 리더십

그린리프가 서번트 리더십의 기초를 제시했다면, 헌터(J. C. Hunter)는 이를 대중화시켰다. 헌터의 『서번트 리더십』은 서번트 리더십의 원리를 사람들이 쉽게 이해할 수 있도록 소설형식으로 구성하였다. 오늘날 서번트 리더십이 주목을 받게 된 배경에는 젊은 세대들이 상명하복식의 낡은 리더십 스타일에 고분고분 순종하지 않는 태도에서 찾아볼 수 있다. 헌터가 제시하는 서번트 리더십의 원리는 단순해서 가정이나 직장 등에서 쉽게 적용할 수 있으며, 삶을 변화시키려는 열망을 가진 이들을 위해 기획되었다.

이 소설은 주인공 존 데일리가 수도원에서 진행하는 리더십 세미나에 참석하는 것으로 시작된다. 존 데일리는 평면유리제조 생산시설의 책임자로서, 한때는 최연소 생산 책임자로 탁월한 능력을 인정받았다. 하지만 최근 그의 삶은 여러 어려움에 직면하여 돌파구를 찾지 못하고 있었다. 그는 뭔가 잘못되었음을 알았지만 해결 방법을 찾지 못하던 차에 '십자가의 요한'이라는 수도원에 들어가게 된다.

존 데일리는 별 기대감 없이 아내와 성당 신부에게 떠밀려 수도원에 들어가게 되었는데, 그곳에서 놀라운 만남을 갖게 된다. 그것은 바로 그가 평상시 너무나 동경하던 '렌 호프만'과의 만남이었다. 렌 호프만은 사우스이스트 항공사를 소생시킨 CEO로서 60대 중반 성공의 절정기에 갑작스럽게 은퇴했던 전설적인 CEO였다. 렌 호프만은 시몬 수사가 되어 존 데일리가 참여한 리더십 세미나를 한 주간 동안 이끌고 있었다.

시몬 수사가 진행하는 리더십 세미나는 요일별로 주제를 제시한다. 세미나에 참석한 6명은 각자 직업이 다르며 성격 또한 다르다. 세미나의 진행 방식은 시몬 수사의 강의 중 '전해지는 것'이 있다면 회피하지 말고 그것을 삶 속에 바로 적용하는 것이다. 진정한 리더십이 타인에게 영향력을 발휘하기 위해서는 상당한 자기 발전이 필요한데, 그러기 위해서는 리더십의 원칙들을 실생활에 적용하고 실천해야 한다.

리더십은 구성원들이 능동적인 사세로 공동의 이익을 위해 설정된 목표를 향해 매진할 수 있도록 사람들에게 영향력을 발휘하는 기술이다. 타인에게 영향력을 발휘하기 위해서는 적절한 욕구와 행동을 겸비해야 하며, 이를 위해 끊임없이 학습하고 성품을 계발해야 한다. 특히 경청하는 태도는 리더가 반드시 지녀야 할 중요한 덕목이며, 리더가 계발해야 할 가장 중요한 기술이다.[7] 사물은 관리하는(manage) 것이지만 사람은 이끄는(lead) 것이기에, 리더는 학습되고 습득된 특별한 능력을 구비해야 한다.

권력(power)과 권위(authority)는 명확히 구별되어야 한다. 진정한 리더는 권력에 의존하는 것이 아니라 권위를 드러내도록 힘써야 한다. 권력은 원하지 않는 사람에 대해서도, 자신의 지위나 힘을 이용하여 행동하도록 강제하거나 지배하는 능력이라면, 권위는 자신의 영향력을 통해 다른 사람들을 기꺼이 행동하도록 유도하는 기술이다. 권력은 사고팔거나 주고

---

7 J. C. Hunter, 『서번트 리더십』, 38.

받을 수 있지만 권위는 그럴 수 없다. 권력은 일시적으로 효과가 있고 어느 정도 목표를 달성할 수 있을지는 모르나 이를 지속하게 되면 결국 인간관계를 훼손하게 된다. 구성원들이 권력에 반항심을 품고 반감을 갖기 때문이다. 반면 권위는 인격과 관련되며, 사람들의 자발성에 기초한 영향력이기에 그 효과는 지속적이다.

"현명한 사람은 자신이 세상에 적응하지만, 어리석은 사람은 세상이 자신에게 적응하도록 고집을 부린다."라고 말한 조지 버나드 쇼의 말은 권력과 권위의 차이를 잘 드러낸다. 영향력 있는 리더십은 권위에 기초하여 바람직한 관계를 유지하면서 목적을 성공적으로 이루는 원동력이다.

신뢰는 관계를 유지하는 가장 중요한 요소이다. 사람들과 더불어 일을 하거나 또는 그들을 통해 뭔가를 성취하려 할 때는 필연적으로 두 가지 역학관계가 존재한다. 바로 직무와 관계이다. 이 두 가지 중 한 가지만 소홀하더라도 실패한다. 관계는 정말 중요한 요소이다. 건강하고 발전적인 기업이 되기 위해서는 고객과 직원, 소유주, 공급자와의 관계가 건강해야 한다. 이 관계는 서로의 욕구를 채워줌으로써 유지된다.

패러다임이란 삶의 방식을 조율하는 일종의 심리적 유형, 모델 또는 의식의 지도이다. 우리 자신과 우리를 둘러싼 세계, 우리의 조직 또는 다른 사람들에 대한 우리의 패러다임을 지속적으로 계발할 필요가 있다. 세상은 너무도 빨리 변화하고 있기 때문에 우리의 신념과 패러다임도 그에 발맞추어 진화해야 한다. 다른 사람을 이끌 자격이 있는 사람들은 바로 스스로 의문을 가지고 변화를 시도하는 용감한 정신을 가진 이들이다.

리더가 먼저 섬김의 자리로 내려가 봉사해야 한다. 진정한 리더의 역할은 다른 사람을 통제하고 군림하는 것이 아니라 봉사하는 것이다. 리더란 직원들의 욕구(needs)를 규명하고 충족시키며 여러 가지 장애물을 제거함으로써 고객에게 봉사할 수 있도록 돕는 사람이다.

노예는 남의 욕망(want)을 충족시키지만, 진정한 봉사자는 사람들의 욕구(need)를 충족시킨다. 욕망은 물질적이거나 심리적으로 특별히 중요하지 않는 단순한 바람이라면, 욕구가 진정한 행복을 위해 요구되는 물질적 또는 심리적 요구 조건이다. 사람들은 저마다 자신의 가치를 인정받고 존중받기를 원한다. 따라서 리더는 구성원들의 욕구가 무엇인지 자문하면서 욕구를 목록으로 만들고, 욕구를 충족시키기 위해 노력해야 한다.

리더십은 영향력을 발휘하는 기술이고, 영향력을 미치려면 권위에 바탕을 두어야 한다. 권위는 항상 봉사와 희생에 기초하는데, 리더가 구성원의 욕구를 규명하고 충족시켜주는 과정에서 드러난다. 리더의 봉사와 희생은 사랑에 근거하며, 사랑은 감정이 아닌 행동을 의미한다.

리더가 봉사와 희생의 마음으로 사랑을 실천하기 위해서는 의지가 중요하다. 의지란 좋은 의도에 행동이 뒤따르는 것이다.

의 도 Intention – 행 동 Action = 회 피 Squat

그런데 아무리 좋은 의도를 지니고 있더라도 행동이 뒤따르지 않으면 아무런 의미가 없다.

의 도 Intention + 행 동 Action = 의 지 Will

좋은 의도에 행동이 결합되면 선한 의지가 된다. 의도와 행동이 조화를 이룰 때 비로소 바람직한 리더의 길에 들어서게 되고 선한 영향력을 발휘하게 된다. 서번트 리더는 정직, 신뢰, 배려, 헌신, 경청, 도움, 존중, 격려, 긍정, 열정, 인정, 인내(자기통제력을 발휘하는 것), 친절(관심, 인정, 격려의 뜻을 표현하는 것), 겸손(진실하고 가식이 없으며 거만하거나 뽐내지 않는 것), 존중(타인을 소중한 존재로 대하는 것), 이타주의(타인의 욕구를 충족시키는 것), 용서(잘못하더라도 책망하지 않는 것), 정직(속이지 않는 것), 헌신(자신의 선택에 전념하는 것) 등과 같은 자질을 갖고 구성원을 이끌며 선한 영향력을 발휘하는 것이다.

리더십은 선택과 더불어 시작되고, 선택에는 그만큼의 책임이 뒤따른다. 인간은 궁극적으로 자기결정의 존재이다. 지금 자신의 모습은 그동안의 결정에 의해 형성된 결과다. 다른 이들을 섬기고 사랑하려고 할 때, 어려운 일이겠지만 헌신적인 노력과 실천이 뒤따르면 기대 이상으로 성숙해지게 된다. 자신의 욕구와 기대는 접어두고 타인을 위해 노력하는 과정에서 우리는 성장하게 되고, 사람들의 욕구를 충족시키는 봉사에 대한 보답으로 기쁨과 행복이라는 선물을 받게 된다. 따라서 삶의 기쁨을 훼손하는 자아와 자기도취의 족쇄로부터 스스로를 해방시키는 방법은 타인에 대한 봉사이다.

서번트 리더십은 사랑에 바탕을 둔 봉사와 헌신의 리더십이다. 사랑에는 인내, 친절, 겸손, 존중, 이타주의, 용서, 정직, 헌신 등의 덕목들이 모두 포함된다. 인내는 책임 있는 행동의 원천이며, 친절은 상대방에게 관심을 갖고 상대를 인정하고 격려하는 것이다. 겸손은 진실하고 가식이 없는 것이며, 존중은 다른 사람을 소중한 존재로 대하는 것이다. 사람은 자기가 사랑하는 만큼 용서하는 법이며, 정직은 리더가 지녀야 할 최대의 덕목이다. 헌신은 자신의 선택에 최선을 다하는 것이다. 그러나 이러한 덕목들을 실천하지 않는다면 아무런 영향력을 발휘할 수 없다.

4) 서번트 리더의 모델 예수 그리스도

서번트 리더십의 이상적인 모델은 예수 그리스도이다. 예수 그리스도는 섬김을 받기 위해 온 것이 아니라 도리어 섬기려 하고 자신의 목숨까지도 아낌없이 주기 위해 왔다고 말했다. 그리고 자신을 따르던 이들을 진심으로 섬기면서 몸소 섬김의 본을 실천하였다.

마가복음 10장에는 예수 그리스도가 제자들과 전도여행을 마무리하고 예루살렘으로 가는 도중에 벌어진 사건이 나온다. 예수는 3년 동안의 전도여행을 통해 수많은 병자들을 고치고, 귀신들을 내어 쫓았으며, 보리떡 5개와 물고기 2마리로 5천 명을 먹이는 기적을 행하기도 하였다.

로마의 압제를 받고 있던 상황에서 사람들은 예수가 그들을 구원할 구원자라고 기대하게 되었다. 이러한 기대감은 제자들의 마음 속에도 있었다. 이제 예루살렘으로 가면 로마제국의 군사들을 몰아내고 해방시킬 것이라고 기대감에 잔뜩 부풀이 있었다. 제자들은 누가 더 큰시에 대해 논쟁하기도 했다.

예수의 제자들 중 세베대의 아들 야고보와 요한이 예수에게로 다가와서 "선생님이여 무엇이든지 우리가 구하는 바를 우리에게 하여 주시기를 원합니다"라고 부탁한다. 예수가 "너희에게 무엇을 하여 주기를 원하느냐"하고 묻자, 그들은 "주의 영광중에서 우리를 하나는 주의 우편에, 하나는 좌편에 앉게 하여 주옵소서"라고 대답하였다.

그러자 예수는 "너희는 너희가 구하는 것을 알지 못하는도다 내가 마시는 잔을 너희가 마실 수 있으며 내가 받는 세례를 너희가 받을 수 있느냐"고 묻는다. 그들은 할 수 있다고 자신있게 대답하였다. 그러자 예수는 "너희는 내가 마시는 잔을 마시며 내가 받는 세례를 받으려니와 내 좌우편에 앉는 것은 내가 줄 것이 아니라 누구를 위하여 준비되었든지 그들이 얻을 것이다"라고 말했다.

다른 열 명의 제자가 이를 듣고는 야고보와 요한에 대하여 시기심과 분노로 화가 치밀어 올랐다. 그때 예수는 제자들에게 이렇게 말했다.

> "이방인의 집권자들이 그들을 임의로 주관하고 그 고관들이 그들에게 권세를 부리는 줄을 너희가 알거니와 너희 중에는 그렇지 않을지니 너희 중에 누구든지 크고자 하는 자는 너희를 섬기는 자가 되고 너희 중에 누구든지 으뜸이 되고자 하는 자는 모든 사람의 종이 되어야 하리라 인자가 온 것은 섬김을 받으려 함이 아니라 도리어 섬기려 하고 자기 목숨을 많은 사람의 대속물로 주려 함이니라"(마가복음 10:42-45)

세상의 통치자들은 높은 곳 위에 군림하면서 세상을 다스린다. 하지만 예수는 진정한 지도자는 군림하는 자가 아니라 섬기는 자라고 가르쳤다. 너희 가운데 크고자 하는 자는 먼저 섬기는 자가 되어야 한다. 그리고 자신을 높이려고 하는 자는 낮아지게 될 것이라는 역설의 진리를 일깨웠다. 자신을 겸손하게 낮추고 종의 마음으로 섬기는 자가 진정한 지도자라는 것이다. 예수는 섬김을 받기 위해서가 아니라 도리어 섬기려 하고, 심지어는 자신의 목숨까지도 다른 사람들을 위한 대속의 제물로 희생하기 위하여 왔다고 말했다.

예수는 제자들과의 마지막 만찬에서 갑자기 자리에서 일어나 겉옷을 벗고 수건을 가져다가 허리에 두른 후에, 대야에 물을 떠다가 제자들의 발을 씻기고 수건으로 그 발을 닦아주었다. 제자들은 모두 당황했지만 아무 말 없이 그대로 따랐다. 시몬 베드로의 차례가 되자 베드로는 "주님께서 어찌 제 발을 씻기십니까?"라고 당황하면서 물었다.

예수가 "내가 지금 하는 일을 그대가 알지 못하지만, 나중에는 알게 될 것"이라고 말하자, 베드로는 "아닙니다. 제 발을 절대로 씻기지 못하십니다."라고 대답했다.

예수가 "내가 너를 씻기지 않으면, 너는 나와 상관이 없게 된다."라고 말하자, 베드로는 "주님, 그렇다면 제 발뿐만 아니라 손과 머리까지도 씻겨 주십시오."라고 말했다.

그러자 예수는 "이미 목욕한 사람은 온몸이 깨끗하니, 발밖에 더 씻을 필요가 없다. 너희는 깨끗하지만 모두 그런 것은 아니다"라고 말했다. 예수는 제자들의 발을 모두 씻긴 후에 다시 옷을 입고 원래 자리로 돌아가 제자들에게 다음과 같이 말했다.

> "내가 너희에게 행한 것을 너희가 아느냐? 너희가 나를 선생이라 또는 주라 하니 너희 말이 옳도다 내가 그러하다. 내가 주와 또는 선생이 되어 너희 발을 씻었으니 너희도 서로 발을 씻어 주는 것이 옳으니라. 내가 너희에게 행한 것 같이 너희도 행하게 하려 하여 본을 보였노라. 내가 진실로 진실로 너희에게 이르노니 종이 주인보다 크지 못하고 보냄을 받은 자가 보낸 자보다 크지 못하나니 너희가 이것을 알고 행하면 복이 있으리라"(요한복음 13:12-17)

예수는 제자들의 발을 씻기면서 본을 보여준 후에, 제자들에게 서로의 발을 씻겨주는 섬김의 삶을 살 것을 교훈하면서 "너희가 이것을 알고 실천하면 복을 받을 것"이라고 말했다. 그리고 예수는 제자들에게 새로운 계명을 교훈하였다. 예수 자신이 세상 사람들을 사랑했던 것처럼 너희도 서로 사랑할 것을 강조했다.

> "새 계명을 너희에게 주노니 서로 사랑하라 내가 너희를 사랑한 것 같이 너희도 서로 사랑하라. 너희가 서로 사랑하면 이로써 모든 사람이 너희가 내 제자인 줄 알리라"(요한복음 13:34-35)

예수 그리스도의 섬김은 십자가 사건에서 절정을 이루었다. 섬김을 받기 위한 삶이 아니라 도리어 섬기기 위해 이 세상에 왔다고 말한 예수 그리스도는 섬김을 위해 자신의 생명까지 모든 사람들을 위하여 아낌없이 내어 주셨다. 예수 그리스도는 제자들과 마지막 만찬을 하면서, 스승임에도 제자들의 발을 먼저 씻는 행위를 통해 섬김의 본을 보여주셨고, 제자들에게도 서로 사랑하며 섬기는 삶을 살라고 가르쳤다.

서번트 리더십의 핵심은 섬김과 사랑을 실천하는 데 있다. 예수가 사람들을 사랑했던 것처럼 사랑을 실천하는 것이 서번트 리더십을 발휘하는 지름길이다. 이것을 깨달은 사도 바울 또한 사랑을 강조한 예수의 정신을 이어받아 서로 사랑할 것을 강조했다. 바울은 고린도전서 13장에서 사랑의 정신을 다음과 같이 가르쳤다.

> "내가 사람의 방언과 천사의 말을 할지라도 사랑이 없으면 소리 나는 구리와 울리는 꽹과리가 되고 내가 예언하는 능력이 있어 모든 비밀과 모든 지식을 알고 또 산을 옮길 만한 모든 믿음이 있을지라도 사랑이 없으면 내가 아무것도 아니요. 내가 내게 있는 모든 것으로 구제하고 또 내 몸을 불사르게 내줄지라도 사랑이 없으면 내게 아무 유익이 없느니라. 사랑은 오래 참고 사랑은 온유하며 시기하지 아니하며 사랑은 자랑하지 아니하며 교만하지 아니하며 무례히 행하지 아니하며 자기의 유익을 구하지 아니하며 성내지 아니하며 악한 것을 생각하지 아니하며 불의를 기뻐하지 아니하며 진리와 함께 기뻐하고 모든 것을 참으며 모든 것을 믿으며 모든 것을 바라며 모든 것을 견디느니라"(고린도전서 13:1-7)

사랑을 실천하는 방법은 먼저 주는 것이다. 준다는 것은 섬기는 리더의 잠재된 능력을 최고로 드러내는 효과적인 방법이다. 주는 행위를 통해 리더가 갖고 있는 힘과 능력을 드러내고, 그러한 베풂을 통해 서로 간에 유대를 돈독히 하게 된다. 무엇이든 나눌 수 있다는 것은 부요함을 드러낸다. 그러므로 리더는 많이 베풀어야 한다. 이렇게 할 때 추종자들은 리더를 진심으로 존경하고 따르게 된다.

5) 헤르만 헤세의 동방순례

『동방순례』는 헤르만 헤세가 1929년 후반에 집필하기 시작하여 1931년 4월에 완성한 소설이다. 이 소설은 주인공 HH(헤르만 헤세)가 동방순례 결맹(結盟, Bund)에 들어가 순례단과 함께 동방으로 여행을 떠났던 보고서 형식으로 구성되어 있다. 동방은 어떤 나라나 지역이 아니라 헤세 자신의 영혼의 고향이고, 어디에나 있으면서도 아무 데도 없는 상징적인 곳이다. 즉 믿음이 있는 이들이나 헌신하는 이들이 머물고, 진리의 빛이 퍼지는 현실에서는 찾을 수 없는 상징적인 의미를 지닌다. 헤세는 이 소설을 통해 자신의 영적 순례 과정을 시적으로 형상화하면서, 영혼 깊이 내재된 무의식의 세계를 방랑하는 과정을 그린다.

이 소설은 "나는 다른 사람들과 함께 뭔가 위대한 일을 체험해 보겠다는 결심을 했고, 운이 좋게도 결맹에 들어가 순례단의 일원이 될 수 있었다."라는 문장으로 시작된다.[8] 순례단에 참여한 자들은 각자 자신만의 목적을 갖고 있었다. 어떤 이는 도(道)를 깨닫기를 원했고, 어떤 이는 마술적인 능력을 얻기 원했다. HH는 천일야화에 나오는 예언자 마호메트의 딸인 파트메 공주를 만나 사랑을 얻는 것이었다.

순례단은 동방 순례에 자신의 몸과 영혼을 바치겠노라고 맹세하였다. 신앙에는 충실을, 위험에는 영웅적인 용기를, 동료들에게는 형제애를 가질 것을 배운 후 순례단은 10명씩 한 조가 되어 곳곳을 순례하는 그룹에 동참하였다. 이후 순례단은 결맹의 역사와 믿음과 관련된 장소나 교회, 묘지를 찾아 참배하였다. 순례단은 결맹에 가입하고 싶어하는 청년들에게 조언을 하고, 규율과 훈련을 가르치기도 하였다. 행진 도중 다른 순례단

---

8 Hermann Hesse, 이인웅 옮김, 『동방순례』 (서울: 민음사, 2000), 7.

과 만나면, 경이로운 축제로 변했다. 때로는 수백 명이나 수천 명을 헤아리는 진영을 이루면서 축제의 시간을 가졌다.

순례단은 모두 행복해하면서 결맹의 수칙을 충실하게 지키며 순례자로 살기를 다짐했다. 바이올린 연주자였던 HH는 순례단에서 음악을 담당하는 임무를 맡았다. 그는 바이올린을 연주하고 합창대를 지휘했을 뿐 아니라, 가곡들과 합창곡들을 수집하기도 하고, 성가곡을 직접 써서 연습하기도 했다.

순례단의 일원 중에 처음에는 눈에 띄지 않았지만, 시간이 흐를수록 강한 인상을 남기는 사람이 있었는데, 그는 바로 하인 중 하나였던 레오였다. 레오는 짐꾼이었고, 때로는 사적인 용무를 맡기도 했다. 레오는 사람의 마음을 사로잡는 매력이 있어서 모두가 그를 좋아했다. 동물도 그를 좋아하며 따랐다. 순례단 곁에는 언제나 개가 한 마리 있었는데, 그 개는 레오를 따라온 것이었다. 레오는 새를 길들이고, 나비를 자신에게로 유인할 수도 있었다.

레오는 허드렛일을 하면서도 언제나 즐겁게 일했다. 레오는 혼자 노래하거나 휘파람을 불었으며, 필요할 때 외에는 눈에 띄지도 않는 하인이었다. 그는 소박하고 자연스러웠으며, 다정하고 겸손한 사람이었다. 여행하는 도중에 HH는 레오와 다음과 같은 대화를 나누게 된다.

HH - 예술가들의 작품은 모두 생생하게 살아 있는 것처럼 보이는데 왜 정작 예술가들은 그렇게 보이지 않는 걸까? 예술가들이 자신들의 작품에 너무 많은 에너지를 쏟아부은 것 때문이 아닐까?

레오 - 그것은 어머니가 아기에게 젖과 아름다움과 힘을 주는 것과 같지요.

HH - 그건 참 슬픈 일이군.

레오 - 하지만 그렇게 슬픈 일도 아닙니다. 서글프지만 아름답기도

하지요. 법칙이 그렇게 되기를 원하고 있거든요.

HH – 법칙이라고? 무슨 법칙을 말하는 건가?

레오– 봉사의 법칙 말입니다. 오래 살기를 원하는 사람은 봉사를 해야 합니다. 그러니 지배하길 원하는 자는 오래 살지 못합니다.

HH – 그렇다면 왜 그토록 많은 사람들이 지배욕에 사로잡히는 것일까?

레오– 그들은 법칙을 몰라서 그렇습니다. 지배하도록 타고 난 사람은 몇 명 되지 않습니다. 그런 사람들은 지배하면서도 쾌활하고 건강하게 지낼 수 있습니다. 그러나 야심만으로 지배자가 된 사람들은 모두 무(無)에서 끝나게 됩니다.

HH – 어떤 무를 말하는 건가?

레오 – 이를테면 요양소에서 생을 쓸쓸하게 마치는 것입니다.

레오는 자녀에게 자신의 모든 것을 아낌없이 주는 어머니의 헌신은 슬픈 것이 아니라 아름다운 일이라고 말하면서 봉사의 법칙을 말한다. 봉사의 법칙은 지배욕에 사로잡히는 것이 아니라 사랑하는 대상을 통해 오래 살게 되는 법칙이다. 레오는 지도자가 되고자 하는 사람은 봉사의 법칙을 알고 실천해야 된다고 말한다. HH는 레오와의 대화를 통해 레오는 다른 사람들보다 많은 것을 알고 있다는 것을 느낀다.

순례단이 협곡을 지날 때 레오가 갑자기 사라졌다. 레오가 사라진 것은 사소한 일처럼 보일 수 있지만 실제로는 순례단이 와해되는 결과를 빚었다. 단원들은 날이 완전히 저물 때까지 레오를 찾느라 꼬박 하루를 보냈고, 협곡 전체를 샅샅이 뒤지고 다녔다. 이러한 노력을 하는 동안 단원들은 점점 지쳐갔고, 아무런 소용없는 헛수고일 따름이라는 생각에 절망감이 커져만 갔다. 반면 사라져버린 하인 레오의 중요성이 더해 가고, 그를 잃은 상실감이 커져만 갔다. 레오가 없이는, 잘생긴 그의 얼굴이 없이는, 그의 쾌활한 분위기와 그의 노래가 없이는 순례 자체가 그 가치를 잃어버리는 것 같았다.

레오를 찾는 동안, 단원들은 보따리 속에 넣어두었던 아주 중요한 것, 없어서는 안 될 물건을 분실했다는 사실을 알게 되었다. 그리고 없어진 물건들은 레오가 훔쳐갔다고 생각했다. 하지만 잃어버렸다고 생각했던 물건들은 나중에 모두 발견되었고, 중요한 물건도 아니었다.

순례단이 여행하는 동안 레오는 물이 굽이치며 흐르듯이 쉬지 않고 헌신하는 자세로 모든 이들에게 인정받고 사랑받았다. 레오가 사라지기 전까지는 순례 여행이 너무나 순조롭게 이루어지고 있었던 까닭에 레오의 존재를 깨닫지 못했다. 그동안 레오는 소리 없이 순례단의 여정에 차질이 없도록 헌신하고 봉사했다. 단원들은 한낱 하인으로만 여겼던 레오의 가치를 뒤늦게 깨달았다. 레오가 사라지자 순례단은 혼란에 휩싸였고 마치 좌표를 잃은 배처럼 방황하게 되었다. 이전에 보여주었던 확신과 일치단결은 모두 사라지고, 순례단은 뿔뿔이 흩어지게 되었다.

10년이 흐른 뒤, HH는 동방 순례에 관한 자신의 이야기를 쓰기로 하고 어린 시절의 친구 루카스를 통해 레오를 다시 만나게 되었다. HH가 나중에 알게 된 사실은 결맹의 간부들 가운데 최고 간부가 바로 레오였다. 레오는 교황처럼 장중하고 찬란한 예복을 입고 줄지어 앉아 있는 간부들 사이를 지나 최고 지도자의 자리로 올라갔다. 그가 한 계단 한 계단 올라갈 때마다 화려하고 이국적인 꽃처럼 몸에 지닌 장식이 광채를 띠었다. 그가 지나갈 때 그 앞줄에 앉아 있는 간부들은 모두 일어나 인사했다.

레오는 결맹을 이끄는 최고 지도자였으며, 서번트 리더십의 이상적인 모델이다. 위대한 지도자는 처음에는 서번트처럼 보인다. 이 간단한 사실이 지도자를 진정으로 위대하게 만든다. 레오는 처음부터 지도자였지만, 순례단에서는 서번트였기 때문에 얼핏 보아서는 서번트처럼 보였던 것이다. 리더는 처음부터 서번트의 자세와 태도를 갖고 시작해야 선한 영향력을 끼친다.

Chapter 5

서번트 리더십의 특징

Good influence and servant leadership

Chapter

05

서번트 리더십의 특징

서번트 리더십은 리더(leader)와 종(servant)이라는 상반된 역할을 조화롭게 통합시킨 리더십이다. 리더십은 선택과 더불어 시작되고, 선택에는 그만큼의 책임이 뒤따른다. 인간은 궁극적으로 자기결정의 존재이다. 현재 자신의 모습은 지금까지 이루어진 수많은 결정의 결과이다.

당신이 물러날 때, 당신의 자리를 이어갈 사람들을 준비시키기 위해 당신은 무엇을 하고 있는가? 그들을 위협적인 존재라고 느끼는가, 아니면 미래에 대한 투자라고 생각하는가? 당신을 계승하는 이들에게 당신이 알고 있는 것을 기꺼이 나누어 주고 배움과 성장의 기회를 제공해 주고 있는가? 혹시 그렇지 않다면 무슨 이유 때문인가? 이런 사항들이 섬기는 리더의 마음과 관련된 중대한 문제들이다. 리더로서의 목표에 대해 단 몇 분이라도 엄격하고 성실한 태도로 되돌아보는 것은 자기기만으로 보낸 지

난 몇 년만큼이나 가치가 있을 것이다.[1]

서번트 리더는 임파워먼트(empowerment)를 통하여 구성원들을 보다 자율적인 인격체로 성장시키고, 이러한 과정을 통하여 훈련받은 이들 역시 서번트 리더로 세우는 것이다. 서번트 리더는 천부적으로 주어지는 것이 아니라 오랜 기간 지속적인 훈련을 통해 몸으로 직접 체험하면서 익히게 된다. 인간의 본성이나 권력에의 의지는 위로 올라가기를 좋아하는 반면, 섬김은 물처럼 아래로 내려가는 성질을 지닌다.[2] 따라서 서번트 리더가 되기 위해서는 위로 올라가고자 하는 욕망이나 이기심을 버리고 섬김을 실천하기 위해 아래로 내려가는 것이다. 그렇게 하기 위해서는 끊임없는 훈련이 필요하다.

래리 스피어스(Larry Spears)와 미셸 로렌스(Michele Lawrences)는 서번트 리더십이 지니는 주요 특징을 경청(listening), 공감(empathy), 치유(healing), 인식(awareness), 설득(persuasion), 개념화(conceptualization), 통찰력(insight), 청지기 정신(stewardship), 타인의 성장을 위한 헌신(commitment to the growth of people), 공동체 형성(building community) 등 10가지로 제안하였다.[3]

---

1 Kenneth H. Blanchard & Phil, Hodges, 조천제 옮김, 『섬기는 리더 예수』, (서울: 21세기북스, 2004), 29-32.

2 황재범, "서번트 리더십의 기독교적 및 시대적 적합성과 특징들," 「신학논단」 60 (2010. 6), 18.

3 같은 책, 218-226 참고. 손정위, 『변화와 성숙을 위한 섬김의 리더십』 (부천: 존스북, 2012), 105.

1. 경청과 공감

1) 경청

경청(傾聽)은 의사소통에 있어 중요한 요소이다. 소통은 마치 공기와 같아서 평소에는 잘 의식하지 못하다가 소통이 안 될 때 비로소 그 중요성을 인식하게 된다. 진정한 소통은 잘 듣는 데서 시작된다. 앤드류 월빈(Andrew D. Wolvin)은 듣는 사람이 의사소통의 50%를 책임져야 한다고 했다[4]. 의사소통에서 말하는 사람 못지않게 듣는 사람의 책임이 더 중요하다는 것이다. 타인의 말에 귀를 기울여 듣는 자세는 모든 인간관계에서 기본적인 태도이며, 서로 간의 관계를 더욱 돈독하게 만드는 비결이다.

그런데 보통 사람들은 자신이 듣는 메시지의 25% 정도만 경청한다고 한다. 상대방의 이야기를 잘 듣지 못하는 방해 요소는 외적 요인과 내적 요인이 있다. 외적 요인은 시끄러운 음악이나 잡담, 어수선한 주변 환경과 후각을 자극하는 냄새와 같은 환경적인 요인들이다. 내적인 요인은 듣는 자의 내면적 태도와 연관되는데, 자신이 듣고 싶은 것만을 듣는 경향과 연관된다. 즉 자신에게 필요한 것에만 관심을 갖고 들으며 그 외에는 귀를 기울이지 않는 경향이 있다. 상대의 이야기를 듣는 중에 딴생각을 하며, 상대의 주장에 대해 자신의 의견이나 입장으로 미리 예단해 버리거나 자기 의견을 주장할 기회를 모색하느라 집중하지 못하는 경우가 이에 해당된다.

에드가 왓슨 호우(E. W. Howe)에 따르면, 사람은 자기의 말을 들어주리라는 것을 확신하기 전까지는 아무도 그의 말에 귀를 기울이지 않을 것

---

4 한정선, 『소통, 진정성이 진정성을 만날 때』(서울: 커뮤니케이션북스, 2013), 9.

이라고 말했다.[5] 유감스럽게도 이 말은 많은 사람들이 대화에 임하는 태도를 정확하게 묘사하고 있다. 사람들 사이에서 생기는 논쟁과 갈등이 의견의 불일치 때문에 발생하지만, 많은 부분이 다른 사람에 대한 이해심의 부족에서 야기된다. 이를 해소하기 위해서는 다른 사람의 입장을 인정하고 존중해야 한다. 다른 사람을 내 생각에 맞추려 하기보다는 그들의 차이점을 인정하는 데서 시작해야 한다.

리더는 자기주장을 하기에 앞서, 먼저 경청하기 위해 힘써야 한다. 서번트 리더는 주변 사람들의 의견을 경청하는 데서 출발한다. 결과에 대해 기꺼이 책임지려는 자세로 주변의 작은 소리에도 귀를 기울이면서 어려움을 해결해야 한다. "지혜는 듣는 것에서 오고, 후회는 말하는 것에서 온다"는 이탈리아 속담처럼, 듣는 행위는 일종의 마음가짐이다. 이는 다른 사람을 향한 마음가짐이며, 다른 사람이 말하려는 것을 향한 마음가짐이다. 이런 마음가짐은 진정으로 상대에게 관심을 가지고 주의를 기울일 때 가능하다. 이렇게 할 때 올바로 이해할 수 있고 지혜를 얻을 수 있다.

사람에게는 세 개의 귀가 있다. 외이(外耳), 중이(中耳), 내이(內耳)가 그것이다. 외이는 상대가 말하는 것을 듣는 귀다. 중이는 상대가 무슨 말을 하지 않는지를 듣는 귀다. 내이는 상대가 말하려고 하지만, 차마 말로 옮기지 못하는 것까지도 듣는 귀다. 경청하는 것은 상대가 말하는 바를 집중해서 듣는 것이고, 마음의 문을 열고 상대가 말하려 하지만 차마 말하지 못한 부분까지도 들을 수 있는 것이다.

한 유능한 지도자가 거대 공공기관의 수장이 되자, 처음 3개월 동안은 현장에서 일하는 사람들의 이야기에만 전적으로 의지하여 해결책을 찾고자 했다. 그리고 3개월이 지난 후에 그는 문제를 완전하게 해결할 수 있

---

5 J. C. Maxwell, 『인간관계의 원칙』 (고양: 청우, 2003), 81.

었다. 그는 주변 사람들이 들려주는 하찮은 이야기까지도 흘려듣지 않음으로써 나아가야 할 올바른 방향과 해결 방법까지 알아낼 수 있었던 것이다.[6] 이처럼 구성원들의 말을 열심히 들어주는 것만으로도 조직을 강하게 만들 수 있다.

서번트 리더는 다른 이의 말을 진지하게 듣는 경청의 태도가 얼마나 소중한지 잘 알고 있다. 월 마트(Wall Mart)의 창업자였던 샘 월튼(Sam Walton)은 바쁜 일정 가운데서도 종업원들의 의견을 듣기 위해 특별히 시간을 할애하였다. 한번은 그가 비행기를 타고 텍사스주에 있는 플레즌트산(Mt. Pleasant)에 착륙한 후 부조종사에게 산밑의 약 100마일 떨어진 곳에서 만날 것을 약속하였다. 그리고 그는 트럭 운전사와 대화를 나누기 위해 월마트의 트럭에 올라탔다.[7] 이처럼 경영인은 현장에서 직원들이 어떤 생각을 하며 어떤 고충들이 있는지 끊임없이 경청할 수 있어야 한다.

사람들은 다른 사람이 자기를 존중해주고, 이해하며 자신의 말을 들어주기를 원한다. 다른 사람이 자신을 이해하고 있다는 사실을 알게 될 때, 그가 주장하는 견해를 이해하고자 하는 강한 동기를 느낀다. 다른 사람의 말을 잘 듣기 위해서는 먼저 듣는 마음이 있어야 한다. 시선을 상대에게 온전히 집중해야 한다. 상대와 대화하면서 서류를 정리하는 등 다른 일을 해서는 안 된다. 나의 모든 시간과 에너지를 상대에게 집중해야 한다. 또한 대화 도중에 말을 끊을 때 상대가 불쾌감을 느낄 수 있기에 가능한 상대의 말을 가로막지 않아야 한다.

판단을 유보하고, 중요한 대목에서는 맞장구를 치며 반응하고, 필요할

---

6 R. K. Greenleaf, 『서번트 리더십 원전』, 37.

7 J. C. Maxwell, 『인간관계의 원칙』, 100.

때는 정중한 태도로 자신의 견해를 밝혀야 한다. 사람들은 인간의 들을 수 있는 능력을 당연하게 생각한다. 남의 말을 듣는 것을 쉽게 생각하고, 자기 스스로 듣는 일에 아주 뛰어나다고 여긴다. 하지만 들을 수 있는 능력이 있지만, 정작 그것을 제대로 실천하는 사람은 많지 않다.

경청할 때 상대의 의도와 생각을 잘못 이해할 수 있기에 상대의 말을 요약하여 내가 제대로 이해했는지 되묻는 요약기법을 활용하면 유익하다. 조던 B. 피터슨(Jordan B, Peterson)은 요약기법의 장점을 다음 세 가지로 제시했다.[8]

첫째, 내가 상대의 말을 완전히 이해하게 되는 장점이 있다. 요약기법을 통해 그를 진정으로 이해하고, 그가 삶을 바라보는 방식 또한 알게 되면서 내 생각도 변하는 계기를 마련할 수 있다. 이러한 상호 변화 가능성이 요약기법의 긍정적 측면이다.

둘째, 상대가 기억을 강화하고 활용하는 데 도움을 줄 수 있다. 과거에 일어난 사건의 원인과 결과를 요약함으로써, 미래에 있을지도 모를 비슷한 사건이 가져올 비극과 고통을 줄인다. 우리가 과거를 기억해야 하는 이유는 '정확한 기록'을 위해서가 아니라, 미래를 대비하기 위해서다.

셋째, 허수아비 논법(상대방의 견해를 실제와 다르게 왜곡하여 받아들여 자신에게 유리하게 이용하는 논법)의 약점을 극복할 수 있다. 누군가 반대의견을 제시하면, 그의 주장을 단순화하거나 조롱하거나 왜곡하고 싶은 유혹이 생긴다. 그런 유혹에 넘어가면 반대하는 상대의 주장을 꺾는 동시에 자신의 위상을 끌어올리게 된다. 하지만 상대의 견해가 본질적으로 바뀌지 않았고, 상대를 꺾고 얻은 승리는 더 큰 갈등의 씨앗이 된다. 이는 전혀 생산적이지도 건설적이지도 않는 방식이다.

---

8 Jordan B, Peterson, 강주헌 옮김, 『12가지 인생의 법칙』 (서울: 메이븐, 2018), 352-353.

그러므로 공정성을 유지하면서 상대의 주장을 검토하여 명료하고 간결하게 요약하면, 첫째, 상대의 주장에서 가치 있는 것을 발견하여 배움의 기회를 얻는다. 둘째, 상대의 주장이 틀렸다는 판단이 들면 그 주장에 반대되는 자신의 견해를 정교하게 다듬어, 설득력 있는 주장을 펼칠 수 있는 기회가 된다.

진정한 리더는 경청의 태도를 통해 구성원들이 말하려고 하는 내면의 소리까지 들을 수 있는 사람이다. 그는 단순히 한두 개인의 소리를 듣는 것을 넘어서 그룹 전체의 의사를 알고자 힘쓰고, 전체 구성원이 자신들의 의견을 허심탄회하게 드러낼 수 있도록 돕는다. 잘 듣기 위해서는 반성적 경청(reflective listening)의 태도가 중요하다. 반성적 경청은 말하는 사람의 "비언어적 단서"를 파악하고, 그가 말하고자 하는 바를 이해하며, 그가 느끼고 있는 감정까지도 읽는 것이다.[9] 따라서 진정한 경청을 위해서는 얼마동안의 침묵까지도 견딜 수 있어야 한다. 침묵은 말하는 자와 듣는 자 모두를 잠시 쉬게 함으로써 각자 내면의 소리를 들을 수 있도록 열린 공간을 마련한다.

2) 공감

서번트 리더는 경청을 넘어서 상대방을 깊이 이해하고 그와 공감하고자 지속적으로 노력한다. 공감(empathy)은 상상력을 발휘해 다른 사람의 처지에 서보고, 다른 사람의 느낌과 시각을 이해하며, 그렇게 이해한 내용을 활용해 당신의 행동지침으로 삼는 기술이다[10]. 공감은 다른 사람의

9 황재범, "서번트 리더십의 기독교적 및 시대적 적합성과 특징들, 220.

10 Roman Krznaric, 김병화 옮김, 『공감하는 능력』(서울: 더퀘스트, 2018), 13.

기분과 생각을 파악할 수 있는 능력뿐 아니라 그것에 적절한 감정으로 대응하는 능력이다.[11] 또한 공감은 그 사람의 특별하고 고유한 정신을 그대로 수용하고 인정하는 태도이다.

사람들은 자신이 처한 상황이나 감정을 인정하고 있는 그대로 공감하면서 받아주는 지도자를 신뢰한다. 공감과 비슷한 용어로는 긍휼이라는 말이 있다. 긍휼(compassion)은 'com(함께)'과 'passion(고통받는다)'이 합쳐진 단어로서, "함께 고통받는다"라는 뜻이다. 긍휼은 연약한 자들을 보면서 단지 안 되었다는 마음을 넘어 그들과 함께 연약해지고 아파하는 것을 의미한다.

인종차별이 심했던 1940년대에 백화점을 경영했던 임마누엘 에반스(Emmanuel Evans)는 공감 능력이 뛰어난 경영인이었다. 그의 백화점에는 카페테리아가 있었는데, 흑인들이 좌석에 앉는 것을 법으로 금지하고 있었다. 카페테리아의 좌석은 오직 백인들만을 위한 것이었다. 카페테리아에서 음식을 사 먹기 위해서 흑인들은 서 있어야 했고, 주문한 음식이 나오면 그것을 들고 밖으로 나가서 먹여야 했다.

에반스는 자신의 흑인 고객들을 그런 방식으로 대하고 싶지 않았다. 그는 법을 위반하고 흑인 고객들을 위해 좌석에 앉게 할 수도 있었다. 하지만 그렇게 하면 벌금형을 받거나 감옥에 갇힐 수도 있었다. 에반스는 아무도 앉지 못하도록 카페테리아에서 모든 테이블과 의자를 치워버렸다. 그는 그렇게 함으로써 인종차별에 대한 강력한 항의를 드러내었다. 그리하여 그가 운영하는 카페테리아는 더럼 시에서 최초로 인종차별이 없는 음식점이 되었다. 에반스는 나중에 드럼 시의 시장이 되어 시민들의 존경

---

11 Simon Baron-Cohen, 홍승효 옮김, 『공감제로』 (서울: 사이먼스북스, 2018), 32-33.

과 사랑을 받았다.[12]

이 세상에 완벽한 사람은 없다. 누구나 부족하고 실수할 수 있다. 공감은 다른 사람의 불완전하고 부족한 부분을 인정하고 너그럽게 받아주는 것이다. 그런 점에서 공감은 자신의 생각이나 가치보다도 상대방의 의견을 인정하려고 노력하는 태도라고 할 수 있다.

백혈병에 걸린 초등학교 2학년짜리 여자아이가 화학요법을 받게 되었다. 치료를 마치고 다시 학교로 왔을 때는 머리카락이 모두 빠져 버린 상태였다. 이를 숨기기 위해 여자아이는 머리에 스카프를 쓰고 있었다. 그런데 장난끼 많은 남자아이가 스카프를 잡아당겨 벗겨냈다. 아이들은 한편으로 당황하면서도 웃음을 터뜨리고 여자아이를 놀려댔다. 굴욕감을 느낀 아이는 집에 돌아가 다시는 학교에 가지 않겠다고 부모를 졸랐다.

부모는 "곧 익숙해질 거야. 그리고 네 머리카락도 조만간 다시 자랄거야"라고 타일렀다. 부모는 학교 교사에게 전화했고, 담임 선생은 아이들을 어떻게 할까 고민했다. 장난치고 놀린 아이들을 엄하게 훈계할까? 아니면 우화를 들려주면서 서로 사이좋게 지내도록 설득할까? 고민에 고민을 거듭했다.

다음날 아침, 담임 선생이 교실에 들어섰을 때 아이들은 모두 자기 자리에 앉아 있었지만, 몇몇 아이들은 여전히 머리카락이 없는 여자아이를 가리키며 낄낄거리고 있었다. 여자아이는 자기 자리에 머리를 푹 파묻고 있었다. 담임 선생은 "잘 잤니? 얘들아"라고 평소처럼 아침인사를 하면서 따뜻한 미소와 함께 외투와 스카프를 벗었다. 그런데 선생의 머리는 머리카락 하나 없는 완전한 대머리였다.

그 뒤로 아이들은 너도나도 자기 머리카락을 잘라달라고 부모를 조르

---

12 Anthony Weston, 이주명 옮김, 『윤리문제에서 딜레마 뛰어넘기』(서울: 필맥, 2007), 80-81 참고.

기 시작했다. 아침에 또 한 아이가 새로 머리카락을 자른 모습으로 교실에 들어올 때마다 아이들은 유쾌한 웃음을 터뜨렸다. 그것은 새로운 놀이를 즐겁게 여기는 마음에서 터져 나온 해맑은 웃음이었다.[13]

우리 눈에는 보이지 않지만 나무에는 세포와 세포 사이에 얼음주머니가 있다. 이 주머니는 세포 보다 수천 배나 더 크다. 나무는 그 주머니에 얼음물을 품어 추운 겨울 동안 다른 세포들이 얼어 죽지 않게 단열과 보온 효과를 낸다. 나무가 추운 겨울 동안 견딜 수 있는 것은 바로 이 얼음주머니 덕분이다. 하지만 따스한 봄이 되면 이제 나무는 얼음주머니를 녹여 가지 끝, 뿌리 끝, 잎사귀 곳곳에 수분을 공급한다. 공감은 마치 얼음주머니처럼 서로 간의 관계를 보호하고 소통시키는 효과를 낸다.

오프라 윈프리(Oprah Winfrey)는 사생아로 태어난 후 6살이 될 때까지 외할머니와 할아버지에게서 양육을 받았다. 오프라는 파출부 일을 하는 어머니와 함께 살게 되었지만 12살 때부터 친척들과 주변 사람들에게 성폭력을 당했다. 14살 때는 임신해서 아들을 낳지만 조산으로 태어난 아이는 며칠이 되지 않아 죽고 말았다. 하지만 그녀는 이러한 슬픔과 상처를 극복하고 자신의 꿈을 위해 학업에 전념하였다.

오프라 윈프리는 자신의 이름을 딴 오프라 윈프리 쇼(The Oprah Winfrey Show)로 많은 이들에게 존경과 사랑을 받고 있다. 그녀가 쇼에서 성공할 수 있었던 것은 솔직함으로 시청자들과 공감할 수 있었기 때문이다. 그녀는 사회자든 출연자든 솔직하지 않은 상황에서는 좋은 방송을 하기가 어렵다고 생각했고, 상황에 따른 솔직함과 자연스러움이 쇼의 생동감을 살려준다고 생각하였다. 그리하여 여성들이 자연스럽게 서로 주고받듯이, 대화하는 방식으로 쇼를 진행하면서 출연자가 솔직하게 자신을

---

13 같은 책, 19-22 참고.

드러낼 수 있도록 친밀감을 형성하였다. 이러한 오프라만의 방식은 출연자나 시청자들에게 공감과 친밀감을 가지게 했고, 신뢰에 기초한 진솔한 인간관계를 실감나게 구축할 수 있었다.

많은 이들이 그녀의 쇼를 즐겨 보는 이유는 오프라의 원기왕성한 에너지와 자신의 감정을 시청자들이 그대로 느끼고 공감할 수 있도록 풀어놓는 솔직함 때문이었다. 오프라는 한때 지나친 솔직함으로 어려움에 빠진 적도 있었다. 1995년 중산층의 마약 사용에 대한 방송 도중, 오프라가 자신이 '대단히 부끄러운 일'을 했다고 고백했다. 그녀는 20년 전 마약을 하던 남자친구와 함께 코카인을 복용한 적이 있다고 말했던 것이다. 오프라는 카메라가 멈추고 광고 방송이 나가는 동안 마이크를 옆에 내려놓고 무대 끝에 앉아 울었다. 오프라는 그 고백이 지금까지 했던 많은 이야기 중에서 가장 어려운 것이었다고 말했다.

오프라가 마약을 복용한 것은 1973년과 1976년 사이로 내슈빌에서 텔레비전 뉴스 프로의 진행자로 있을 때였다. 오프라는 한 남자와 사랑에 빠져 같이 마약을 복용했고, 그가 떠났을 때 마약도 끊었다고 말했다. 오프라에게 있어서 코카인 복용은 아주 큰 비밀이었고, 만약 그 비밀이 폭로되면 타블로이드 신문들이 자신을 파헤치려 할 것이라는 두려움과 걱정이 엄습했지만 솔직히 고백했다. 이 고백으로 인해 타블로이드 신문에서부터 〈타임〉지에 이르기까지 전 언론에서 마약 복용 문제를 다루었다. 하지만 오프라가 어린 시절의 철없는 행동을 반성하면서 고백한 것이었기에 더 이상 논란이 되지 않았다.

당시 임신 7개월째로 마약중독에서 회복 중이던 킴 데이비스는 오프라의 고백에 충격을 받았지만, 오프라의 마약 극복에 위안을 받고 마약 극복을 위한 자극제가 되었다.[14] 오프라의 솔직한 고백 때문에 시청자들은 그녀를 더욱 신뢰하며 그녀의 이야기에 공감할 수 있었다. 오프라는 엄청난 비만을 경험하기도 했고, 불행한 애정관계와 실연의 아픔을 겪기도 했다. 그녀는 이러한 사실들을 토크쇼를 통해 진솔하게 털어놓기도 했는데, 이런 그녀의 솔직함이 시청자들을 더 가깝게 끌어당기는 공감의 힘으로 작용했다.

누군가 자기의 말을 들어준다는 느낌을 주는 것은 중요하다. 공감하며 들어 주는 것은 경청하는 자의 힘이다. 사람들은 누구나 자기 말을 들어주고 이해받기를 원한다. 오프라는 개인적인 판단을 하지 않으면서 공감하기에, 방송에 출연한 게스트들은 오프라에게 부끄럽고 수치스러운 사연까지도 털어놓을 용기를 갖게 된다.

사우스웨스트 항공사는 공감을 바탕으로 리더십을 발휘하는 CEO 콜린 바렛(Collen Barrett)으로부터 평사원에 이르기까지 모든 직원들이 서로를 챙기고 고객과 협력업체들을 존중하고 배려하는 문화가 뿌리내렸다. 사우스웨스트 항공사는 꾸준히 이익을 올렸고, 매분기마다 목표를 달성했다. 2001년 9.11 테러 사건 이후, 미국의 많은 항공사들이 대대적으로 인력을 감축했지만 사우스웨스트 항공사는 그렇게 하지 않았다. 모든 직원들은 자신이 맡은 일에 헌신적이고 열정을 다해 위기를 극복했다[15]. 이처럼 공감능력이 뛰어난 리더는 자신의 감정을 효율적으로 조절하고, 개인들과 집단의 마음을 정확히 읽어낸다. 그들은 의식적으로 다른 사람들과 조화를 이루고, 공동의 대의를 토대로 구성원들을 하나로 결집시키며, 공동체의식을 확립한다. 구성원들의 에너지와 열정을 모아 공동체의 이익을 추구하는 데 집중시켜 목표를 달성하도록 이끈다.

---

14 Janet Lowe, 신리나 옮김, 『신화가 된 여자 오프라 윈프리』 (서울: 청년정신, 2009), 209.

15 Richard E. Boyatzis & Annie Mckee, 『공감 리더십』, 39.

2. 치유와 인식

1) 치유

치유(healing)는 삶 속에서 갈라지고 깨어진 부분을 다시 회복시켜 온전하게 만드는 것이다. 서번트 리더가 구성원의 이야기를 진지하게 듣고 깊이 공감하면서 진심으로 받아들일 때, 서로 깊은 정서적 유대감을 형성하며 치유를 경험하게 된다. 서번트 리더는 상대방을 치유하고 성장하게 할 뿐 아니라 자신도 치유와 성장을 도모한다. 치유과정은 결코 쉽지 않지만 치유는 공동체를 온전하게 만드는 필수 요소이다.

오프라 윈프리는 고통스럽고 힘들었던 경험을 대중들과 진솔하게 나누면서 치유로 이끌었다. 오프라는 일상의 삶에서 경험하는 고통의 경험에 자신의 삶을 끼워 넣어 변화에 동참하고, 공감과 신뢰를 구축하는 탁월한 능력을 보여주었다. 고통과 치유의 서사는 유년기의 성폭행 경험과 유산, 그리고 성적으로 문란했던 청소년기, 마약중독과 비만과의 싸움 등 오프라 자신의 개인적인 경험이 공개될 때마다 효과적으로 작동했고, 시청자들로부터 폭발적인 반응을 불러일으키면서 치유의 언어를 만들어 내었다.

시청자들은 오프라가 겪었던 삶의 고통과 실패, 그리고 좌절을 극복하고 성공을 향한 긍정적인 이야기로 변혁시키는 힘을 경험하면서 점차 매료되었다. 오프라는 고통의 상처와 불안 속에 갇혀있던 자들에게 이를 극복할 희망과 용기를 제공하였다. 오프라는 치유의 언어로 사람들 스스로 고통을 통제하고, 상황을 역전시킬 수 있는 힘을 제공하였다.

알코올 중독자 갱생회(Alcoholics Anonymous)의 원칙과 신념은 알코올 중독자들을 위한 치유의 성공적인 모델이다. 한 자선사업가의 사무실에서 알코올 중독자 갱생회를 위한 창립모임이 진행되었다. 자선사업가는 모인 사람들에게 이렇게 말했다.

> "내 경험에 따르면 문제가 일어났을 때, 돈으로 해결할 수 있는 일과 그렇지 못한 일이 있다. 알코올 중독은 돈으로 해결할 수 없는 일이다. 따라서 우리는 가난해야 한다. 돈으로 알코올 중독자를 해결하려고 해서는 안 될 것이다"

열띤 공방이 있었지만, 자선사업가의 이 제안은 알코올 중독자 갱생회를 운영하는 원칙이 되었다.[16] 알콜 중독은 결코 돈으로 해결할 수 없는 문제였다. 그리하여 알코올 중독환자가 아니면 그 누구도 갱생회에 기부금을 낼 수 없었다. 갱생회는 가난했고 번듯한 건물조차 없었다. 하지만 알코올 중독자들이 낸 푼돈으로 꿋꿋하게 유지되었다.

알코올 중독에서 회복한 사람이 알코올 중독환자를 돌본다는 원칙 또한 계속 유지되었다. 알콜 중독에서 치유되었거나 부분적으로 회복한 이들은 보수를 바라지 않고 갱생 모임에 자발적으로 참여하여 알코올 중독자들을 돌보았다. 알코올 중독 전문가들의 증언에 따르면, 알코올 중독자 갱생회는 다른 병원이나 단체들보다 훨씬 더 많은 알코올 중독자들을 구해냈다.

알코올 중독자 갱생회를 통해 치유가 우리 사회의 구조적 결함을 개선하려는 사람들의 창의적인 노력과 자발적인 섬김을 통해 가능함을 보여준다. 치유와 섬김은 양면성을 갖는다. 치유의 동기는 바로 자기 자신을 치유하는 것이다. 각자가 직면한 문제를 해결하고 공동체를 회복하기 위해 필요한 것은 올바른 방향을 제시하고 그들을 이끌어줄 서번트 리더이다. 서번트 리더가 치유와 회복을 위해 책임적인 자세를 보여주는 것만으로도

---

16 R. K, Greenleaf, 『서번트 리더십 원전』, , 65.

충분하다. 일보다 사람을 우선시하는 굳은 신념으로 공동체를 구축하기 위해 힘쓴다면 그에 합당한 결실을 맺게 된다.

서번트 리더는 세상의 문제를 남 탓이 아닌 자신의 탓으로 여긴다. 소외된 이들이 고통에 시달릴 때, 사회도 더불어 고통에 시달린다. 어쩌면 미래도 이런 악순환이 되풀이되어 그런 사슬에서 벗어날 수 없게 될는지 모른다. 세상에 고쳐야 할 문제들이 있다면, 서번트 리더는 자신부터 돌아보면서 변화를 모색한다.

지도적 위치에 있는 사람들이 서번트이기를 포기할 때 사회를 병들게 하는 적이 된다.[17] 더 나은 사회를 향한 걸림돌은 지도적 잠재력을 지녔음에도 서번트 리더의 길을 걷지 않고 포기하거나 회피하는 사람들이다. 비평가와 전문가들, 지식인들, 학자들이 불완전한 세상을 좀 더 낫게 치유하겠다는 신념으로 서번트로서 모험하려 하지 않는다면, 공동체는 심각하게 병들게 된다.

조종(manipulation)과 관리(management)는 같은 어원인 손을 뜻하는 마누스(manus)에서 파생되었는데, 이 두 단어는 다른 사람의 운명을 만든다는 뜻을 함축하고 있다.[18] 조종은 은밀하면서도 교묘하게 진행되는 반면, 관리는 공개적이고 정당한 형식으로 진행된다. 서번트 리더는 다른 사람을 조종하거나 조작하지 않고 건강하고 행복한 공동체를 위해 자발적으로 참여하도록 이끈다.

동방순례에서 레오는 겉으로는 종처럼 섬겼지만, 보이지 않는 고결한 내면의 삶으로 일행들에게 용기를 북돋워주며 고단한 여행에서 즐거움과 흥을 제공하였다. 레오는 헤세가 그의 소설에서 세상을 섬기려는 열망을

---

17 같은 책, 78.

18 같은 책, 87.

담아 상징적으로 표현한 인물이다. 파란만장한 삶을 살았던 헤세 자신이 직접 그 역할을 할 수는 없었지만, 그는 소설 속의 레오를 통해 세상을 섬기고 인도하는 횃불 역할을 온전히 구현하였다.

2) 인식

인식(awareness)은 리더 자신에 대한 인식이며 정체성이다. 리더는 정직해야 하고 양심의 소리에 귀 기울여야 한다. 양심은 내면에서 조용히 울려 나오는 세미한 소리이며 고요하고 평온하다. 반면 이기심은 억압적이고 독선적이다. 이기심은 자신만의 생존, 자신만의 쾌락, 자신만의 성공을 꿈꾼다. 다른 사람은 안중에도 없다. 양심은 이기심에서 해방시켜 더 큰 선을 향해 눈을 뜨도록 만든다.

양심은 옳고 그른 것을 판단하는 내면의 도덕률로서 당장 눈앞의 유익을 위해 양심을 저버리는 잘못을 피할 수 있는 도덕적 지각을 제공한다. 리더는 양심의 소리에 항상 깨어 있어야 하며, 자신의 유익을 우선순위에 두기보다는 타인이나 공동체의 유익을 먼저 구해야 한다. 서번트 리더는 양심에 어긋나는 단기적 효과를 기대하기보다는 비록 더디 가더라도 올곧은 방식으로 공동체를 이끈다. 양심에 따라 살 때 더욱 성실해지고 마음의 평화를 얻는다.

칸트의 묘비명에는 이렇게 적혀 있다. "생각하면 할수록 경외심으로 가득하게 만드는 것이 두 가지 있다. 바로 내 머리 위에서 별이 반짝이는 밤하늘과 내 안에 있는 도덕률이다." 칸트에 따르면 도덕률은 그 자체로 정당하며 숭고하다. 캄캄한 밤하늘의 별을 따라 어두운 밤길을 걷듯이 내 안에 있는 양심의 도덕률을 따라 진실하고 의롭게 사는 것이 바람직하다.

양심의 정수는 봉사와 희생으로 드러난다. 다른 사람을 위해 육체적이고 경제적으로 수고하고 희생하며(몸), 열린 자세로 편견에서 벗어나 다른 사람을 있는 그대로 이해하려고 하며(정신), 다른 사람을 진정으로 사랑하고 존중하는 태도를 보이고(마음), 더 큰 대의를 위해 자아를 내려놓는 것이다(영혼).

간디는 우리를 파멸의 길로 몰아가는 일곱 가지가 있는데, 땀 흘려 일하지 않고 얻은 부, 양심을 저버린 기쁨, 인격을 상실한 지식, 도덕성이 결여된 장사, 인류애를 잊은 과학, 희생이 없는 종교, 원칙이 사라진 정치이다.[19] 이것들을 세심하게 살펴보면 모두 원칙을 무시하고 비열한 수단이나 방식을 통해 자기 유익을 구한 결과들이다. 양심은 자신의 이기적 욕망을 포기하고, 봉사와 헌신적인 삶으로 이끈다. 다른 사람들을 안전하게 지켜주고, 그들이 목적을 성취하도록 돕는다.

필립스 브룩스(Philips Brooks)는 "우리의 인격은 삶의 작은 순간들 속에서 형성된다"고 하였다.[20] 순간의 실수나 잘못된 선택으로 도덕 원칙이 무너지는 순간, 고결한 인격을 형성하는 기초에 금이 가게 된다. 곤경에 처할수록 고결하게 행동하기가 쉽지 않다. 위기 속에서 인격의 바닥이 드러나게 된다. 곤경에 처할 때 과거에 한 행동과 지금까지 소홀히 여긴 것들의 본질이 드러나게 된다.

따라서 인격의 고결함을 개발하고 유지하기 위해서는 끊임없는 노력이 요구된다. 명예가 금과 같다면, 고결한 인격은 금광과 같다. 고결한 인격은 소중한 것을 잘 간직할 수 있도록 지켜준다. 고결한 인격은 손쉬운 방법을 택하고 싶은 유혹의 순간, 올바른 길에서 벗어나지 않도록 도와준다. 고결한 인격은 억울하게 비난을 당할 때도 자신만의 길을 묵묵히 걸

---

19 같은 책, xxiii.

20 J. C. Maxwell, 『인간관계의 원칙』, 107.

어가도록 차원 높은 길로 안내한다.

링컨은 "나는 이 나라 행정부의 자리에서 떠날 때 거기에 한 친구를 남겨 두기 원하는데, 그것은 바로 내 안에 있는 고결한 인격이라는 친구이다"라고 말했다. 링컨이 대통령으로 재직할 때 사람들로부터 갖은 비방과 모욕과 미움을 받았다. 그에게는 상상도 할 수 없는 모욕적인 명칭이 붙여졌다. 아프리카에서 온 기괴한 원숭이에서 한때는 철도를 파괴하더니 지금은 미합중국을 분열시키고 있는 제3류 국가의 변호사, 추악한 농담이나 좋아하는 천박한 인간, 독재자, 고릴라, 무례한 인간 등 다양했다. 또한 일리노이즈 스테이트 레지스터(Illinios State Register)지는 그에 대해 "미국의 공직 사회를 욕되게 한 가장 교활하고, 부정직한 정치가"라고 폄하했다. 그가 대통령이 된 후에도 이러한 가혹하고 부당한 비판은 식지 않았다.[21]

그럼에도 불구하고 링컨은 그 모든 비난과 조롱을 참았다. 이는 그가 고결한 인격을 지녔기에 가능한 일이었다. 링컨을 가장 경멸했던 사람은 에드윈 스탠톤(Edwin Stanton)이었다. 스탠톤은 링컨 대통령의 정책을 비난했고, 공식 석상에서 링컨을 '교활한 광대', '오리지널 고릴라', 비천하고 교활한 시골촌놈(low cunning clown)이라고 조롱하면서 "여러분은 고릴라를 보러 아프리카까지 갈 필요가 없습니다. 일리노이 스프링필드에 가면 멋진 고릴라를 감상할 수 있습니다."라고 말했다.

하지만 링컨은 그를 국방장관으로 임명했다. 사람들은 경악하면서 어떻게 그럴 수 있냐는 반응을 보였지만 링컨은 그가 적임자라고 말했다. 후에 링컨이 암살당하자 스탠톤은 링컨의 시체 앞에서 뜨거운 눈물을 떨어뜨리면서 "여기 지금까지 세계에서 가장 위대한 통치자가 누워 계십니

---

21 같은 책, 116–117.

다"라고 고백했다. 링컨의 고귀한 인격이 그를 변화시켰다.

서번트 리더는 자신에 대한 인식과 더불어 급변하는 상황이나 여건을 감지하는 자각 능력을 끊임없이 키워야 한다. 자신의 주변 환경과 내면에서 무엇이 일어나고 있는지 끊임없이 살펴야 한다. 우리가 창문 너머로 보는 세상이 전부는 아니다. 우리가 보는 세상은 볼 수 있는 만큼의 틈으로 보이는 세상이며 편견이란 여과장치에 거른 세상만이 보일 뿐이다. 따라서 이러한 편견의 벽을 깨고 올바른 깨달음을 위해 리더는 늘 인식의 창을 열어놓아야 한다.

우리의 인식능력은 편협하기 이를 데 없어, 조그만 것이나 사소한 경험에 감춰진 위대함을 놓치기 일쑤이고, 리더십을 보여줄 기회 또한 잃어버리기도 한다. 인식은 의식과 무의식 모두에 필요한 자원을 풍부하게 제공한다. 리더는 다양한 감각 체계로 얻을 수 있는 것들뿐 아니라 여러 정보를 받아들이기 위해 항상 열려 있어야 한다. 깨닫기 전에는 알 수 없던 많은 것들을 인식함으로써 다른 관점에서 볼 수 있게 되기에 삶을 더욱 흥미진진하게 만든다.

인식은 리더로서의 능력 발휘에 힘을 더한다. 인식은 경계하고 조심하는 수준을 넘어서는 것이며, 당면한 문제에 좀 더 밀착하고 무의식에 더 많은 것들을 저장해서 필요할 때 언제라도 직관적 혜안을 제시한다[22]. 인식은 시시각각으로 밀려드는 위험과 위협 속에서도 옆으로 비켜서서 문제를 관조할 수 있는 능력이다. 유능한 리더는 늘 깨어서 주의 깊게 살피며, 극도의 혼란과 위협 속에서도 내면의 평정심을 잃지 않고 해결책을 모색한다.

22 **R. K, Greenleaf,**『서번트 리더십 원전』**, 52.**

3. 설득과 개념화

1) 설득

서번트 리더는 설득(persuasion)하는 리더이다. 군림하는 리더는 강압적인 방식으로 자신의 뜻을 관철시키려 하지만, 서번트 리더는 비록 시간이 걸리더라도 설득을 통해 이끈다. 구성원의 목소리를 진지하게 경청하고, 공감하며 인격적인 대화를 통하여 설득한다. 또한 미심쩍어하는 이들에게는 목표를 분명하게 제시하며 설득한다.

설득에는 말하는 사람의 인격(ethos)과 듣는 사람의 감정 상태(pathos)와 전하는 메시시의 신빙성을 디히는 이성적 논증(logos)의 세 요소가 있다.[23] 첫째, 인격이나 성품은 설득을 위한 보증수표이다. 평소 자신이 한 말에 책임을 지는 리더의 말은 설득력이 강하다. 둘째, 이성적 논증인데, 설득하려는 신념이나 의견을 뒷받침하는 근거나 보편타당한 논리이다. 셋째, 감정은 듣는 자들의 감정이나 감성 혹은 가치관 등에 호소하는 것이다.

실현불가능한 목표이거나 위험을 무릅써야 하는 목표일 때 설득과 리더에 대한 신뢰는 필수적인 요건이다. 추종자가 리더의 가치관과 판단력에 의구심을 품거나, 리더가 불가능한 목표지만 반드시 이루겠다는 불굴의 의지와 열정을 보여주지 못하면, 설득은 실패하게 될 것이고 이와 함께 신뢰도 잃게 된다.

18세기 중반에 살았던 퀘이커교도인 존 울먼(John Woolman, 1720~1772)은 혼자 힘으로 프렌드회(Society of Friends)에서 노예제를

---

23 정영숙, 『성공과 행복을 가져오는 공감 커뮤니케이션』(서울: 높은오름, 2007), 58 참고.

척결하였다. 당시 퀘이커교도들은 대부분 부자여서 노예를 소유하고 있었다. 존 울먼은 노예제를 완전히 뿌리뽑겠다는 목표를 세우고 30년 동안 이를 위해 온몸을 던졌다. 그는 소동을 일으키지도, 저항운동을 펼치지도 않았다. 온건한 방법으로, 그러면서도 집요한 설득으로 동료들에게 노예제도를 포기하게 만들었다.

그는 육체적으로 강한 사람은 아니었지만, 걸어서 때로는 말을 타고 노예 주인들을 찾아 동부해안을 샅샅이 돌아다녔다. 그는 노예 주인들을 섣불리 비난해서 그들의 원망을 사지도 않았다. 다만 노예 주인을 찾아가 이렇게 물었을 뿐이다. "도덕적 인간으로서 노예를 소유한 것에 대해 어떻게 생각하십니까? 당신 자녀에게 어떤 세상을 물려주고 싶으십니까?" 이렇게 한 사람씩 거듭 방문하면서 30년 동안 그의 생각을 조용히 전했다. 그리하여 1770년 남북전쟁이 일어나기 1백 년 전부터 퀘이커교도들 가운데는 노예를 소유한 사람이 없었다.[24]

17세기 조지 폭스는 퀘어커교도 사업가들에게 진실성, 신뢰성, 고정가격이라는 새로운 기업 윤리관을 심어주기 위해 힘썼다. 그가 이렇게 한 것은 더 많은 이윤을 보장받기 위한 것이 아니라 그렇게 하는 것이 올바른 길이라 생각했기 때문이었다.[25] 당시 퀘이커교도들은 믿을 수 있는 사람이라는 대중의 인식 덕분에 힘겨운 곤경에서 일찌감치 벗어나 막대한 이윤을 냈다. 그럼에도 불구하고 폭스가 그들에게 요구한 윤리관은 너무나 엄격한 것으로 생각되었다. 조지 폭스는 그들의 이야기를 경청하고 공감하면서 설득한 결과 목적을 달성할 수 있었다. 이처럼 설득은 외적인 강제가 아니라 자발적인 변화를 꾀하는 강점을 지닌다.

---

24 R. K, Greenleaf, 『서번트 리더십 원전』, 55.

25 같은 책, 95.

2) 개념화

서번트 리더는 현재 당면한 문제나, 앞으로 직면하게 될 문제에 대한 해결방법을 개념화(conceptualization)한다. 그는 현실을 중시하면서도 장래에 대한 비전을 가지고 개념화하여 구성원들에게 설득한다. 서번트 리더는 단기적인 목표 달성보다는 장기적 과제를 개념화하는 데 힘쓴다. 개념화하는 능력은 과거, 현재, 미래의 관점에서 조망하면서 공동체가 나아가야 할 목적을 조정하는 능력이다. 앞으로 도래할 불확실한 미래의 사태를 미리 예측하고 기준을 설정하고, 전체에 대한 부분의 관계를 정립하며, 장기적인 전략을 세우고, 이를 분석하며 평가하는 능력이다[26].

토미스 제퍼슨(Thomas Jefferson)은 젊은 시절 훌륭한 조언자였던 조지 위드(George Wythe)를 만났다. 조지 위드는 윌리엄스버그 출신의 법률가로 당시 상당한 영향력을 지녔다. 그는 독립선언문의 서명자이자 헌법제정위원회의 회원이었다. 제퍼슨은 위드의 사무실에서 법률을 공부하는 동안 위드에게 많은 영향을 받았다. 미국이 독립선언문을 공포하면서 전쟁이 발발하자, 제퍼슨에게도 중대한 역할이 주어졌다. 하지만 그는 자신이 해야 할 임무를 알았기 때문에 이를 완곡하게 거절했다. 그는 버지니아로 돌아가 전쟁이 끝날 때까지 떠나지 않았다. 그는 미국의 승리를 확신했으며, 독립선언문에서 꿈꾼 강령에 따라 새로운 나라를 위한 법제도를 준비했다[27].

그는 버지니아주 의원에 뽑혔고, 새로운 국가를 위한 새로운 법원리를 구현한 법규를 구상했다. 보수적인 동료의원들이 거세게 반대했음에도 그

---

26 같은 책, 199 참고.

27 같은 책, 57.

는 새로운 법원리를 버지니아주의 법으로 구체화했다. 그는 윌리엄스버그를 드나들며, 동료의원들과 지칠 때까지 논쟁했다. 힘겨운 말다툼이 끝나면 몬티셀로로 돌아와 더 많은 법규를 작성했다. 새 법규의 틀이 갖춰지면, 다시 윌리엄스버그에서 동료의원들과 얼굴을 맞대고 고뇌의 시간을 가졌다.

이 기간 동안 제퍼슨은 150개의 법령을 만들어, 50개를 입법화하였다. 버지니아주 의원들은 남은 1백 개의 법안도 연구한 결과 훗날 연방법의 제정에 큰 도움을 주었다. 지도자는 이처럼 자신의 역할이 무엇인지 확실하게 깨닫고 흔들리지 않는 확신에 찬 모습으로 자신의 길을 가는 사람이다. 수많은 좌절을 이겨내면서 한 번에 하나씩 목표를 향해 끈기 있고 당당하게 걸어가는 사람이다.[28]

19세기 초 덴마크 농민은 사회의 최하층계급이었다. 농민들은 모든 것을 체념한 채 영주와 정부에 의존하며 살았다. 교육도 제대로 받지 못했고 특별한 기술도 배울 수 없었다. 그룬트비(Nikolai F. S. Grundt'vig)는 농민들이 토지를 소유하고, 투표할 수 있는 자유와 같은 혁신적인 변화를 꾀하기 위하여 새로운 교육제도를 설계하고 실행에 옮겼다.

그는 민속학교를 덴마크 민족의 역사, 신화, 시적 정서를 단기간에 집중적으로 가르치는 요람으로 개념화시켰다. 그의 주요 교육대상은 일반대중이었다. 당시 교양인들은 그를 정신나간 몽상가로 생각하며 경멸의 시선을 던졌다. 하지만 농민들은 그의 가르침을 전적으로 받아들였다. 그 가운데 지도적 자질을 지닌 사람들은 그가 정립한 민속학교의 개념을 이해하고, 스스로 꾸려나갔다. "정신력이 힘이다", "우리 말을 소중히 여기자", "현실의 삶은 마지막 시험이다" 이런 혁신적인 구호들은 덴마크 민중

28 같은 책, 58.

에게 학교가 나아갈 새로운 방향을 제시하는 등불이 되었다.[29]

그룬트비는 농민을 덴마크 민족문화의 주역으로 성장시킬 학교 건설에 50년간 헌신했다. 민족학교 교육으로 자극을 받은 젊은이들은 농업학교에 입학했고, 협동조합을 결성하는 등 적극성을 보였다. 이러한 농민운동이 성장하고 정치, 사회적 주도세력으로 급부상한 데에는 두 가지 사건이 계기가 되었다. 첫째 사건은 1864년 프러시아와의 참혹한 전쟁이었는데, 이 전쟁으로 덴마크는 영토의 대부분을 잃었으며 민족적 자부심까지 철저하게 짓밟혔다. 둘째 사건은 미국의 곡물을 유럽에서 수입하면서, 덴마크의 주요 수출품이던 옥수수 시장을 잃었다.

하지만 민속학교를 통해 민족정신으로 무장한 농민들은 최악의 상황을 딛고 일어서서 덴마크의 부흥을 되찾을 수 있었다. 그들은 옥수수 시장을 포기하는 대신 버터와 베이컨을 수출했다. 국민정신을 되살리고 독일에게 빼앗긴 영토에서도 덴마크의 전통을 지키도록 지원함으로써, 제1차 세계대전 후에는 잃었던 영토를 되찾을 수 있었다.[30]

그룬트비가 정립한 개념화는 덴마크의 정치, 사회, 경제 전반에 걸친 대대적인 변화를 일으켰다. 그룬트비는 민속학교를 직접 세우거나 운영하지 않았다. 다만 그는 개념 정립을 인지하고 그의 정신을 계승한 사람이 세운 민속학교를 다니며 강연했다. 그의 농민에 대한 끝없는 사랑, 농민 스스로 개척해야 할 과정에 대한 뚜렷한 비전, 굶주림에 시달리던 시절에도 멈추지 않던 헌신적인 노력, 농민의 가치에 대한 열정적인 믿음, 그리고 정신력의 잠재적인 힘을 일깨워주기만 하면 농민도 얼마든지 스스로 일어설 수 있다는 믿음을 보여주었다.[31] 그는 정신력의 위대함을 증명하였다.

---

29 같은 책, 60.

30 같은 책, 61.

31 같은 책, 62.

4. 예지력과 청지기 정신

1) 예지력

리더는 정보가 충분하지 않아도 결정해야 한다. 지도자는 미지의 것을 감지할 수 있는 능력과 예측할 수 없는 것을 예측하는 두 가지 능력이 필요하다. 추종자가 알지 못하고 예측하지 못하는 것도 리더는 알고 있어야 하며 예측할 수 있어야 한다. 이런 능력을 지녀야 앞장서서 길을 여는 리더로 추앙받을 수 있다. 정보는 언제나 부족한 법이다. 정보를 얻으려 노력하는 동안 새로운 정보는 더욱 쌓인다. 중요한 결정을 내릴 때, 아무리 많은 시간과 노력을 들이더라도 올바른 결정을 내리기 위해 필요한 정보를 완벽하게 갖출 수는 없다. 그 사이에 또 다른 문제가 발생하기 때문이다.

결단력 없는 우유부단한 리더는 곤란을 겪게 되기에 직관력을 갖고 결단을 내려야 한다. 확실한 정보와 필요한 정보 사이에 필연적인 간격이 있는데 리더십은 이 간격을 메우는 능력을 가져야 한다. 무의식의 차원에서 그걸 끄집어내는 직관력이 필요하다. 리더의 직관에 따른 결정에는 필연적으로 두 가지 고뇌가 따른다. 하나는 충분한 정보를 수집할 때까지 결정을 유보해야 하는 고뇌이고, 다른 하나는 정보가 충분하지 않더라도 결정해야 한다는 고뇌이다.[32]

리더는 모든 상황에서 눈에 보이지 않는 것들까지도 포착할 수 있어야 한다. 직관이 있는 리더는 사람들 가운데 지금 무슨 일이 일어나고 있는지를 직감한다. 직관은 합리적인 추론과 무관한 진리나 사실 등에 관한

32 같은 책, 47.

직접적인 인식으로서 즉각적인 이해나 날카롭고 신속한 통찰이라고 웹스터 사전에서는 정의내리고 있다.

직관은 읽는 것이다. 즉 직관적인 리더(leader)는 읽는 자(reader)이다. 직관적인 리더는 상황을 보고 매우 신속하게 문제점을 파악한다. 모세의 장인 이드로는 하루 동안 모세가 백성들에게 재판하는 것을 보았다. 백성들이 모세에게 재판을 받기 위해 줄을 서서 기다리는 것과 혼자서 모든 재판을 직접 처리하는 모세를 보았다. 이드로는 모세의 리더십에 문제가 있음을 즉시 알아차리고는 모세를 대신해서 재판할 지도자를 세울 것을 충고하였다.

고대 이집트 신화에 등장하는 호루스는 만물을 꿰뚫어 보는 신이다. 호루스의 아버지 오시리스는 사악하고 교활한 동생 세트에세 왕권을 빼앗기고 지하 세계로 추방되었다. 오시리스는 동생의 간교함을 파악할 기회가 많았지만 그때마다 외면했다. 세트는 기회를 엿보다 마침내 적절한 때가 오자 반란을 일으켜 오시리스를 제압하고 그를 토막내어 왕국 곳곳에 던져 버렸다. 그리고 오시리스의 영혼을 지하세계로 추방했다.

호루스는 만물을 꿰뚫어보는 주의력의 신으로서 모든 피조물 중 시력이 가장 뛰어난 매의 형상을 하고 있다. 호루스는 주의력을 집중한 덕분에 삼촌 세트의 사악함을 알아차렸다. 호루스는 아버지 오시리스의 왕좌를 찬탈한 삼촌 세트와 사투를 벌인 끝에 의식을 잃고 한쪽 눈을 잃게 된다. 세트는 패배하기 직전, 호루스의 눈 한쪽을 뜯어냈다. 호루스는 잃어버린 눈을 되찾아 지하세계로 달려가 아버지에게 그 눈을 전한다.[33]

리더는 지혜와 주의력의 신 호루스처럼 직관과 예지력을 가져야 한다. 모세의 장인이었던 이드로는 출애굽한 이스라엘 백성을 재판하는 모세의 문제점을 직관적으로 간파하였다. 모세 혼자서 백성들의 재판을 맡다보니 모세는 지치고, 백성들도 기다리는 데 지쳐 있었다. 이드로는 모세로 하여금 백성들 가운데 지도자를 세워 홀로 감당하기 어려운 재판의 짐을 나눌 것을 충고하였다. 이를 위해 백성들 가운데 천 명, 백 명, 오십 명, 십 명의 사람들을 이끌 수 있는 유능한 리더를 세워 그들에게 권한을 위임하도록 제안하였다.

리더는 미래에 도래할 사태를 예견하는 통찰력이 있어야 한다. 리더가 미래를 예견하기 위해서는 지속적으로 축적된 지식과 정보를 통해 직관과 예지력을 사용하여 미래를 예견할 수 있다. 리더가 앞으로 도래할 위험이나 도전을 예견하지 못한다면 공동체는 위기 앞에서 큰 혼란을 겪게 된다. 따라서 예지력과 통찰력은 공동체를 이끌어가는 리더에게는 없어서는 안 될 매우 중요한 자질이다.

선견지명(先見之明)은 가까운 장래에 발생하게 될 일을 예측하는 능력이다. 미래는 과거와 현재를 근거로 예견할 수 있다. 하지만 실제적인 결정을 내리려 할 때, 대개의 경우 정보가 부족하기 마련이다. 부족한 정보를 예측력으로 보강해야 하기 때문에 직관을 살리는 능력을 개발해야 한다. 사려 깊은 리더는 지금을 유동적인 개념, 곧 과거와 현재와 미래가 하나의 유기적인 단위로 결속되어 있다고 생각한다. 따라서 막연한 과거에

---

33 Jordan B. Peterson, 『12가지 인생의 법칙』, 320.

서 현재를 지나 불확실한 미래에 이르기까지 역사의 전체적인 흐름을 직관적 통찰로 꿰뚫는 균형 잡힌 안목을 가져야 한다.

리더는 순간마다 역사학자인 동시에 현실을 냉철하게 분석하며 미래를 예견할 수 있어야 한다. 서번트 리더는 풍부한 경험과 더불어 폭넓은 지식을 갖추어 돌변하는 상황에 적절하게 대처할 뿐 아니라 최대의 성과를 보장할 직관적 통찰이 함께 할 것이란 믿음을 가져야 한다. 언제나 누구보다 앞장서 나아갈 길을 제시한다는 것은 힘들고 엄청난 부담이 따르는 일이다.[34]

예지력은 무작위로 입력한 자료를 정교하게 정리하는 합리적인 사고력이다. 현재 일어난 사건들을 파악해서, 그 사건들을 과거의 사건들과 비교하는 동시에 미래에 있을 사건에 투영하는 능력이다. 우리는 언제나 두 차원의 의식 세계에서 살고 있다. 하나는 실제의 세계로, 이해관계가 얽혀 있고 잘잘못을 가리면서 효율성을 추구하며 좀 더 나은 가치를 지향하는 세계이다. 다른 하나는 초연한 자세로 현실을 직시하고, 역사의 기나긴 격랑에서 현재의 사건을 분석하면서 불확실한 미래에 투영하는 세계이다. 두 차원의 세계를 적절히 조합할 때, 우리는 현실 세계에서 좀 더 뚜렷한 의식을 갖고 살아갈 수 있다.[35]

삶은 끊임없는 변화와 성장의 연속이다. 변화와 성장이 멈춘다면 삶이 전도되고 변질될 것이다. 변화는 자연의 법칙에 따라 자율적으로 일어나는 내면적인 흐름이다. 이런 변화의 흐름에 서 있을 때 우리는 자연의 법칙에 순응하게 된다. 겉으로 보기에는 세상이 합리적인 것처럼 보이지만 실제로는 전혀 합리적이지 못한 경우가 많다. 그렇다고 세상의 모든 것들

---

34 R. K, Greenleaf, 『서번트 리더십 원전』, 49.

35 같은 책, 51.

이 불합리한 것만은 아니다.

서번트 리더는 이러한 삶의 현실에 과감히 뛰어들어 실제로 부딪치면서 해결책을 찾아야 한다. 인식의 문을 활짝 열고 필요한 때에 남다른 혜안과 영감을 받아들일 준비 자세를 갖추어야 한다. 혼란스러운 세상에서 확실한 것이 하나 있다면, 깔끔하게 정리된 정답이 없다는 것이다. 우리의 삶은 예측하지 못한 문제로 인해 어려움을 겪는데, 아무런 대책 없이 곤란한 상황에 빠졌을 때 창의적인 통찰력을 통해 해결책을 모색해야 한다.

서번트 리더는 과단성 있게 일의 실마리를 푸는 모습을 보여주고, 이상과 그 이상을 실천할 방법을 제시하며, 성공의 행운만이 아니라 실패의 위험도 감수할 수 있어야 한다. 지도자는 불확실하고 위험한 길이더라도 그 길이 올바른 길이라면 자신 있게 선택하고 도전할 수 있어야 한다. 그렇게 할 때 사람들이 그의 리더십을 믿고 따르게 된다.

리더는 창의적이어야 한다. 지도에는 그려져 있지 않은 미지의 세계를 향해 나아가는 추진력이 있어야 한다. 때로는 과학자처럼, 때로는 예술가나 시인처럼 생각할 수 있어야 한다.[36] 상상력과 창의적인 예지력으로 위기를 극복한 리더로는 삼성의 이건희 회장과 스티브 잡스가 있다.

이건희 회장은 파격적인 상상력을 갖고 실천하였다. 이건희 회장은 신경영을 선언한 후 그의 손발이 되어 현장을 지휘할 사람으로 현명관이라는 비주류 인물을 발탁했다. 당시 현명관은 전형적인 아웃사이더였다. 그는 감사원 공무원 출신으로 전주제지(현 한솔제지) 관리부장으로 있다가 삼성에 합류한 인물로, 삼성전자나 삼성생명 같은 주력 계열사의 사장을 맡은 적이 전혀 없었다.

현명관이 이 회장과 처음 독대한 것은 LA 회의에서였다. "삼성의 문제

---

36 같은 책, 46.

가 뭐라고 보느냐?"는 이 회장의 질문에 현명관은 "감사원보다 더 관료적"이라고 답했다. 거침없이 여러 질문과 답변이 오갔다. 석 달 후 그를 다시 부른 이 회장은 "삼성그룹 운영에 고칠 것이 없느냐"고 묻자, 현명관은 "업종별로 특성이 있는데, 획일적으로 경영 방향이나 방침이 정해져 부작용이 발생하고 있다. 전자업이면 전자, 금융업이면 금융, 서비스업은 서비스업으로 나눠 소그룹별로 경영하는 것이 좋을 것 같다"고 대답했다.

그러자 이 회장은 갑자기 현명관에게 "비서실장을 하라"고 했다. 그가 너무 놀란 나머지 정중하게 거절했다. 공채 출신도 아닌 사람이 삼성의 이인자나 다름없는 높은 자리를 맡기에는 자격이 안 된다면서 사양했던 것이다. 그런데 이 회장은 "다른 걸 다 주물러 본 사람은 그것이 오히려 징애가 될 수 있다. 당신은 삼성의 과거부터 봄을 담지 않았으니 변화를 추구할 수 있다. 그러니 그룹의 명령으로 알고 해 달라."라고 말했다.

2011년 이 회장은 소프트웨어 기술과 최우수 인재 확보, 특허의 중요성을 예견하고 확보할 것을 지시했다. 소프트웨어에 대한 인식이 거의 없었던 당시 상황이었지만, 이 회장은 앞으로 삼성이 추구하는 전자 반도체, 항공, 유전공학 분야에 더 깊이 파고들 것을 강조했다. 천만 달러짜리 컴퓨터로 숫자 계산이나 한다면 비효율적이므로, 1억 달러의 효과를 낼 프로그램 제작에 주력할 것을 주문하였다. 단순노동 저임금으로는 국제화 시대를 선도할 수 없기 때문에 두뇌산업 쪽으로 방향을 전환할 것을 강조하였다.

이 회장은 제조업이 중심이던 삼성을 엔지니어 중심으로, 관리 중심의 경영에서 자율과 창의력 중심의 경영으로 변화를 시도했다. 이를 위해 사장보다 몸값이 비싼 인재를 영입할 것을 강조했다. 계열사 사장들은 이에 수긍하지 못하고 자기들보다 보수가 낮은 사람을 뽑아 결재를 올렸다. 이 회장은 "이런 사람 뽑으라고 한 것이 아니다. 사장보다 월급을 3배~5

배를 더 주더라도 뛰어난 인재를 영입하라"고 불호령을 내렸다. 사장들은 자기 몸값보다 비싼 인재를 찾기 위해 해외를 돌기 시작했다. 우수 인재를 몇 명 데려오느냐가 평가 기준이 되었고, 이런 노력은 삼성이 세계를 선도하는 동력이 되었다.

화이트헤드는 "언어는 생략적일 수밖에 없다. 따라서 눈앞의 상황에 맞추어 적절한 의미를 이해하기 위해서는 상상력이 필요하다"고 말했다. 어떤 말이 의미를 갖기 위해서는 실제 경험과 추상적 언어를 이어주는 상상력이 필요하다. 리더는 듣는 사람에게 언어 세계와 경험 세계를 연결하는 상상력을 자극할 수 있도록 쉽게 말해야 한다. 언어는 본질적으로 한계를 갖기 때문에 듣는 사람은 반드시 상상력을 동원해야 한다.[37]

시대를 선도하는 상상력으로 세상을 변화시킨 인물은 스티브 잡스(Steve Jobs)가 독보적이다. 1976년 스티브 잡스와 스티브 워즈니악(Steve Wozniak)은 허름한 차고에서 회사를 시작했다. 두 사람은 인쇄회로기판을 만들어 애플 I 이라는 이름을 붙였다. 애플 I 은 키보드와 디스플레이 장치를 갖추고 작동되는 최초의 퍼스널 컴퓨터였고, 도매상을 통해 550달러에 판매되었다. 이후 성능을 좀 더 개선하여 컬러 색상이 지원되고 텍스트와 그래픽이 자체 메모리에서 구현되는 애플 II 를 개발하였다. 애플 II 는 애플 I 에 비해 사용된 칩의 양을 줄이고도 성능은 10배로 향상시켰다. 애플 II 는 애틀랜틱 시티에서 열린 PC'76 박람회에서 큰 호평을 받았다.

애플은 설립 4년 뒤 주식을 상장시켰는데, 주식은 한 주에 22달러에 낙찰되어 460만 주가 팔려나갔다. 이는 40명의 고용인들과 투자자들을 백만장자로 만드는 계기가 되었다. 애플은 초기에는 큰 성공을 거두었으나 이

37 같은 책, 39.

후 고전을 면치 못했다. 잡스는 그가 고용했던 전 펩시콜라 회장인 존 스컬리 회장과의 분쟁에서 밀려나 1985년 자신이 세운 애플을 떠나게 되었다. 스컬리는 1993년 마이클 스핀들에게 자리를 물려주었고, 1996년에는 길버트 아메리오가 그 뒤를 이었다. 하지만 어느 누구도 이전에 애플사가 거두었던 성공을 되찾지는 못했다. 잘 나가던 때에 애플은 미국 퍼스널 컴퓨터의 14.6%를 차지했었다. 하지만 1997년에는 3.5%만 차지할 정도로 부진했다.[38]

몰락해가는 애플에 CEO로 복귀한 스티브 잡스는 애플의 부진한 상황을 직관적으로 주시하고 즉시 행동에 옮겼다. 그는 리더십의 변화 없이는 회생이 불가능하다고 보고, 임원 중 두 사람만 남기고 모두 해고시켰다. 그는 새로운 임원진을 구성하고 직극적인 변화를 주도했나. 그는 회사의 판매전략에 문제가 있다고 생각하고 광고책임자를 해고했으며 다른 컴퓨터 회사들과 경쟁체제를 구축했다.

잡스는 애플과 최고의 라이벌 관계에 있던 마이크로소프트의 빌 게이츠와 전략적인 동맹을 맺었다. 마이크로소트프에 대한 애플의 소송 철회 조건으로 빌 게이츠로부터 애플의 손해에 대한 변제와 의결권 없는 주식에 대한 150만 달러의 투자를 약속받았다. 이를 통해 두 회사 간 우호 관계 형성과 동시에 애플에 필요한 긴급자금도 해결하였다. 그 결과 애플의 주식은 33%가 치솟아 26.31달러를 기록했다. 잡스 이전 애플의 적자는 10만 달러 이상이었으나, 잡스 복귀 후 흑자로 돌아섰고, 1998년 상반기 수익만 47만 달러를 기록했다.[39]

---

38 J. C. Maxwell, 『리더십의 21가지 불변의 법칙』, 127.

39 같은 책, 129 참고.

2) 청지기 정신

서번트 리더는 청지기 정신(stewardship)을 가져야 한다. 청지기는 주인이나 공동체로부터 어떤 직책이나 재산을 위임받아 이를 충실하게 관리하고 책임지는 자이다. 원래 청지기란 왕이 타지에 가 있거나 아직 어려서 직무를 제대로 수행하지 못하는 경우, 왕 대신 왕국을 관리하는 임무가 주어진 신하를 뜻하는 말이었다. 청지기는 자신의 재능, 직책, 재산 등을 자신만의 유익을 위해서가 아니라 이를 자신에게 위임한 이를 위해 지혜롭게 사용하는 자이다.

첫째, 리더가 청지기 정신을 실천하려면 신뢰가 돈독해야 한다. 다른 사람을 잘 이끌지 못하는 리더는 자신의 의도와 목적이 좋기 때문에 구성원들이 자신을 따를 것이라는 기대를 갖는다. 하지만 구성원들은 리더를 믿을 수 있을 때만 따른다. 리더의 성공과 실패는 신뢰에서 드러난다. 리더가 실수했을 때, 대처하는 방식에 따라 달라진다. 리더가 자신의 실수를 합리화하거나 다른 이에게 책임을 전가시키면, 리더는 신뢰를 잃는다. 하지만 자신의 잘못을 인정하고 솔직하게 고백한다면, 신뢰를 얻는다.

리더가 구성원과 신뢰를 쌓기 위해서는 유능함과 관계성과 인격성이 요청된다. 사람들은 정직한 실수에 대해서는 관용을 베푼다. 능력이 조금 부족해서 실수했을 경우, 실수를 용납하고 다시 한번 기회를 줄 것이다. 하지만 인격적으로 결함이 있는 리더는 신뢰를 잃는다. 그런 점에서 인격의 결함은 리더에게는 치명적이다. 신뢰가 한번 무너지면, 다시 회복하는 데는 상당한 노력과 시간이 필요하다.

둘째, 리더가 청지기 정신을 실천하려면 성실해야 한다. 성실함은 아주 작은 것을 잘 보살피는 것에서 시작된다. 사람들은 중대한 실수를 범하지 않는 한 그런대로 잘하리라 믿으며, 사소한 일들은 마음만 먹으면 얼마든지 할 수 있다고 생각한다. 성실한 사람은 자기 욕심보다 고결한 인격을, 권력보다 남을 섬기는 것을, 편익보다 원칙을, 눈앞의 이익보다 먼 장래의 혜택을 더 중시한다.

셋째, 리더는 청지기 정신으로 협력을 통해 시너지효과를 일으킨다. 1996년 포춘지가 선정한 세계 최고의 항공사로 뽑힌 사우스웨스트의 간부 리더십 프로그램은 특별하다. 무엇보다 특이한 것은 강사가 없다. 수강생들 중 무작위로 그날 한 명을 선택하여 그가 강의를 하도록 하기 때문에 모두 강의를 철저하게 준비하고 참석한다. 강의를 듣는 이들도 모두 준비를 하고 왔으므로, 워크숍이 시작되면 불꽃 튀는 토론과 논쟁이 벌어진다. 한 세션이 끝날 때마다 엄청나게 배우고 서로에게 자극과 도전을 주고받는다.[40]

> 두 사람이 한 사람보다 나음은 그들이 수고함으로 좋은 상을 얻을 것임이라. 혹시 그들이 넘어지면 하나가 그 동무를 붙들어 일으키려니와 홀로 있어 넘어지고 붙들어 일으킬 자가 없는 자에게는 화가 있으리라. 또 두 사람이 함께 누우면 따뜻하거니와 한 사람이면 어찌 따뜻하랴. 한 사람이면 패하겠거니와 두 사람이면 맞설 수 있나니 세 겹 줄은 쉽게 끊어지지 아니하느니라. (전도서 4:9-12)

독불장군은 없다. 누구나 곁에서 도와줄 사람이 필요하다. 서로에게 도움을 베풀고 협력할 때 어렵고 힘든 일도 능히 이룰 수 있다.

---

40 한 홍, 『거인들의 발자국』, 72.

5. 타인의 성장을 위한 헌신과 공동체 건설

1) 타인의 성장을 위한 헌신

서번트 리더는 다른 사람의 성장을 위해 헌신(commitment to the growth of people)하는 자이다. 그는 구성원이 성장하도록 돕고, 이를 위해 헌신한다. 이를 위해 재정을 확보하고, 새로운 아이디어 및 제안을 받아들이며, 의사결정과정에 구성원이 참여하도록 격려한다. 서번트 리더는 가장 신임하는 자에게 책임을 위임한다. 중대한 문제에 대한 적절한 해결책을 찾아 그것을 정착시킬 참신한 방안을 구축할 유능한 직원을 길러낸다. 그는 자기가 중심이 되는 체제에서 탈피하여 다수의 능력 있는 인재들에게 자율권을 부여하며 창의적인 추진력을 발휘하도록 권한을 부여한다. 이러한 방식은 효율성을 강화할 뿐 아니라 타인이 성장할 수 있는 도약의 발판이 된다.

타인의 성장을 위해 헌신하지 못하고 권한 위임에 실패한 지도자로 헨리 포드가 있다. 그는 모델 T를 성공시킨 뛰어난 경영인이었으나, 후계자를 세워 권한을 위임하는 데는 실패했다. 포드의 젊은 아들 에드셀은 어릴 때부터 회사에서 일했다. 포드는 회사의 경영권을 아들 에드셀에게 넘겨주었지만, 그는 자기가 중심이 되는 체제를 포기하지 못했다. 그는 아들을 깎아내리고 조직 내에서 다른 리더를 지지하기도 했다. 그는 회사 내에서 장래가 촉망되는 리더가 눈에 띄면 즉시 해고했다. 그 결과 뛰어난 인재들이 회사에 발을 붙일 수 없게 되었다. 그나마 남아 있는 사람들은 에드셀과의 관계를 생각해서 자리를 지켰다. 언젠가 헨리가 죽고 나면, 에드셀이 회사를 올바로 경영하리라 기대했다. 하지만 1943년 촉망받

던 에드셀이 49세의 나이로 세상을 떠나고 말았다.[41]

에드셀의 장남이었던 26세의 헨리 포드 2세가 경영권을 물려받았다. 그는 할아버지의 비호를 받는 이사들의 반대에 직면했지만, 2년 만에 지지를 받았고 이사회의 후원도 받게 되었다. 그는 할아버지를 설득하여 경영 일선으로 물러나게 하였고, 명실상부한 경영자가 되었다. 그는 회사의 적자를 해결하기 위해 어니 브리치(Ernie Breech)를 부사장으로 영입했다. 브리치는 제너럴 모터사에서 150명 이상의 뛰어난 인재들을 데려왔고, 1949년에야 비로소 정상적으로 운영되기 시작했다.

헨리 포드 2세 또한 타인의 성장을 위해 헌신하지 못했다. 그는 가족적 배경에 근거하여 경영권을 물려받았기에 자신의 위치를 불안하게 여기며 위기의식을 느꼈다. 그리하여 그는 수석 이사들을 이간시키기 시작했다. 어떤 이사가 권한과 영향력을 지니게 되면, 그를 힘없고 낮은 직급으로 좌천시키고, 그보다 하급의 이사를 지지하고, 그를 공개적으로 망신시키는 방법으로 그의 권한을 빼어버렸다. 포드사의 사장이었던 리 아이아코카(Lee Iacocca)도 헨리 포드 2세의 표적이 되어 포드사를 떠나게 되었다.[42]

헨리 포드와 포드 2세 모두 권한 위임에 실패하였다. 그들은 마땅히 리더를 발굴하고 그들의 위치를 강화하고 필요한 요소들을 공급하며, 권한과 책임을 부여하여 성과를 거두도록 아낌없이 지원해야 했다. 하지만 그들은 회사의 임원진을 신뢰하지 못한 채 뛰어난 인재들을 이간시키고 음해하여 떠나도록 만들었던 것이다.

알버트 슈바이처(Albert Schweitzer)가 병원을 세워 구호 활동을 했던

---

41 J. C. Maxwell, 『리더십의 21가지 불변의 법칙』, 172-3.

42 같은 책, 177.

가봉 랑바레네에는 "슈바이처 박사, 당신이 아프리카에 와서 노벨상도 탔지만 우리 아프리카 사람들을 위해 한 일이 뭐요?"라고 쓴 비석도 있다. 슈바이처가 아프리카에서 의료 봉사를 하면서 수고하며 희생한 것은 훌륭하지만, 아프리카 사람들 스스로 자립할 수 있도록 의사와 간호사를 양성하는 데 힘썼더라면 더 큰 공헌을 했을 것이라는 안타까움을 표현한 글이다. 슈바이처는 후학을 양성하기보다는 자신의 명성만 높인 결과가 되었다는 것이다.

'아프리카 추장이 된 한국인 식물학자' 한상기 박사는 아프리카인 스스로 자력갱생할 수 있도록 교육과 훈련에 힘썼다. 그는 국제기구에서 일하면서 연구비와 지원금을 끌어와 아프리카의 현지인을 교육시켜 농학 석·박사 50여 명과 농촌 지도자 700여 명을 교육시켰고, 이들이 다시 농촌 지도자를 훈련시키도록 해서 농촌 지도자 1만여 명을 배출시켰다.[43]

타인의 성장을 위해 헌신한 리더로 계명대학교의 설립에 앞장섰던 에드워드 아담스(Edward Adams, 안두화) 선교사가 있다. 아담스 선교사는 맡은 일에 헌신적이었을 뿐 아니라 다른 사람을 세워 공동체를 세우는 데 탁월한 지도자였다.

1953년 아담스 선교사는 해외선교부에 계명대학설립을 위해 자금지원을 요청했다. 당시 해외선교부의 정책은 현지인에게 학교경영을 맡긴다는 원칙이 있었기 때문에, 아담스 선교사에게 "기독교대학을 설립하면 이를 맡아 경영할 한국인 지도자가 있느냐"고 물었다. 그때 아담스 선교사는 "지금 당장은 없지만 한국인 지도자를 육성하고 있다"고 답변했다. 그리고 그는 이를 실행하기 위해 신태식 교장과 명신홍 목사를 미국으로 유

---

43 "아프리카 농민의王, 치매 아내 간병, 한국인 슈바이처" (검색 2021년 10월 30일) https://www.chosun.com/national/weekend/2020/10/17/XTPS6ZBEKZD23PL6ZK2R3SRXW4/?form=MY01SV&OCID=MY01SV

학보냈다.

신태식 교장은 아담스 선교사가 주선한 선교부의 장학금으로 미국 펜실베니아주 피츠버그대학교에 1년간 공부하면서 미국 각지의 교육기관을 견학하였다.[44] 또한 명신홍 목사도 아담스 선교사의 도움으로 해외 유학을 마친 후 한국에 돌아와 계명대학의 초대 이사로 참여하였다.

아담스 선교사는 학장에 취임하자 1959년 4월 1일 자로 계성학교의 신태식 교장을 교수로 채용하여 부학장에 임명하였다. 그리고 1961년 3월 13일의 법인 이사회에서 신태식 박사를 계명기독대학 후임 3대 학장으로 선임하였다. 아담스 선교사가 임기가 남았음에도 미리 후임 학장을 정했던 것은 후임 학장 선정과정에서 복잡한 일이 생기지 않도록 사전에 방지하기 위한 것이었다.

그리고 그는 신태식 교장으로 하여금 여러 학사 운영에 참여시켜 준비시켰다. 아담스 선교사의 선견지명은 탁월했다. 1961년 5·16 군사혁명이 일어나고 외국인이 교육기관의 장이 되지 못하게 되자, 아담스 선교사가 예견하고 준비한 대로 신태식 박사가 3대 학장으로 임명되었다. 아담스 학장이 갑작스럽게 퇴임하였지만 이미 후임 학장이 선임되어 있었던 관계로 대학 운영은 차질 없이 진행될 수 있었다.

어느 사회학과 교수가 볼티모어의 빈민가에 사는 청소년 200명의 생활환경을 조사한 후, 보고서를 내도록 과제를 냈다. 학생들은 조사를 마친 후에 그곳 청소년들의 미래에 대한 평가서를 제출했는데, 모두 "이 아이들에게는 미래가 없다. 이들에게는 아무런 기회가 주어지지 않았기 때문이다."라는 내용들뿐이었다.

---

44 계명대학교 120년사 편찬위원회, 『계명대학교 120년사』(대구: 계명대학교출판부, 2019), 204.

그런데 25년이 지난 후, 우연히 이 연구조사를 알게 된 또 다른 사회학과 교수가 학생들에게 그 200명이 현재 어떤 삶을 살고 있는지 추적 조사하는 과제를 냈다. 조사 결과는 놀라웠다. 그동안 죽었거나 다른 지역으로 이사를 간 20명을 뺀 나머지 180명 가운데 176명이 변호사나 의사, 사업가 같은 상류층의 직업을 갖고 성공적인 삶을 살고 있었다.

깜짝 놀란 교수는 그들을 한 사람씩 찾아가서 "당신이 성공할 수 있었던 가장 큰 이유는 무엇입니까?"라고 물었다. 그러자 그들은 한결같이 "여선생님 한 분 때문이지요."라고 대답했다. 그 여선생이 아직 생존하고 있음을 알고, 교수는 수소문 끝에 여선생을 찾아가 물었다. "도대체 어떤 방법으로 가르치셨기에 빈민가의 청소년들을 이처럼 성공적인 인생으로 변화시켰습니까?" 그러자 그녀는 "그것은 아주 간단한 일이었지요. 나는 그 아이들을 사랑했답니다."라고 대답했다.[45]

사랑은 이처럼 위대하다. 서번트 리더는 구성원들에 대한 지극한 관심과 보호, 책임을 느끼고 이끈다. 추종자들은 그러한 리더를 진심으로 존경하며 따른다. 항공학교에 다니는 모든 비행사는 기대감과 더불어 상당한 두려움을 갖고 첫 비행을 기다리게 된다. 탁월한 비행 교관은 예비 비행사가 혼자서 비행하도록 허락하지 않는다. 비행 교관은 전 과정에 걸쳐 예비 비행사를 이끌면서 비행에 함께 참여한다. 그리고 예비 비행사가 모든 비행 과정을 완전하게 마스터한 후에야 비로소 독자적으로 나아갈 수 있도록 한다.

위대한 리더들은 권위를 다른 이들에게 나누어줌으로써 오히려 권위를 얻는다. 링컨은 자신의 권한과 권위를 다른 이에게 위임하는 데 남다른 재능을 지녔다. 링컨은 다양한 주장이 난무하던 극도로 혼란한 시기에도

45 홍종원, 『새로운 시대를 여는 도덕 리더십』, 130.

불구하고 자신과 라이벌 관계였던 이를 합류시켰고, 그들이 지닌 다양성을 포용하면서 막강한 힘을 끌어내었다.

권한을 위임하는 링컨의 능력은 남북 전쟁에서 빛을 발했다. 처음 그는 신뢰할 만한 이를 찾는 데 어려움을 겪었다. 남부의 여러 주가 분리되자, 로버트 리 장군과 같은 훌륭한 장군들이 남부 동맹에 가담했다. 그럼에도 링컨은 희망을 잃지 않았고, 자기 휘하의 리더들에게 권한과 의사결정의 자유를 주는 것을 소홀히 하지 않았다.

1863년 6월 링컨은 포토맥의 육군 명령권을 조지 메드(G. G. Meade) 장군에게 맡겼다. 링컨은 메드가 전임자보다 훌륭하게 임무를 완수할 것을 기대하면서 격려하였다.[46] 메드의 첫 번째 작전은 게티스버그에서 군대를 통솔하면서 성공적으로 수행하였다. 그는 로버트 리 장군의 남부 군대가 워싱턴으로 진격하지 못하도록 방패막이 되어 주었다. 링컨은 자신이 임명한 지휘관들이 작전을 형편없이 수행했을 때도 그 책임을 자신의 탓으로 돌렸다. 링컨은 바위와 같은 견고한 확신을 바탕으로 굳건한 신뢰를 보내며 권한을 다른 사람에게 위임하였다.

이처럼 권한 위임을 위해서는 상호신뢰가 바탕이 되어야 한다. 상호신뢰를 구축하기 위해서는 구성원들과 공동체의 비전을 공유해야 한다. 바울은 디모데의 성장에 헌신하였다. 디모데에게 편지를 보내면서 리더로서 모범이 될 것을 격려하였다. 그는 디모데의 성장을 위해 도움을 주고 그가 교회 지도자로서 영향력을 발휘할 수 있도록 지원을 아끼지 않았다.

> 그러므로 내가 나의 안수함으로 네 속에 있는 하나님의 은사를 다시 불일 듯 하게 하기 위하여 너로 생각하게 하노니 (딤후 1:6)

---

46 J. C. Maxwell, 『리더십의 21가지 불변의 법칙』, 182.

바울은 디모데에게 그의 은사를 사용하여 신실한 리더를 세우고 그들이 훈련받아 또 다른 리더를 세우도록 격려하였다.

> 또 네가 많은 증인 앞에서 내게 들은 바를 충성된 사람들에게 부탁하라 그들이 또 다른 사람들을 가르칠 수 있느니라(딤후 2:2)

이처럼 영향력 있는 리더는 다른 사람을 세워준다. 그리고 다른 사람이 더 높은 수준으로 성장하도록 지속적으로 격려하며 지원한다.

리더가 다른 사람에게서 성공의 씨앗을 발견하기 위해서는 그에 대한 지속적인 관심과 기대, 그리고 헌신이 요구된다. 그에게서 은사, 성품, 열정의 씨앗을 발견하면, 용기를 불어넣고, 기회로 물을 주어야 한다. 그렇게 할 때 그 씨앗은 자라서 꽃을 피우고 열매를 맺게 될 것이다. 다른 사람의 성장을 위한 헌신은 그를 위해 자신의 가치 있는 것을 희생하며 그를 더 높은 차원으로 세워주는 과정을 통해 완성된다.

모든 사람은 자신의 존재 가치를 느끼기 원한다. 하지만 지원의 부족, 바쁘고 힘든 업무로 인한 스트레스, 좋지 못한 태도, 인식의 부족, 빈약한 훈련, 바람직하지 못한 소통 등으로 유능한 자원들이 빛을 보지 못하는 일이 많다. 서번트 리더는 구성원들이 자신을 중요하다고 느낄 수 있도록 다양한 기회를 제공하고, 스스로 자아를 존중할 수 있도록 적극적으로 돕는다. 비판하기보다는 인정하고 칭찬하기를 즐겨한다. 비록 실패하고 좌절을 겪더라도 그들이 다시금 일어설 수 있도록 격려하고 적절한 지원과 동기부여를 멈추지 않는다.

퇴계 이황 선생의 학문적 업적을 기리는 도산서원에는 유생들이 거처하면서 공부하던 건물 중 동편 건물은 박약재(博約齋)라는 현판이, 서편 건물은 홍의재(弘毅齋)라는 현판이 새겨져 있다. 홍의재는 굳세고 의연한 자세로 학문에 정진하라는 의미이다. 박약재는 넓을 박(博)자와 묶을 약(約)자를 쓰고 있는데, 학문은 넓히고 예절은 줄이라는 의미이다. 이는 당시 지나친 예법 강조로 인해 참된 인간성은 말살되고 메마른 권위주의에 대한 하층민들의 반감만 커지는 세태에 대해 개탄한 것이다. 껍질뿐인 예절은 과감하게 버리고 참된 인간성을 구현하는 학문에 전념할 것을 강조하였다.

서번트 리더는 다른 사람이 성장하고 인격적으로 성숙할 수 있도록 격려와 도움, 지원을 아끼지 않는다. 다른 사람이 성장할 수 있도록 돕는 것은 헌신을 요구하지만, 이 모든 과정을 통해 그가 유능한 리더로 성장했을 때 더 큰 기쁨과 보람을 느낀다. 쿨렌 하이타워(Cullen Hightower)는 "당신이 시닌 가치의 참된 척도는 다른 사람들이 당신의 성공으로부터 얻은 모든 유익이 포함된다."라고 하였다.[47] 서번트 리더의 진면목은 자신의 역할이 끝난 뒤에 다른 사람이 그 일을 계속 이어갈 수 있도록 준비되어 있는가에서 드러난다. 다른 사람의 성장을 위해 헌신하는 리더가 자리를 비우더라도 조직은 물 흐르듯 잘 굴러갈 것이다.

모리타 회장이 젊은 음악가였던 오가 노리오를 끈질기게 설득하여 소니사로 데려온 과정은 감동적이다. 당시 학생이었던 오가 노리오는 소니 라디오를 듣고는 음질의 문제점을 비판했다. 모리타는 노리오 학생의 예리한 직관을 주목하고 그를 소니사로 입사시키려 했다. 하지만 오가 노리오는 음악가의 꿈을 이루기 위해 오스트리아의 빈으로 유학을 떠났다. 모리타 회장은 빈으로 몇 번씩 찾아가 인간적인 신뢰를 쌓았다. 오가 노리오는 공부를 마치고 귀국하여 무대 위에서 프리마돈나로 활동했다. 그런 그를 모리타는 끈질기게 설득해서 마침내 소니사로 데려왔다. 노리오는

---

47 같은 책, 267.

소니사 창설 이래 가장 빠른 승진을 거듭했고, 모리타의 뒤를 이어 소니의 3대 회장이 되었다.[48]

타인의 성장에 헌신하는 것은 자기희생이 전제된다. 〈반지의 제왕〉 제1편에서 반지원정대의 정신적 지주였던 간달프는 발로크와 싸우다가 반지원정대를 구하고, 자신은 발로크와 함께 지하세계로 추락한다. 그런데 놀랍게도 간달프는 제2편에서 백색의 마법사로 다시 부활한다. 지하로 추락한 간달프는 발로크와 싸워 이긴 후, 더욱 강력한 마법을 가진 백색의 마법사가 되었다. 진정한 힘은 바로 자신을 희생하는 수고와 헌신을 통하여 얻게 된다는 것을 알 수 있다.

현재 미국 프로운동 선수들 중에는 많은 흑인 선수들이 활동하고 있다. 프로농구선수 중에는 80%, 미식축구선수의 70%, 프로야구선수의 17%가 흑인들이다. 그러나 약 50년 전까지만 해도 프로운동선수 중에 흑인 선수는 단 한 명도 없었다. 이처럼 두꺼운 인종차별의 벽이 무너지게 된 데는 재키 로빈슨(Jackie Robinson)의 희생과 용기가 있었기 때문이다.

1947년 브루클린 다저스의 책임자인 브랜치 리키(Branch Rickey)는 흑인 선수 중에 탁월한 재능을 가진 재키 로빈슨을 불러 고상한 도전장을 던졌다. 로빈슨은 흑인이라는 이유로 버스 뒷칸에 앉는 것을 거부하다가 감옥에 간 일도 있었다. 그런데 리키는 로빈슨을 불러 이렇게 다짐시켰다.

---

48 http://www.systemclub.co.kr/bbs/board.php?bo_table=22&wr_id=20 (검색 2021년 3월 2일)

> 로빈슨, 자네는 이제 흑인 선수로는 처음으로 그라운드에 서게 된다네. 매 게임마다 관중이 자네에게 온갖 욕설과 야유를 퍼부을 것이고, 물건을 던지고 증오에 찬 고함과 눈빛을 던질지도 모르네. 하지만 그 어떠한 상황에서도 절대 감정적인 보복을 해서는 안 되네. 알겠는가? 자네는 자네 자신만을 위해 야구를 하는 것이 아니라, 차별받는 흑인들 전체의 명예를 걸고 뛰고 있다는 것을 명심하게나!

로빈슨은 이 도전에 응했고 이 약속을 지키기 위해 힘썼다. 1947년 4월 15일 로빈슨은 브루클린 다저스의 1루수로 뛰었는데, 예상대로 로빈슨은 관중들로부터 수없이 많은 욕설과 야유, 그리고 죽이겠다는 협박성 편지를 받았고, 심지어는 동료들조차도 그를 곱지 않은 눈길로 흘겨보았다. 그가 실수라도 하면 관중들은 당장 죽일 듯이 야유를 보냈다. 뉴욕 타임즈는 "로빈슨은 야구장에서 가장 외로운 사람이었다. 그런 모욕과 고통과 따돌림을 당하고도 저렇게 의연히 버틸 수 있는 사람은 아마 로빈슨밖에 없을 것"이라고 보도했다.

로빈슨은 약속대로 한 번도 감정을 드러내며 보복하지 않았고, 오히려 다른 선수들을 격려하고 칭찬하기까지 했다. 로빈슨은 10년 동안 다저스에서 뛰었는데, 그동안 다저스팀은 6번이나 리그 수상을 했다. 로빈슨은 1947년 내셔널리그 최고 신인상을 받았고, 1949년에는 MVP로 선정되었고, 6번의 월드 시리즈와 6번의 올스타게임에 출전했고, 1962년에는 야구 명예의 전당에 올랐다.[49]

다저스는 로빈슨의 업적을 기리기 위해 42번을 영구 결번으로 지정했고, 미국 우편국은 로빈슨의 우표를 공식적으로 발행했다. 1997년 메이저리그 사무국은 재기 로빈슨 데뷔 50주년을 맞아 42번을 메이저리그 최초

---

49 한 홍, 『거인들의 발자국』, 210.

전 구단 영구결번으로 지정했다. 로빈슨의 헌신적인 삶은 브로드웨이의 뮤지컬로 제작되었고, 채드윅 보스만(Chadwick Boseman) 주연의 〈42〉라는 영화로 제작되었다. 미국 메이저리그는 2004년부터 매년 4월 15일을 '재키 로빈슨 데이'로 지정하여 기념하고 있다. 그리하여 4월 15일 경기에는 흑인 선수 중 한 명이 로빈슨을 기념하는 42번을 달고 경기에 출전하는 전통이 지켜지고 있다.

미국 프로야구 홈런왕이었던 행크 아론은 재키 로빈슨을 가장 존경하는 영웅으로 이야기하면서 "그는 모든 흑인 선수들에게 영원히 꺼지지 않는 횃불을 넘겨 주었다."고 말했다. 로빈슨이 아니었다면 야구나 다른 프로 스포츠계에서 인종차별의 벽이 무너지는데 더 오랜 시간이 걸렸을 것이다. 자신의 명예를 위해서가 아니라 모든 흑인들의 긍지를 위해 뛰었던 그의 거룩한 희생이 있었기 때문에 수많은 흑인 선수들이 스포츠계로 진출할 수 있었다.

다른 이에게 도움을 제공할 때는 아무 조건 없이 도움을 베풀어야 한다. 만약 무언가를 얻으려고 도움을 주는 태도는 오히려 역효과를 낸다. 보답으로 어떤 것을 기대했는데, 그렇게 되지 못한다면 쓰라린 감정만 남게 된다. 또한 기대했던 것보다 보상이 적다면, 수고하고 헌신했던 시간과 노력에 대해 실망감과 분노가 남는다.

그러므로 아무것도 기대하지 말고 주는 데서 시작해야 한다. 순수한 마음으로 단지 주기 위해서 도움을 베풀어야 한다. 다른 사람이 나는 법을 배우는 것을 보고 단지 기뻐하기 위해 베풀기를 힘써야 한다. 이런 방식으로 나눌 때 내면의 마음 자세는 긍정적으로 바뀌게 된다. 그리고 전혀 기대하지 않았는데 보답으로 어떤 것이 주어졌을 때 서로에게 유익한 윈윈(win-win)관계로 발전하게 된다.

2) 공동체 건설

공동체의 팀워크를 창조해 내는 리더의 융화력은 구성원들의 잠재력과 역량을 분산시키지 않고, 한군데로 모아 강력한 시너지 효과를 창출하는 원동력이다. 리더가 일방적으로 공동체를 위해 개인의 희생을 강요하는 것이 아니라, 개인도 함께 성공하는 길을 모색하면서 조화로운 팀워크를 형성한다.

리더십은 단체 운동 경기와 같다. 아무리 뛰어난 선수라 하더라도 개인 플레이에 치중하게 되면 팀의 승리에 도움이 되지 않는다. 전설적인 농구 선수였던 마이클 조던이 팀의 승리를 위해 리더십을 발휘한 대표적인 예이다. 조딘이 속한 시카고 불스가 연습경기를 할 때, 스타딩 멤버들은 백색 옷을 입었고, 후보 선수들은 적색 옷을 입었다. 조던은 입단 첫날부터 백색 옷을 입은 팀에 들어가 뛰었는데, 조던이 속한 백색 팀이 압도적으로 승리했다. 게임에서 진 팀은 연습 후, 이에 대한 벌칙으로 단거리 달리기를 해야 했다. 그런데 감독이 조던을 적색 팀으로 교체한 것이 혈투의 시작이 되었는데, 조던이 속한 적색 팀이 백색 팀을 더 자주 이겼다.[50]

조던은 초기에는 자신의 재능과 노력에 의존하여 경기에서 이기려고 하였다. 하지만 보다 성숙해졌을 때, 그는 자신의 관심을 리더로서 팀플레이가 잘 이루어지는 데 역점을 두었다. 조던은 항상 자신의 팀을 더 훌륭하게 만드는 리더십으로 자신의 재능을 발휘하려 힘썼고, 이를 통해 승리의 디딤돌로 삼았다.

빈센트 롬바르디(Vincent Thomas Lombardi) 감독은 1959년부터 1967년까지 9시즌 동안 내셔널 풋볼 리그(NFL)의 그린베이 패커스 팀의

---

50 J. C. Maxwell, 『리더십의 21가지 불변의 법칙』, 219.

감독을 맡았다. 그는 그린베이 패커스 팀의 제1회와 제2회 슈퍼볼 우승에 기여하여 명성을 떨쳤으며, 슈퍼볼 우승팀에게는 그의 이름을 딴 빈스 롬바르디 트로피를 수여하고 있다. 그는 승리하는 팀을 만드는 비결을 묻자 평범한 팀과 위대한 팀의 차이를 만드는 선수들의 태도에 대해 다음과 같이 이야기했다.[51]

> 팀으로서 함께 경기를 하게 되면, 서로 돌보게 되고 서로 사랑하게 된다. 각 선수들은 다른 선수에 관해 생각하게 되고, 스스로 이렇게 말할 것이다. "만약 내가 저 선수를 막아내지 못한다면 아마 폴의 다리가 부러지게 될지도 몰라. 그렇게 되지 않도록 내가 맡은 자리를 지켜야 해." 이것이 바로 평범함과 위대함의 차이를 만들어 내는 선수들이 서로를 위해 갖는 감정이다.

하워드 마펫은 1948년 31세의 나이에 미국 북장로교 의료선교사로 한국에 파송되었다. 그는 45년 동안 동산기독병원장, 계명대학 이사장, 동산의료원 협동의료원장 등을 역임하면서 동산병원을 발전시켰다. 그는 1948년 동산기독병원장으로 임명된 뒤, 활발한 해외 모금을 통해 당시 불과 68병상이던 작은 동산병원을 1천여 병상을 갖춘 대형 병원으로 성장시켰고, 선교, 교육, 의료 봉사 등 다방면의 활동을 통해 복음 전파와 영혼 구원에 온 힘을 쏟았다.

1957년 하워드 마펫은 동산기독병원이 발전할 수 있도록 다음과 같이 힘썼다. 첫째, 그는 병원 직원들의 관리 능력 향상을 위해 임상과장과 행정과장을 미국에 연수시켜서 선진 의술과 관리 기술의 선진화를 도모했다. 둘째, 그는 주기적으로 각 분야의 전문인을 초빙하여 외국에 연수를

---

51 J. C. Maxwell, 『성공여행』, 273.

가지 않고도 선진 기술과 기법을 전수받을 수 있도록 했다.[52] 그리하여 전기 기계부, 영양사, 공인 회계사, 의무기록사, 자재공급실, 간호사, 물리치료사, 일반외과 의사, 정형외과 의사 등의 전문인들을 통해 외국의 선진 의료기술과 행정 업무를 교육받을 수 있는 기회를 마련했다.

계명대학의 2대 학장에 취임한 아담스 선교사는 대학발전을 위해 20만 달러를 목표로 모금운동을 시작했다. 이 모금 운동의 설계자는 아담스 선교사였지만 이를 실행한 사람은 신태식 박사였다. 그는 미국 정부나 특정 단체의 지원을 받은 해외여행에서도 모금운동을 위해 많은 노력을 기울였으며, 발전기금을 모으기 위해 여러 차례 미국을 방문했다. 그는 직접 몸으로 뛰면서 재정확보를 위해 최선을 다했으며, 재정만 확보된다면 땅바닥에 절이라도 할 각오로 온 열정을 다했다. 이러한 그의 헌신과 노력은 큰 결실을 맺었다. 미군으로부터 건축 자재를 지원받는 것을 비롯해서 세계 굴지의 기업인 킴벌리 클라크(Kimberly Clark) 제지 회사로부터 거액의 후원금을 받았으며, 쉐턱(Shattuck) 내외, 뱁칵(Babcock) 남매, 정재호, 박명교 내외를 통해 거액을 후원받았다.

당시 우리나라의 경제 사정이 어려웠으므로 신태식 학장은 홀트 아동복지회의 입양 고아들을 데리고 가는 조건으로 비행기를 무료로 이용할 수 있었다. 마침 아담스 선교사가 홀트 재단의 해외입양아 수송 업무를 맡고 있었기에 어려움 없이 이용할 수 있었다. 신태식 학장은 1961년 학장으로 취임한 후 1971년까지 10년 동안 무려 15회 이상의 해외 나들이를 하면서 수십만 달러의 기금을 모아 캠퍼스 조성에 사용하였다.

장기려 박사는 신앙에 상관없이 모든 사람들이 함께 할 수 있는 이상적인 공동체를 꿈꾸었다. 그는 그리스도를 믿는 신자로서 유물론을 신봉

---

52 계명대학교 120년사 편찬위원회, 『계명대학교 120년사』, 143.

하는 자들이나 무신론자들도 함께 할 수 있는 방법을 궁리하였고, 그러한 고민의 결과 신앙의 유무와 상관없이 모두가 동의할 수 있는 '진실의' 공동체, '성실의' 공동체, '사랑의' 공동체를 구상하였다.

첫째, 진실의 공동체는 "진실만을 말하며 행동하는" 공동체이다. 약속한 것은 자신에게 해롭더라도 지키고, 자신의 마음에 옳다고 정한 것은 다른 사람들의 시선 여부와 관계없이 지키는 것이다. 타인과의 약속뿐만 아니라, 자신이나 신과 약속한 것도 그대로 지키는 삶이 진실한 공동체의 삶이다. 장기려 박사는 가난한 이들이 진료받으며 치료받도록 '가난한 자들의 의사'가 되겠다던 서원을 한평생 충실하게 지켰다.

장기려 박사는 의료현장에서 종종 발생할 수 있는 의료실수에 대해서 환자가 알 권리가 있으며, 의사는 이를 알릴 책임이 있다고 생각했다. 의사가 자신의 실수를 숨기는 일은 환자와 사회의 신뢰를 무너뜨리기 때문이라는 것이다. 의료실수에 대한 장기려 박사의 정직함은 다음 사례를 통해서 잘 드러난다.

> 개복수술을 하는데 비장 쪽에 종양이 있었어요. 그것을 떼겠다고 손을 대었다가 비장이 자연 파열되었습니다. 그런데 피가 너무 많아 출혈점을 잡을 수가 없었습니다. 그때 내가 너무 당황했나 봅니다. 그래서 제대로 처리하지도 못하고 환자는 수술대 위에서 운명했습니다. 그래서 나에게 책임이 있다고 생각되어 경찰서에 가서 사실대로 말했습니다. 그때 이야기를 듣던 경찰관이 "당신 의사면허증이 있소? 면허증이 있는 의사가 환자를 수술하다가 죽었는데 그걸 어떻게 하겠소. 할 수 없지 뭐"하여 무사히 넘겼습니다.[53]

---

53 박재현, "성산 장기려 선생의 의학전문직업성,"「한국의료윤리교육학회지」 11/1(19호), (2008. 6) 77.

의료현장에서 의료실수가 발생하게 되면, 의사는 마땅히 재발 방지를 위한 노력과 함께 피해에 대한 보상을 해야 한다는 것이 장기려 박사의 신념이었다. 그로 인해 상당한 불이익이나 희생이 있더라도 의사는 이를 지켜야 한다는 것을 그는 몸소 실천했다. 장기려 박사는 자신의 실수로 인해 어려움에 처한 환자를 끝까지 책임지고 돌보았다.

한번은 장기려 박사가 수술하던 중에 실수로 평생 침대에 누워 지내게 된 이동기라는 환자가 있었다. 장기려 박사는 이 수술을 두고, 불가항력적이었다든가 몇 퍼센트의 성공 가능성으로 인한 부작용이라고 자신을 합리화하지 않았다. 그는 자신의 잘못을 솔직하게 인정하고 평생 이 환자를 책임졌다. 그는 지인들의 도움을 받아 이 환자를 위한 집을 마련했고, 평생 일정액을 매월 후원했다.

둘째, 장기려 박사는 성실의 공동체를 꿈꾸었다. 성실은 맡은 일에 온 정성을 다하고 거짓이 없는 것을 뜻한다. 그는 진실과 사랑이 있을 때 성실은 저절로 생겨나는 것으로 보았다. 그는 의사로서 성실한 자세로 최선을 다했다. 그는 꾸준하게 연구하면서 더 효과적인 치료법을 개발하기 위해 불철주야 힘썼다.

장기려 박사는 새벽 6시에 병원 일을 시작했는데, 새벽에도 환자 돌보기를 마다하지 않았기에 실제로 그에서 있어서 출퇴근의 개념이 거의 없었다. 그는 76세까지 수술칼을 놓지 않았고, 건강이 허락하는 한 계속 수술하고 싶어 했다. 평생 결근이라는 걸 몰랐던 장기려 박사는 신앙모임 참석으로 닷새 동안 병원을 비우게 되었을 때, 의사로서 책임을 다하지 못한 점을 자책할 만큼 매사에 철저했다.[54]

---

54 지강유철, "장기려 그 사람,"「기독교사상」52/9, (2008. 9), 36.

> 의사는 진료의 질을 향상시키기 위해 꾸준히 노력해야 한다. 이러한 책임은 임상 능력의 향상을 위한 노력뿐 아니라 의료실수를 줄여 환자의 안전을 보장하고 의료자원의 낭비를 최소화하고 최적의 진료 결과를 얻으려는 노력으로 연결된다. 의사는 의사 개인으로서 진료의 질을 향상시킬 뿐 아니라 전문직의 일원으로서 병원의 진료 수준과 보건의료체계를 향상시키려는 노력을 해야 한다.

장기려 박사는 "의사는 인류 보건에 이바지하는 것을 사명으로 하고 있다"고 말하며 그 사명을 성취하기 위해 1) 사심을 버릴 것, 2) 건전한 철학사상을 가질 것, 3) 정당한 기술에 능숙할 것, 4) 전문가와 사회사업가들과 긴밀한 협조를 가지고 곤란한 환자들을 구조할 것 등을 강조하였다.

의사가 사랑과 나눔에 집중할 경우, 자칫 의사로서 전문성에 덜 관심을 가질 수 있다. 또한 의사가 무료로 환자를 진료하다 보면 진료의 질이 떨어질 수 있다. 장기려 박사는 이런 우려를 깊이 인식하고 있었다. 그래서 그는 '실력 있는 의사가 돼서 봉사를 해야 그 환자가 덜 불쌍하지, 가난한 사람들이 실력 없는 의사한테 진료를 받으면 더 비참하지 않느냐!'라고 생각하면서 의료전문가로서 더욱 치열하게 연구하고 환자를 돌보는 데 정성을 쏟았다.

그가 피난 내려와서 부산 제3육군병원에 근무할 때, 그는 오가와 교수가 쓴 외과학 서적을 모두 암기하고 있었기 때문에 군의관들에게 막힘없이 강의했다. 책을 모두 암기할 정도로 의학에 대한 열정은 대단했다. 그는 또한 수술을 앞두고 해당 의학 서적을 한 번 더 공부한 후 수술실에 들어갔다. 이미 손에 익숙하고 수술과정도 다 암기하고 있었지만, 한 번 더 확인하고 수술에 임한 것은 그의 성실함과 철저한 직업의식 때문이었다.

장기려 박사는 평소 자신의 스승이자 한국 외과학계의 선각자인 백인제 박사를 존경하면서 그를 닮기 위해 힘썼다. 백인제 박사는 뛰어난 외과의사이면서 끊임없이 노력하는 스승이었다. 백인제 박사는 의학 공부에 전념하느라 이불이나 침구를 개는 일이 별로 없었으며, 화장실에 갈 때에도 독일어로 된 의학사전을 가지고 가서 외우기를 힘썼다.

장기려 박사는 백인제 박사처럼 끊임없이 노력하면서, 자신의 명예보다는 더 많이 배우고 실력 있는 의사가 되기 위해서 힘썼다. 그가 부산의 복음병원 원장으로 있을 때 서울대 교수직을 요청받았던 적이 여러 차례 있었지만 그는 고사했다. 계속된 요청에도 고사하던 그가 1961년에는 서울대 교수직을 허락하였다. 마침 그의 후배였던 민병철 박사가 미국에서 의사 자격증을 획득하고 돌아오자 그에게서 미국의 신진 의학기술을 배울 수 있으리라는 기대 때문이었다. 새로운 의학을 배우려는 그의 열정은 팔순이 다 된 나이에도 변함이 없었다. 그는 고령에도 인제대학 의과대학 대학원생 강의에 들어가서 후배 교수의 강의를 들으며 새로운 의학지식을 익히기를 주저하지 않았다.

그가 몸이 건강하지 않을 때도, 의학에 대한 그의 열정은 시들지 않았다. 1992년 뇌혈관 장애로 쓰러졌을 때, 장기려 박사는 81세였다. 그가 3개월간 병원에 입원해 있는 동안, 자신이 1969년에 저술한 외과학 교과서에서 오류를 발견했다. 그는 즉시 제자 윤덕선 교수에게 편지를 써서 교재를 수정하도록 부탁했는데, 그 내용은 『외과학 각론』 356쪽 아래에서 열 번째 줄 "최근에는 트리메타잠(Trimetazam)의 이용을 권

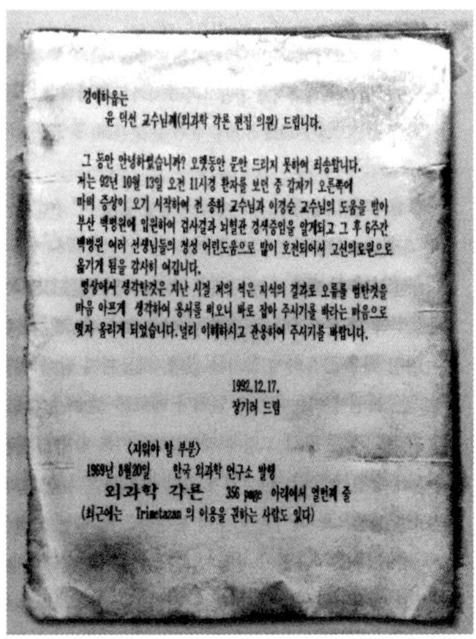
경애하옵는
윤 덕선 교수님께(외과학 각론 편집 의원) 드립니다.

그 동안 안녕하셨습니까? 오랫동안 문안 드리지 못하여 죄송합니다. 저는 92년 10월 13일 오전 11시경 환자를 보던 중 갑자기 오른쪽에 마비 증상이 오기 시작하여 전 종휘 교수님과 이경순 교수님의 도움을 받아 부산 백병원에 입원하여 검사결과 뇌혈관 경색증임을 알게되고 그 후 6주간 백병원 여러 선생님들의 정성 어린도움으로 많이 호전되어서 고신의료원으로 옮기게 됨을 감사히 여깁니다.
병상에서 생각한것은 지난 시절 저의 적은 지식의 결과로 오류를 범한것을 마음 아프게 생각하여 용서를 비오니 바로 잡아 주시기를 바라는 마음으로 몇자 올리게 되었습니다. 널리 이해하시고 관용하여 주시기를 바랍니다.

1992.12.17.
장기려 드림

〈지워야 할 부분〉
1969년 8월20일 한국 외과학 연구소 발행
외과학 각론 356 page 아래에서 열번째 줄
(최근에는 Trimetazan 의 이용을 권하는 사람도 있다)

하는 사람도 있다"는 딱 한 줄이었다. 이처럼 그가 얼마나 꼼꼼하고 정확하게 의학적 지식을 수용하고 반영하려 했는지 잘 알 수 있다.

셋째, 장기려 박사는 사랑의 공동체를 건설하기 위해 사랑을 실천했다. 그는 하나님은 사랑이시기에 하나님의 사랑을 받은 우리는 이웃을 위해 사랑과 선의를 실천해야 할 것을 강조했다. "하나님은 사랑이시라는 말에서 사랑의 본체를 발견한다. 사랑은 인생에서 최고의 선이다. 사랑은 율법의 완성이다." 그는 인간이 배우고 실천해야 할 것은 사랑이라고 보았다. 하나님의 사랑은 예수 그리스도의 십자가 희생을 통해서 그 실체가 드러났으며, 인류는 사랑의 진정한 의미를 깨닫게 되었다.

그는 사랑을 모든 가치의 근원으로 보았으며, "사랑이 없다면 이념은 쓰레기"일 뿐이라고 했다. 우리 사회에서 이념만 내세우며 갈등을 불러일으키는 사람들이 있다. 진보든 보수든 사랑이 없는 이념은 쓰레기에 불과하다. 이념을 위해 인간이 존재하는 것이 아니라, 행복한 삶을 위해서 이념이 존재한다. 따라서 이념에 인간에 대한 사랑이 없다면, 이념은 인간을 쓰레기로 만드는 우를 범하게 된다.

> 진정한 사랑은 다른 사람을 위한 죽음에서 드러난다. 영원한 생명은 그의 사랑을 통해 드러난다. 참 생명은 죽음을 통해 얻게 된다. 따라서 죽음을 두려워하거나 자신의 목숨을 아끼는 자에게는 참 생명이 없다. 잘 죽는 자가 잘 사는 자다. 다른 사람을 위해서 자기의 목숨을 버리는 자만이 영원한 생명을 소유한 사람이다. 다시 말하면 생명은 죽음에 있다. 사랑의 죽음은 생명을 얻는 유일한 길이다. 그래서 사도 요한의 사랑의 철학은 생명철학의 일대 혁명이다. 이제부터 다시는 죽음을 두려워하지 아니하리라. 도리어 열심히 이 죽음의 길을 찾을 것이다.[55]

---

55 장기려, "유물론자들에게 전하고 싶은 요한의 사랑의 철학," 「부산모임」 43 (1974. 8), 9-10.

위의 글에서 사랑이 그의 삶에서 얼마나 중요한지를 알 수 있다. 장기려 박사는 다른 사람을 위해서 자신을 희생하는 것이 진정한 사랑이고, 그 사랑에 영원한 생명이 있음을 강조한다. 죽음에 생명이 있다는 역설은 예수의 희생적인 삶을 통해 잘 드러난다. 장기려 박사는 이러한 사랑의 정신에 기초해서 생명을 살리기 위해서 최선을 다했다. 그는 이 세상을 사랑이 지배하는 이상적인 왕국으로 만들기를 꿈꾸었다.

> "나의 세계는 나의 사랑하는 곳에 있다. 그것은 나의 영원한 왕국이다. 아무도 빼앗지 못한다. 인생의 승리는 사랑하는 자에게 있다. 사랑받지 못한다고 슬퍼하지 말라. 자진해서 사랑하자. 그러면 사랑을 받는 자보다 더 나은 환희로 충만하게 되리라."[56]

그는 우리가 사랑하며 살아간다면 그 누구도 빼앗을 수 없는 영원한 왕국이 될 것이라고 확신하였다. 인생의 궁극적인 승리는 사랑이기에 사랑을 받기보다 사랑을 베풀며 살아갈 때, 더 큰 기쁨과 환희로 충만한 삶을 살게 될 것이다. 장기려 박사는 사랑과 겸손이 가득한 공동체를 꿈꾸었다. 참 사랑은 도움을 줄 때는 남이 모르게 하며, 자선을 베풀더라도 큰 소리로 자랑하지 않는 것이며, 자신의 이름이 높아지는 것을 부끄럽게 여기는 것이다. 이 사랑은 모두에게 칭송받는 믿음이나, 남에게 보이려는 자선보다 더 귀한 것이다.

사랑을 핵심 가치로 여긴 장기려 박사의 삶의 태도는 그의 환자 치료에서 여실히 드러난다. 그는 의사가 환자를 단순하게 육체만 치료하면 된다고 보지 않았다. 환자는 육체적 상처와 더불어 마음에도 상처가 있기에 그 상처를 어루만져 주어야 한다고 생각했다.

---

56 장기려, 위의 글, 12.

왜 아픈 사람을 일컬어 "환자(患者)"라고 하는지 아나? 환은 꿰맬 관(串) 자와 마음 심(心) 자로 이루어져 있다네. 즉 '상처받은 마음을 꿰매어야 한다'는 뜻이라고 할 수 있네. 다시 말해 환자란 다친 마음을 어루만져 줄 손길을 필요로 하는 사람이야. 눈에 보이는 상처는 치유하기 쉽지만 마음에 새겨진 상처는 쉽게 아물지 않는다네. 자네가 진정한 의사가 되려면, 무엇보다 먼저 환자의 마음을 고치는 의사가 되어야 하네.

마음을 고치는 의사가 되어야 한다는 말은 의술이 사람의 몸을 치료하는 행위를 넘어 의술이 자비의 행위이고, 인술이 곧 의라고 보았기 때문이었다. 그의 간절한 소망은 돈이 없어서 의사와 병원의 혜택을 받지 못하는 가난한 사람들을 평생 돌보는 것이었다. 자비를 베푸는 것이 의술이었고, 가난한 사람을 돌보는 것이 그의 비전이었기 때문에, 그가 바랐던 것은 무료진료소였다. 그의 무료 진료에 대한 소망은 복음진료소를 개소하고 무료진료를 시작하면서 이루어졌다. 1951년 복음진료소는 당국으로부터 '복음의원'의 병원 개설을 허가받아 활동하게 되었다.

복음의원은 무료로 환자를 치료하며 가난하고 어려운 사람들을 도왔다. 환자가 늘어날수록 재정에 부담이 되었지만, 많은 자원봉사자들의 도움으로 병원이 유지될 수 있었다. 무료 진료를 받고는 그대로 눌러앉아 자원봉사자가 되는 경우도 많았다.

복음진료소는 참으로 멋진 진료소였던 것 같다. 주님의 이름으로 도움을 받는 중에 도움을 주고, 운영하기에도 어렵지만 어려운 사람을 살리고, 사랑을 받으면서 사랑을 나누는 훈훈한 병원, 그리스도의 사랑의 빚을 지면서 그 사랑을 고통당하는 자들에게 전해 주는 참으로 병원 같은 병원, 기독교 병원이었다.[57]

---

57 "장기려 선생과 고신의료원," 『고신의료원 50년을 '선생이 함께 하신 발자취'』 (부산: 고신대학교출판부, 2001), 19.

복음의원은 가난한 이들을 무료로 치료해 주었지만 점점 늘어나는 재정적인 부담을 감당하기가 어려워졌다. 복음의원은 미국 선교부의 도움으로 복음병원으로 확장되었다. 복음병원으로 확장되면서 무료 진료는 더욱 어려워졌다. 하지만 가난한 이들을 무료로 치료하는 장기려 원장의 역할은 계속되었다. 부산 사람들은 '복음 병원에 간다'고 말하지 않고 '장 박사한테 간다'고 할 정도로 장기려 박사를 신뢰하고 의지했다.[58]

장기려 박사는 환자가 치료비를 낼 수 없더라도 치료부터 해야 하는 것이 의사의 본분이라 여겼다. 그는 의사로서 삶의 성패는 사명을 늘 기억하고 이를 지키려고 했는지에 좌우된다고 보았다. 그는 환자를 돌보면서 늘 환자의 입장에서 생각하며, 환자와 자신을 동일시 여기면서 환자에게 꼭 필요한 치료를 하기 위해 힘썼다.

> 나는 환자를 진료하면서 '내가 환자 자신이라면'이라고 생각할 때가 많다. 특히 수술을 권할 때는 '나 같으면 이 병으로 수술을 받겠는가?'고 자문자답을 해 보고 결론을 내린다. 신체 부분을 절제할 것인가, 아니면 그냥 두고 경과를 본 후 결정할 것인가를 판단해야 할 때도 환자가 곧 나 자신이라고 생각하면 거의 틀림없이 올바른 판단을 내리게 되는 것을 종종 경험한다. 의사가 환자를 자기와 동일화시켜 진단하는 것이 가장 좋은 방법이다.[59]

그는 자신을 환자와 동일시했기에, 환자들의 어려운 형편도 그냥 지나칠 수 없었다. 입원비나 치료비를 부담할 능력이 없는 환자들은 자신의 월급으로 치료비를 대납했고, 입원비를 도저히 낼 수 없는 환자는 직원들 몰래 뒷문으로 빠져나가도록 했다. 이로 인해 병원 운영은 점차 어려워지

---

58 김은식, 『장기려-우리 곁을 살다간 성자』, (봄나무, 2006), 94.

59 장기려, "동일시-의창," 「조선일보」 1979년 8월 22일 4면.

게 되었다. 결국 환자에 대한 무료 진료는 장기려 박사 임의로 할 수 없게 되었고, 부장회의를 거쳐 결정하게 되었다. 그럼에도 장기려 박사는 치료비를 낼 수 없는 가난한 환자들을 위해 여러 방법으로 도움을 주었다.

가난한 환자들이 진료를 받기 위해 병원에 온 경우, 질환 때문이 아니라 영양부족으로 인한 경우들이 더러 있었다. 가난한 환자의 진료를 끝낸 장기려 박사는 환자에게 "당신은 질병 때문이 아니라 영양이 부족해서 그러니 집에 돌아가거든 닭이나 두어 마리 잡아 영양 보충만 하면 되겠오"라고 이야기했다. 그러자 그 환자는 "당장 먹을 쌀도 없는데 어떻게 닭을 사 먹겠습니까?"라고 반문했다. 이를 불쌍히 여긴 장기려 박사는 간호사를 시켜 돈 500원을 갖고 오라고 해서 환자에게 주었다.[60] 그 환자는 너무나 뜻밖의 일을 당하게 되자 받을 수도 없고 안 받을 수도 없어 잠시 머뭇거리다가 장기려 박사의 진심을 알고는 받아 갔다.

진료비를 수납해야 할 원무과에 오히려 환자에게 돈을 주어 영양보충을 하도록 지시한 것은 장기려 박사가 아니고서는 도저히 상상도 할 수 없는 처방전이었다. 장기려 박사는 당황스러워하는 원무과 직원에게 처방에 사용된 비용은 모두 자신의 월급에서 제하도록 지시했다. 그는 의술이 필요하면 의술로, 영양이 필요하면 영양보충을 하게 하면서 가난한 자들을 돌보았다.

장기려 박사는 간질환자들의 진정한 친구였다. 당시 간질은 한센병에 버금갈 정도로 터부시되는 질환이었기에 간질환자들은 오갈 데 없는 처량한 상태로 버림받았다. 그런데 장기려 박사는 간질환자들을 보살피기 시작하였고, 이들을 좀 더 체계적으로 돌보기 위해 간질 환자회라는 단체를 1964년에 결성하였다. 이 간질 환자회는 "가시 돋친 장미 가지에도 아름

---

60 채규철, "장기려 박사 – 존경받은 사랑의 인술," 「새가정」(1973. 3), 33.

다운 꽃이 피듯이 간질 환자도 고난을 극복하여 치료하면 아름다운 생을 누릴 수 있다"는 의미의 장미회로 이름을 바꿨다.

장미회는 1968년 3월 대한간질학회가 창립되기 4년 전에 장기려 박사에 의해 먼저 시작되었다. 장기려 박사는 장미회를 통해 간질환자들을 20년이 넘도록 보살폈다. 간질로 인해 10년간의 치료 끝에 완치된 한 환자는 이렇게 회고했다. "병세가 심해 성질이 급해지고 화가 머리끝까지 날 때가 되면 박사님이 저의 두 손을 꼭 잡고 온몸이 땀으로 흥건해질 때까지 기도를 해주셨어요. 그분은 부모님보다 더 날 아끼고 걱정하셨어요."[61]

넷째, 장기려 박사는 의료보험을 통해 공동체를 든든히 세우고자 했다. 장기려 박사는 자신들에게 찾아오는 환자들만 치료하지 않았다. 가난한 사람들에 관심이 많았던 그는 우연히 조그만 판잣집에 방치되어 있는 행려병자 8명을 발견하였다. 굶주림과 추위 그리고 질병에 시달리는 그들을 보자, 그는 이들을 돕기 위해 '부산기독의사회'를 만들어 그들을 돌보기 시작했다. 그가 행려병자를 치료할 때면, 직접 손톱도 깎아 주고 몸도 닦아 주었다. 또한 바쁜 일정으로 인해 그들을 한 달에 한 번씩 돌보게 되었는데, 월 1회의 진료가 적절한 도움이 되지 못한다는 생각에 그들을 직접 복음병원으로 데려와서 치료했다. 당시까지만 해도 행려병자들은 의료의 사각지대에 방치되어 있었는데, 이 사건으로 인해서 부산시가 행려병자들을 위한 시설을 만들어 돌보는 계기가 되었다.

장기려 박사가 이상적인 공동체를 구현하려는 시도는 청십자의료보험으로 구현되었다. 그가 청십자 의료보험조합을 창설했던 가장 중요한 이유는 모두가 함께 더불어 살기 위한 것이었다. 그는 의료보험조합을 결성하면서 "건강할 때 병자를 돕고, 병에 걸렸을 때 도움을 받자"고 호소하

61 이기환, 『성산 장기려』, (서울: 한걸음, 2000), 72.

며, 공생과 상생의 정신을 구현하는 의료보험조합 결성에 힘썼다.

장기려 박사는 이미 오래 전부터 의료보험에 대한 생각을 갖고 있었다. 1951년 제3육군병원 원보에서도 의료보험에 대한 생각을 구체적으로 밝혔지만 함께 일할 협력자를 찾지 못해 단념하고 있었다. 그런데 그가 채규철을 만나면서 의료보험에 대한 꿈을 구체화시키게 되었다. 채규철은 덴마크에서 무료로 치료받았던 경험을 장기려 박사와 공유했다. 채규철은 덴마크에서 감기몸살로 병원에 입원한 적이 있었는데, 퇴원하는 날 치료비를 물었더니 돈을 낼 필요가 없다는 것이었다. 덴마크에서는 평소에 국민들의 세금으로 의료비를 비축해 놓았다가 누구든지 아프면 병원에서 무료로 치료받게 했던 것이었다.

채규철의 경험을 듣게 되었던 장기려 박사는 1929년 미국에서 시행했던 민간의료조합인 청십자를 모델로 삼아 한국 상황에 접목시켜 청십자 의료보험조합을 창설하였다. 그는 의료조합을 결성하기 위해 부산 지역의 교회에 협력을 요청하였고, 교회들의 협력으로 2만 명의 회원을 구성할 수 있었다.[62] 회비는 최저선을 유지하였고 모든 회원은 체계적인 예방의학 교육과 정기검진을 받았다.

지금은 의료보험이 당연하지만, 당시는 매우 낯선 개념이었다. "의료보험조합의 정신은 건강할 때에 조합원 중에서 갑자기 발생할 환자를 위하여 서로 돕는 정신으로 가입하는 것이며 자신도 만일 병이 나면 그와 같은 도움을 받을 수 있다."[63] 청십자 의료보험은 기독교인들이 주축이 되어 결성되었지만, 기독교인들만을 대상으로 하지 않았다. 인종, 정치에 관계없이 의료보험 조합의 목적에 찬성을 하면 누구든 가입할 수 있었다.

---

62 손홍규, "남북에서 인술 펼치는 장기려 박사와 아들 장택용," 「민족 21」, (2004. 7), 86.

63 장기려, "창간사를 대신하여," 「청십자뉴스」 창간호 (1968. 8).

당시 청십자의 월보험료는 60원이었다. 담배 한 갑이 100원이었고, 자장면 값이 50원, 서울의 시내버스 요금이 15원이었다는 것을 생각하면 보험료는 매우 저렴하였다. 청십자의료보험은 1974년에 19,730명의 회원을 갖게 되었고, 현대식 청십자의원을 개원하며 환자들을 치료하는 데 큰 역할을 하였다. 장기려 박사는 기독교 신앙을 바탕으로 의사로서 자신의 사명에 충실했을 뿐 아니라 이타적인 정신으로 가난하고 불쌍한 사람들을 공평하게 대하였으며, 헌신적인 사랑과 봉사의 인술을 펼쳤다.

한경직 목사는 청교도 신앙과 복음주의 신앙을 견지하면서 다양한 사회봉사를 통하여 교회의 대사회적 영향력을 확장시켰다. 한경직 목사는 사회봉사 시설을 설립할 때 단순히 건물을 지어 소외된 이들을 수용한 것이 아니라 후원자를 모집하여 그 시설이 지속될 수 있는 시스템을 만들었다. 한경직 목사는 영락사회복지재단을 세워 이를 13개의 사회복지기관으로 확장시켰다.[64]

한경직 목사가 행한 봉사활동의 폭과 깊이는 실로 대단하다. 그는 비록 사회복지 전문가가 아니었지만, 목회자로서 사회봉사를 모범적으로 실천했던 서번트 리더였다. 한경직 목사의 삶을 관통하는 정신은 이웃에 대한 사랑과 긍휼이었다. 그는 기독교 신앙이 이웃사랑을 통해서 이루어져야 함을 깨닫고 이를 실천하기에 힘썼다. 또한 한경직 목사는 기독교적 나눔이 이념과 사상까지도 극복할 수 있는 열쇠라고 보았다. 그는 그리스도의 사랑과 믿음에 근거하여 은혜받은 신자들의 자발적 나눔이 이웃사랑을 실천하는 방법이라고 생각하였다.[65]

미국 유학을 통해 영어가 자유로웠던 한경직 목사는 외국 민간원조기

64 이계자, 『한경직 목사의 사회봉사 사상』 (서울: 기독교문서선교회, 2015), 26-27.

65 서영석, "한경직 목사의 삶과 설교에 나타난 사상," 「한국교회사학회지」 32, (2012), 168 참고.

관들의 한국 측 창구역할을 하였다. 당시 한국에서 활동하였던 외국 기관들은 전쟁으로 인한 응급구호사업을 펼치고 고아원 운영, 해외 입양, 전쟁미망인에 대한 원조 등 다방면으로 활동하였다. 이때 교회는 이러한 기관들을 통해 얻은 구호품(식량과 의료)을 나눠주는 통로가 되었고, 한경직 목사는 언제나 이러한 활동의 중심에 있었다.[66]

그는 이웃의 고통을 해결하지 않고서는 이 땅 위에 진정한 평화가 실현될 수 없다는 것을 인식하였다. 그리하여 그는 고아원, 모자원, 보린원, 경로원, 농아인 등 불우한 사람들을 돕는 다양한 사회복지시설을 설립하여 교회 구호사업에 앞장섰다. 그가 이렇게 많은 봉사를 하면서도 교회가 한 일은 알리지 않아 오른손이 하는 일을 왼손이 모르게 하라는 성경말씀을 온전히 실천하였다. 뒤늦게 한경직 목사의 봉사와 섬김에 대해 알게 되는 일도 많았다.

사회봉사와 사회참여는 그리스도인의 섬김, 곧 봉사의 차원을 교회 내에 국한시키지 않고 사회 문화적으로 확장하는 일이다. 교회는 대사회적으로 봉사의 의무가 있고 그리스도인은 이러한 봉사에 적극적으로 참여해야 한다. 한경직 목사는 이러한 점을 인식하고 교회가 사회봉사에 적극적으로 참여하도록 독려하였다.

한경직 목사는 밥 피어스(Bob Pierce) 목사와 함께 한국기독교선명회(World Vision)를 조직하여 활동하였다. 피어스는 미국에서 홍보와 모금을 맡고, 한경직 목사는 실제적인 구제와 구호 활동을 담당하였다. 선명회의 조직과 법인이 체계적으로 설립된 1953년, 한경직 목사는 초대 이사장에 취임하여 1986년까지 집무하였고, 이후 소천할 때까지 명예 이사장

66 김은섭, "한경직 그 삶의 여정," 「한국교회사학회지」 32, (2012) 148.

으로 있으면서 관계를 지속했다.[67]

초창기 선명회는 세 가지 사업에 주력했는데, 첫째 교역자 수양회(Pastor's Conference)를 통하여 전도와 교회 부흥에 힘썼고, 둘째 피난민들과 고아들, 젊은 과부들과 무의탁 노인들을 돕는 구호사업을 하였고, 셋째 병자들을 돕는 의료사업에 주력하였다.[68]

선명회 사업은 전쟁미망인 · 고아 · 나환자 구호사업을 비롯하여 맹아 · 농아 · 의수족사업 · 아동병원 · 가정개발사업 그리고 선교사 지원 사업에 이르기까지 매우 광범위했다. 1953년에는 한국에 선명회 사무실이 마련되고 본격적인 구호사업을 실시했고, 1956년 1월에는 고아들로 구성된 선명회 어린이 합창단을 조직하여 구미 여러 나라를 순방하면서 전쟁 당시 한국의 고아들을 도와준 은혜에 감사하고 한국 민족의 뛰어난 재능을 세계에 알렸다.[69]

한경직 목사는 사랑의 쌀 나누기 운동 명예회장으로 섬기면서 북한에 쌀을 보내어 북한과의 민간교역을 처음으로 시도하였다. 1990년 1월 17일 한국기독교총연맹(명예회장 한경직, 회장 박맹술)은 사랑의 쌀 나누기 운동 발기인 대회를 갖고 3월 1일부터 국민적 운동을 펼쳤다. 이 운동을 전개한 대표는 한경직 목사였고, 실행위원장은 이한빈, 운동본부장은 박세직이 맡았다.[70]

사랑의 쌀 나누기 운동은 북한 주민에 대한 민간 지원과 북한 성도들에 대한 사랑과 관심에서 시작되었다. 국내에서는 1990년을 넘어서면서 9

---

67 유장춘, "영락교회를 넘어서 한국사회를 섬긴 한경직 목사의 사회봉사 연구," 「교회사회사업」 9 (2009), 129.

68 같은 책, 131.

69 같은 책, 132.

70 「한국일보」, 1990년 2월 18일.

년간 계속되는 풍작으로 1,100만 섬이 넘는 쌀이 남아, 쌓아둘 창고가 없어 노천에서 썩어가고 있었으며, 이를 유지관리 하는 데만 4,000억 원의 정부 재정이 들어가고 있었다. 정부는 넘치는 쌀의 소비를 촉진하기 위해 쌀 막걸리, 쌀 소주, 쌀 술 등으로 주류제조를 통해 소비를 촉진하려 하였다. 이에 한경직 목사는 북한 동포를 위해 남아도는 쌀을 후원할 것을 제안하면서, 사랑의 쌀 나누기 운동을 통하여 굶주린 북한 동포를 살리자고 호소했다.

사랑의 쌀 나누기 운동은 한국장로협의회, 한국기독실업인회 중앙연합회, 한국교회평신도단체협의회, 한국기독교국민화합운동협의회, 한국일보사, 국민일보사, 교계 신문 등 50여 개의 기관단체가 연합하여 범사회적인 운동으로 발전하였다. 사랑의 쌀 나누기 운동이 처음에는 기독교가 중심이 되어 시작되었지만 참여 과정에서 기독교 신자들뿐만 아니라 불교 · 천주교 등 타종교계에서도 크게 호응하였고, 미국 독일 인도네시아 등 해외의 많은 교민과 선교사들, 외국의 기업체까지 참여하게 되는 계기가 되었다.[71]

1990년 7월 1만 가마의 쌀을 남포항을 통해 전달함으로, "사랑의 쌀 나누기 운동"은 남북 민간교류의 새로운 장을 열었고, 1년 동안 24만 명이 참여하여 26억 2천 2백여만 원을 모금했다. 그리고 이후 결성된 사랑의 쌀 나눔 운동 본부를 통해 2008년까지 11억을 북한에 전달하였다. 한경직 목사가 주도했던 사랑의 쌀 나누기 운동은 북한은 물론 구공산권 국가였던 몽골 같은 나라에 기독교를 소개하는 기회가 되었다.

한경직 목사는 1992년 우리나라 종교인으로는 처음으로 종교계의 노벨상으로 불리는 템플턴상을 수상하였다. 템플턴상 심사위원회는 만장일치로 한경직 목사를 수상자로 선정하였다. 한경직 목사가 수상자로 선정된

---

71 유장춘, "영락교회를 넘어서 한국사회를 섬긴 한경직 목사의 사회봉사 연구", 160.

이유는 그가 사랑의 쌀 나누기 운동을 계기로 남북대화에 기여한 공로를 비롯하여 평생을 사회 봉사와 목회 활동에 바쳐온 노력을 높이 평가하였기 때문이었다. 한경직 목사는 상금으로 받은 102만 달러(약 8억 원)를 북한선교를 위한 기금으로 영락교회에 기탁하였다.[72]

한경직 목사는 인재의 양성 없이는 국가의 미래도 없다고 생각하여 대광학원, 보성학원, 영락학원, 숭실대학교, 영락여자신학교, 아세아연합신학대학교, 장로회신학대학교, 서울여자대학교, 숭의여자대학교 등 많은 학교들을 설립하거나 재건하는데 앞장섰고, 이사장으로 재직하면서 학교가 발전하도록 아낌없이 지원하였다.

한경직 목사는 자신이 섬기던 영락교회를 넘어 한국의 교회와 한국 사회 전체를 아우르는 포용력을 가지고 광범위하게 영향을 끼쳤다. 그는 비록 영락교회를 섬기는 목회자였지만 "3천만을 그리스도에게", "5천만을 그리스도에게"라는 구호를 외친 것은 그가 개교회를 뛰어넘어 한국 교회와 한국 사회 전체를 아우르며 민족복음화를 위해 얼마나 힘쓰고 애썼는지를 잘 보여준다. 그는 정신의 개혁 없이 사회의 변화와 국가의 발전은 있을 수 없다는 것을 누구보다 잘 알았기에 복음 전도에 집중하여 민족복음화운동과 정신개혁운동을 일으켰으며 교회연합운동에도 앞장섰던 것이다.

한경직 목사는 한국기독교100주년사업회를 이끌었다. 한국기독교100주년사업회는 20개 교단, 26개 기독교 기관과 단체들로 이루어진 협의체였는데, 한 목사는 폭넓은 포용력을 발휘하여 이 단체의 총재로서 다양한 기념행사와 사업을 전개하였다. 그는 인천에 선교사상륙기념비를 세웠고, 용인에 순교자기념관을 건립하였고, 양화진에 외국인묘지의 정비와 선교기념관을 세웠고, 서울 등촌동에 실로암 안과병원을 세웠다.

---

72 김은섭, "한경직 그 삶의 여정", 150-151.

1984년 한국 기독교 선교 100주년을 맞이하여 여의도에서 100주년기념 선교대회를 개최하였는데, 이때 약 100만 명이 참석하여 기념비적 사건이 되었다. 한경직 목사는 이 집회를 통하여 한국 교회가 지난 100년 동안에는 '받는 교회'였지만, 이제는 '주는 교회'로 전환해야 할 것을 역설하였다. 또한 한경직 목사는 한국기독교총연합회를 결성하여 교파 간의 벽을 넘어 대화하는 장을 마련하였다.

한경직 목사는 공산권 몰락 이후 보다 적극적으로 북한 선교와 공산권 선교에 관심을 갖고 참여하였다. 그 자신이 피난을 내려온 실향민으로서, 실향민이 중심이 된 영락교회의 담임목사로서, 북한선교는 그의 평생의 관심사와 기도 제목이었다. 한경직 목사는 북한 선교를 위하여 다양한 기관과 협력했다. 한국기독교교회협의회는 1990년대 초부터 공산권 선교에 참여하였는데, 주요 사업이 공산권에 성경과 찬송가를 보내는 일이었다. 이를 위하여 한국기독교교회협의회는 광범위한 위원회를 구성해서 역대 회장들이 참여하고 곽선희 목사 등 새로운 지도자들이 핵심 역할을 하였다.[73]

한경직 목사는 미래의 주인공인 젊은 군인들에게 복음을 전하려는 사명을 가지고 군 선교에도 남다른 관심을 갖고 군복음화 사역에 최선을 다했다. 그는 평소에 군복음화에 관심을 가지고 있었으며, 민족복음화 운동의 일환으로 군복음화 운동에 앞장섰다. 그리하여 그는 1972년 전군신자화 후원회 설립 발기인 대표를 맡았고, 1974년에 전군신자화 후원회 2대 회장으로 취임하여 군복음화를 위해 최선을 다했다.

한경직 목사는 민족복음화를 추진하면서도 아시아복음화에 깊은 관심을 가졌다. 한경직 목사는 밥 피어스 목사의 도움을 받아 아세아교회진흥

---

73 안교성, "한경직 목사와 세계선교," 「한국교회사학회지」 32, (2012), 228.

원을 세웠다. 그는 이슬람국가 또는 불교국가가 대부분인 동남아의 복음화는 한국교회에 부여된 사명이라고 생각하여, 산동 선교를 위시하여 태국 선교에 지속적으로 관심을 갖고 힘썼다. 그는 아세아교회진흥원을 통하여 보다 폭넓은 사업이 구상되고 실천되도록 독려하였다. 그는 세계 각국의 초청을 받아 복음을 전했고, 전 세계에 흩어져 있는 교포들의 교회를 찾아 말씀을 전하며 격려했다.

이처럼 한경직 목사는 목회자로서 교계의 영역 안에서 머물러 있지 않고 한국 교회와 사회에 많은 영향을 끼쳤다. 특히 수많은 교육기관의 발전에 공헌하였고, 월드 비전을 비롯한 수많은 사회복지 시설을 설립하여 사회봉사에 힘썼으며, 군선교와 아시아복음화를 위해서도 앞장섰다.

이처럼 서번트 리더는 건강하고 행복이 가득 넘치는 공동체 건설(building community)에 앞장서는 자이다. 그린리프는 이스라엘의 키브츠를 공동체의 모범으로 제시하였다. 사랑과 행복이 넘치는 공동체는 구성원들이 서로에 대한 책임을 지고 서로를 세우는 데 힘쓴다. 서번트 리더는 공동체 구성원들이 서로를 격려하고 협력하도록 이끈다. 서번트 리더는 구성원 속에서 위대함을 찾고, 구성원 스스로 자기 안에 있는 잠재성과 위대함을 찾을 수 있도록 지속적으로 돕고 지원한다.

Chapter 6

영향력 있는 서번트 리더십의 법칙

Good influence and servant leadership

Chapter

06

영향력 있는 서번트 리더십의 법칙

캐나다의 어느 지역은 북미지역 벌목채취량의 대부분을 확보하고 있다. 벌목꾼들은 원시림이 빽빽하게 우거진 숲속 깊이 들어가 벌목한다. 그리고 강을 이용해서 커다란 통나무를 하류의 제재소로 흘려보낸다. 이는 전혀 힘을 들이지 않고 자연의 혜택을 효율적으로 이용하는 방법이다. 하지만 하류로 흘러가던 통나무들이 어느 순간 갑자기 엉키면서 막혀버리는 경우가 있다. 이러한 현상을 '로그잼(log jam)'이라고 한다.

여기서 재미있는 것은 아무리 수백 개, 수천 개의 거대한 통나무들이 대책 없이 뒤엉켜 있어도 유능한 벌목꾼들은 통나무 하나만 건드림으로써 풀어 버린다. 그러면 정체현상은 말끔히 사라지고 통나무들은 다시 하류로 흘러가게 된다. 벌목꾼들이 건드려 주어야 할 가장 중요한 통나무를 '킹핀(King Pin)'이라고 한다. 킹핀을 제대로 알고 풀어 주어야 로그잼을 깔끔하게 해소할 수 있다. 리더는 공동체에서 킹핀처럼 핵심 역할을 하는 사람이며, 모든 문제를 푸는 열쇠가 되는 사람이다.

1. 친밀감의 법칙

리더는 난 사람과 된 사람, 두 종류가 있다. 난 사람은 탁월한 능력을 소유한 사람이라면, 된 사람은 상하좌우 긍정적인 영향력을 발휘하는 사람이다. 오늘날 이 시대가 요구하는 리더는 탁월한 능력을 소유할 뿐 아니라 주변 사람들에게 선한 영향력을 발휘하는 사람이다.

1) 정직과 신뢰

우리는 지도자에 대한 불신이 가득 찬 시대를 살아가고 있다. 정치인, CEO, 의사, 변호사, 교사, 엔지니어 등 지도직 위치에 있는 인물은 많지만 존경받는 리더는 드물다. 그린리프에 의하면, 교육자들이 뛰어난 인물을 양성하는 데 힘쓰는 만큼 서번트 리더를 양성하는 데는 소홀히 하였기 때문이라고 진단하였다.[1] 리더이기 전에 정직한 성품을 갖고 신뢰를 구축하면서 먼저 섬길 줄 아는 사람을 양성하는 것이 중요하다. 이러한 자세와 태도를 지닌 자가 진정한 리더로서 영향력을 행사할 수 있기 때문이다.

엔론(Enron)은 1985년 휴스턴 내추럴 가스와 인터노스의 합병으로 설립된 에너지와 통신 회사이다. 엔론은 천연가스, 전기, 커뮤니케이션, 펄프와 관련된 제품과 서비스를 중간 판매업체에 제공했다. 천연가스를 파이프라인으로 운송하고, 전기를 발전하고 송전해서 미국 북서부 시장에 공급하였다. 또한 엔론은 천연가스와 전기와 관련된 위험 관리 서비스와 금융 서비스를 전 세계에 제공했고, 산업체나 상업시설 고객들에게 에너

1 R. K, Greenleaf, 『서번트 리더십 원전』, 19.

지 설비나 시설을 설치하여 운영했다. 1990년대 후반에는 인터넷을 통해 가스와 전기, 에너지를 매매하는 첨단산업에도 뛰어들었다.

엔론은 1988년 미국 에너지 업계의 규제 완화와 남보다 앞선 아이디어와 기획력으로 설립 15년 만에 1,700%라는 경이로운 성장을 기록하였으며, 2000년에는 미국과 유럽 거래 에너지의 20%를 담당하는 거대기업으로 성장했다. 2001년 제프리 스킬링(Jeffrey Skilling)이 CEO였던 당시 약 2만 2,000명의 직원을 고용하고 있었으며, 「포춘」지에서 6년 연속 '미국의 최고 혁신 기업'으로 선정되었다.[2] 하지만 대중에게 알려진 엔론의 수익이나 경영은 모두 거짓으로 드러났다.

엔론의 경영진은 회계사들과 변호사들의 도움을 받아 자회사를 합작회사인 것처럼 만들고, 자산을 매각해서 수익을 창출한 것처럼 허위로 꾸몄다. 역외회사를 이용하여 세금을 피하고 자산과 수익을 부풀리며 손실을 숨겼다. 또한 엔론은 에너지 계약을 사고팔며 거래하는 웹 기반 서비스 회사인 엔론 온라인(Enron Online)과 같은 리스크가 큰 벤처기업도 운영하면서 이해 상충 규정을 완화시켜 최고 경영진이 혜택을 받도록 조작했다. 이런 벤처기업들은 회사의 자금을 고갈시켜 손실을 입게 했지만, 분식회계를 통해 손실을 숨기고 수십억 달러의 수익을 창출한 것처럼 속였다. 이로 인해 엔론의 주가는 2000년 8월 90달러까지 오르게 되었다.

개인주의와 혁신, 지나친 수익을 강조한 엔론의 조직문화는 직원들의 행동에 악영향을 미쳤고 윤리의식을 약화시켰다. 그들은 수익을 높이기 위해 의도적으로 정전을 일으키고, 전기료를 인상하기 위해 캘리포니아에서 에너지 공급을 줄이고, 다시 캘리포니아에 높은 가격으로 에너지를 공급함으로써 수십억 달러의 추가 수익을 올렸다.

---

2 홍종원, 『새로운 시대를 여는 도덕 리더십』, 136.

엔론의 CEO였던 제프리 스킬링은 미래에 예상되는 엔론의 수익을 현재의 실제 수입으로 계산하여 회계처리를 하도록 지시했다. 현실성이 없는 수익목표를 달성하고 보너스를 더 받기 위해 엔론의 직원들은 예상되는 미래의 판매 수익금을 과장했다. 판매 담당 직원들은 어디에서 근무하든지 더 많은 성과를 달성하도록 압력을 받았다.

엔론의 사태를 악화시켰던 것은 '평가하고 자른다(Rank & Yank)'는 모토로 상호평가위원회를 만든 것이었다. 이 위원회는 최고인 1단계에서 최악인 5단계까지 직원의 등급을 매기고, 5등급을 받은 사람은 모두 해고했다. 매년 최고 20%의 직원이 해고되었으며, 웹 사이트에 사진이 공개되는 수모까지 당했다. 5등급을 받으면 2주간 유배지로 보내지는데, 이 동안 회사 내에서 다른 직위를 찾지 못하면 해고되었다. 이러한 위원회의 사고방식은 직원들에게 탐욕과 공포를 심어주었다.[3]

해마다 저조한 성과를 낸 15~20%의 직원은 해고되었고, 새로운 직원으로 교체되었다. 부도덕한 관행이나 엔론의 이익에 반하는 의문을 제기하는 직원들은 해고되거나 전출되었고, 승진에서 의도적으로 배제되었다. 제프리 스킬링의 심복이었던 앤디 패스토우(Andrew Fastow)는 보스를 만족시키기 위해 무모한 도박을 벌였다. 수익은 종이 위의 숫자로만 존재했고, 실제 엄청난 손실은 여러 유령회사를 만들어 분산시키는 분식회계로 엔론의 재무 상황을 교묘하게 숨겼다.

2001년 8월 스킬링이 개인적인 사유로 사임하면서 자신이 보유했던 주식을 높은 가격에 팔자 증권가에는 이상한 소문이 돌기 시작했다. 그를 대신하여 새로운 CEO가 된 케네스 레이(Kenneth Lay)가 엔론이 감추고 있는 문제는 없다고 거듭 맹세했지만, 엔론의 주가는 15달러까지 떨어지

3 David Howe, 이진경 옮김, 『공감의 힘』(서울: 지식의 숲, 2013), 65.

게 되었다.

2001년 말 엔론이 차입에 의존한 무리한 신규 사업으로 막대한 손실을 입었고, 이를 감추기 위해 분식회계를 해왔음이 드러났다. 중미와 남미, 아프리카에서 맺은 계약에는 뇌물수수와 정치 압력이 개입했다는 스캔들도 돌았다. 그로 인해 엔론의 주가는 90달러에서 30센트로 떨어지게 되었고, 2001년 12월 2일 미국 역사에서 가장 규모가 큰 파산 신청을 하면서 세계 40개국에 3만여 명의 직원을 거느린 엔론은 몰락하였다.

엔론의 파산으로 주식을 처분하고 회사를 떠났던 부회장 백스터는 자살했고, 회장 케네스 레이는 구속되어 재판을 받다 죽었고, 스킬링과 패스토우는 각각 징역 14년과 6년 형을 선고받았다. 스킬링은 재판 과정에서 자신의 변호를 위해 쓴 수임료가 무려 250억 원 정도였다.[4] 또한 2002년에는 5만 명의 직원을 거느린 월드콤(WorldCom)의 분식회계가 발각되어 미국 사회가 다시 한번 큰 혼란을 겪었다.

정직은 리더십의 중요한 덕목 중 하나이다. 누군가를 자발적으로 따르려면, 그가 믿을만한 사람이라는 확신이 들어야 한다. 가령 부정직하거나 편법적인 방식으로 공동체를 이끌거나 현란한 처세술과 술수를 잘 쓰는 사람이라면 그는 믿을 수 없는 리더로 전락할 것이다. 그런 점에서 리더의 정직함과 진솔함은 구성원들에게서 신뢰를 얻는 귀중한 덕목이다.

오바마는 인격적인 면에서 진정성과 솔직함을 갖추었다. 오바마는 자신의 회고록 『내 아버지로부터의 꿈』을 통해 자신의 남다른 출생, 성장 과정, 혼돈을 겪었던 시기 등을 여과 없이 솔직하게 보여주었다. 이 책은 1995년 처음 출간되어 오바마가 정치인으로 주목받는 데 큰 역할을 하였고, 2004년에 재출간되어 뉴욕타임스의 베스트셀러 목록에 오를 정도로

---

4 홍종원, 『새로운 시대를 여는 도덕 리더십』, 140.

큰 인기를 누렸다.[5] 오바마는 자칫 정치인으로서 약점이 될 수도 있었던 자신의 사생활을 있는 그대로 보여주었다. 심지어 혼혈아로서 정체성을 고민하던 시절 마약에 손을 댄 적이 있었던 자신의 부끄러웠던 과거까지도 진솔하게 보여주었다.

대선 후보 시절 그를 과소평가하는 기자들이나 그를 시기하던 공화당원들은 종종 마약에 손을 댔던 그의 과거를 들추면서 공격하기도 하였다. 하지만 그는 과거의 잘못을 부끄럽게 여기며 숨기려고 하지 않았다. 과거는 과거일 뿐이며 자신에게 독이 될 수 있었던 시간을 지혜롭게 극복했음을 솔직하게 보여주었다.

오바마는 대선 후보 시절 표심을 얻고 인기에 영합하기 위해 핑크빛 공약을 함부로 쏟아내지도 않았다. 그는 아닌 것은 단호하게 'No'라고 이야기했다. 노인 연금 인상에 대한 질문을 받았을 때도 노인 연금액을 올리는 것은 국가 재정에 막대한 부담이 되기 때문에 선불리 공약으로 내세울 수 없다고 솔직하게 이야기했다.[6] 신뢰는 리더십의 가장 기초적인 덕목이라 할 수 있는데, 오바마는 정직함으로 구성원들에게 돈독한 믿음과 신뢰를 얻을 수 있었다.

오바마는 비범함을 지녔음에도 친서민적인 친근함을 가졌다. 그는 대통령으로서는 드물게 서민적이고 친근한 이미지를 갖고 있는데, 이것이 그의 장점 중 하나이다. 미국의 경우 엘리트를 구성하는 상류층은 살아온 환경부터 다른 경우가 많다. 그들은 명문 집안 출신으로서 명문 학교를

---

5 오바마의 회고록은 흑인 아버지와 백인 어머니의 혼혈아로 태어난 남다른 성장 배경, 어머니의 재혼으로 하와이와 인도네시아에서 살았던 이야기, 그리고 정체성의 혼란을 겪었던 청소년기와 마약 복용에 관한 스캔들을 슬기롭게 극복했던 일을 진솔하게 담고 있다. 또한 오바마는 자신이 쓴 회고록의 오디오북 구술 낭독으로 2008년 그래미 어워드 최고 낭독앨범상을 수상했다.

6 김종현, 『검은 케네디 오바마의 리더십 10계명』(서울: 일송북, 2013), 36.

다니고 부유한 집안 배경 가운데서 성장하였기에 서민의 생활을 겪어보지 않는 경우가 대부분이다. 조지 부시 집안이나 케네디가는 대표적인 정치 명문 집안이다. 명문가 출신의 이러한 특징들은 일반 대중과는 괴리감을 갖게 만드는 요인이다.

반면 오바마의 경우 정치인으로서는 보기 드문 친밀감을 대중에게 여과 없이 보여주었다. 대통령이라는 신분에도 불구하고 그가 보여주는 친근감은 여느 평범한 사람들과 다르지 않다. 이는 그가 서민층으로서 지극히 평범한 삶을 살았기 때문이다. 오바마는 평범한 성장 과정과 일상적인 사고방식과 생활방식을 가진 서민층을 대변한다. 혼혈아라는 출생 배경이나 어머니의 재혼으로 잦은 이주를 경험했던 것은 보통 사람들의 삶과 다르지 않다.

오바마의 평범한 성장 배경은 그가 서민들을 위해 시민조직가의 역할을 한 배경과도 맞닿아 있다. 그는 뛰어난 학벌에도 불구하고 가장 낮은 이들의 삶의 자리에서 서민의 빈곤 문제를 더 깊이 헤아렸고, 그들의 눈높이에서 함께 해결책을 모색했다.

그는 대통령이 된 뒤에도 서민적 삶의 방식을 계속 유지했다. 그가 조 바이든 부통령과 함께 백악관 밖의 한 햄버거 가게에서 점심식사를 한 이야기는 유명하다. 두 사람은 버지니아 주 앨링턴의 한 햄버거 가게를 찾았다. 그리고 먼저 온 손님들 뒤에 줄을 서서 차례를 기다렸다. 대통령과 부통령임을 알게 된 손님들은 깜짝 놀라 먼저 주문하도록 양보했지만, 오바마 대통령은 가벼운 미소로 사양하면서 시민들과 대화를 나누었다. 마침내 차례가 된 두 사람은 치즈버거를 주문했고 각자 계산했다. 가게 점원이 돈을 받지 않겠다고 하자 오바마 대통령은 '우리가 돈을 내지 않으면 기자들이 우리의 뻔뻔함을 기사화할 것'이라며 농담을 던진 뒤 계산을 하

고 나머지 잔돈은 점원에게 팁으로 건넸다.[7]

백악관을 방문한 한 직원의 어린 아들이 대통령 집무실에서 오바마 대통령을 만나게 되었다. 그 아이는 대통령에게 "머리를 만지고 싶다"고 했고 오바마는 허리를 숙여 그 꼬마가 자신의 머리를 만지게 했다. 이 모습은 그대로 사진에 담겨 대중들에게 공개되었다. 이러한 행동들은 오바마의 눈높이가 서민에게 맞추어져 있음을 상징적으로 나타내는 장면이다. 또한 대통령 당선 후 추진한 정책들 대부분은 서민들을 위한 것이었다.

오바마는 처음 보는 사람들에게도 친근감과 신뢰감을 주는데, 이는 그의 높은 공감 능력 때문이다. 공감은 상대의 감정을 정확하게 읽고 이해하고 설득하여 공통의 목표 달성을 위해 효과적으로 활용하는 능력이다. 이처럼 공감은 사람들의 감정과 마음을 움직여 최고의 성과를 도출해내는 능력이다.

프랑스에 가는 여행자들은 파리에 있는 에펠탑을 빼놓지 않고 들르게 된다. 에펠탑 앞에서 기념사진을 찍는 것은 파리 여행의 필수코스가 되었다. 에펠탑이라는 효자상품 덕에 프랑스는 수백억의 관광특수를 누리고 있다. 그런데 19세기 말 에펠탑이 건축될 당시 파리 시민들은 완강하게 반대했다. 철골 구조로 이루어진 투박한 탑은 예술의 도시 파리에 어울리지 않는다고 생각했다. 그런데 에펠탑이 완공되고 난 후 시민들의 반응은 조금씩 바뀌기 시작했다. 에펠탑에 대한 평가는 점차 긍정적으로 변해서, 파리 최고의 예술품으로 자리 잡게 되었다.

에펠탑에 대한 이러한 심리적 변화는 어떤 대상이 반복적으로 노출될 때 그 대상에 대해 점차 우호적인 감정을 갖게 되는 심리 현상 때문이다. 에펠탑은 그 엄청난 높이와 크기로 사람들에게 쉽게 노출되었다. 에펠탑

---

7 같은 책, 232.

을 자주 보게 된 사람들은 친근감을 느끼게 되었다. 이처럼 반복 노출을 통해 매력이 형성되는 경우를 가리켜 에펠탑 효과라고 한다. 사람들과 좀 더 가까워지고 진정한 공감을 얻기 위해서는 에펠탑처럼 끊임없이 사람들을 만나고 함께 대화하는 것이 중요하다. 만남의 과정이 반복될수록 거부감은 조금씩 사라지고 상대에 대한 친근감이 생기게 된다.

오바마는 처음부터 탁월하거나 특출나지는 않았다. 하지만 사람들은 그를 만나면서 호감을 갖게 되었고, 그의 내면에서 품어져 나오는 뛰어난 품성에 감동을 받았다. 오바마가 시카고에서 지역 사회 활동가로 일했던 시절, 그는 지속적으로 사람들과 만나고 함께 일하기 위해 힘썼다. 그의 계획에 동의하고 함께 참여해 주는 이가 없을 때, 그는 약속을 정하려고 수화기를 들 때마다 저항감을 느꼈다. 수화기 너머 얼굴을 알 수 없는 이들이 보내는 메마른 감정에 당황할 때가 한두 번이 아니었다. 그럼에도 그는 부단히 사람들을 찾아가 만나고 그들과 대화하며 공동의 문제를 해결하기 위해 노력했다. 이러한 관계 형성을 통해 갈등을 해결하였고, 서로 간의 소통을 통해 협력을 유도하였다.

창조적인 상상력을 가진 리더는 위험 요소를 감수하더라도 새로운 것에 도전하기를 주저하지 않는다. 비록 실패하더라도 다시 일어나 도전한다. 성공하게 된다면 공동체를 한순간에 최고의 자리로 올려놓게 된다. 그런 점에서 창조성은 성공과 실패 여부를 떠나 조직을 끊임없이 성장시키는 원동력이다. 창조적인 리더는 끊임없이 발전을 도모하며 새로운 것을 만들어 내기 위해 힘쓴다. 구성원들이 자신의 능력을 발휘하도록 이끌고, 창조적이고 혁신적인 사고를 하도록 자극한다.

오바마는 창조적 상상력을 가지고 공동체를 세우기 위해 헌신했다. 시카고의 시민 활동가 시절부터 그의 꿈은 모두 함께 잘 사는 공동체를 만드는 것이었다. 그는 모두가 함께 성장하고 발전하기를 소망하고 이를 위해 노력을 멈추지 않았다. 그는 개방적인 태도로 풍부한 상상력을 갖고 누구와도 건설적인 대화를 할 수 있을 만큼 폭넓은 사고로 해결책을 모색했다.

스와스모어 대학의 전 총장 테오도르 프랜드는 “리더십이란 자신에 대한 지식과 다른 사람들로 하여금 따르고 싶게 만드는 협동적 에너지를 가지고 바람을 거슬러 가는 것이다”라고 정의내렸다[8]. 벤자민 플랭클린은 그의 어머니에게 보낸 편지에서 “저는 후세 사람들에게 부자로 살다 죽었다는 말보다는 쓸모 있게 살았다는 말을 듣고 싶습니다.”라고 했다. 오바마는 대통령으로서 협력의 시너지를 만들기 위해 노력했고, 그가 대통령이 되기 전보다 더 나은 세상을 만들기 위해 최선을 다했다.

1982년 미국에서 여러 사람이 타이레놀을 복용하고 사망했는데, 오염된 타이레놀 캡슐이 사망원인으로 밝혀졌다. 이 사태가 발생하기 몇 주 전 존슨 앤 존슨의 사장은 각 부서장이 “정직과 진실성을 가지고 운영하라”는 회사의 임무진술서를 따르고 있는지 질문서를 보냈다. 이에 모든 부서장은 그 진술서대로 잘 준수하고 있다고 답변을 보내왔다. 그럼에도 타이레놀 독극물 사건이 발생했던 것이다. 존슨 앤 존슨의 사장은 1억 달러의 손해를 각오하면서 타이레놀 사태 발생 1시간 만에 타이레놀 전량을 회수하도록 지시했다. 시카고에서 사건이 발생했지만, 미국 전역에서 유통 중인 타이레놀 3,100만 병을 전량 회수하도록 했다.

짐 버크 회장은 물의를 일으켜 죄송하다고 거듭 사과했다. 그는 말로만 사과한 것이 아니라 타이레놀 제조공정을 캡슐에서 알약으로 완전히 바꾸었다. 매우 어렵고 힘든 문제였는데, 어떻게 단호하고도 신속한 결정을 내릴 수 있었는지 기자들이 물었을 때, 그는 “나는 우리의 임무진술서대

8 같은 책, 185.

로 실천했을 뿐"이라고 대답했다. 이처럼 사전에 원칙을 세우면, 옳은 일을 하기가 무척 쉽다. 비록 당장은 엄청난 손해를 감수해야 하지만, 원칙을 알고 그 원칙에 따라 행동하면 신뢰를 얻을 수 있기 때문에 과감하게 실행할 수 있다.

진실성은 작은 일에서 시작된다. 진실성은 존경, 위험, 신뢰를 비롯한 여러 덕목의 기초가 된다. 사람의 한 면을 믿을 수 없다면 어떤 면도 진정으로 믿을 수 없게 된다. 진실성은 집의 기초와도 같다. 기초가 튼튼한 집은 비바람이 몰아쳐도 무너지지 않는다. 반면 기초에 금이 간 상태에서 폭풍우가 몰아치면 그 금이 더욱 벌어지게 되고 나중에는 집 전체가 무너진다. 인격은 우리 삶의 작은 순간마다 형성된다. 현실과 타협하고 도덕 원칙을 하나씩 어길 때마다 진실성이라는 기초에 작은 금이 생긴다.

무하마드 유누스(Muhammad Yunus)가 설립한 그라민 은행은 가난한 사람들에게 무담보로, 즉 오로지 신용만을 믿고 돈을 빌려준다. 그라민 은행은 방글라데시 전역에 1,175개의 지점을 두고 240만 명에게 약 3조 3천6억 원을 융자해주고 있으며, 100%에 가까운 대출상환율을 유지하고 있다. 그라민 은행은 가난한 사람만 선택해서 담보 없이 소액 대출을 해주며 돈을 갚지 않는다고 월급을 차압하는 등의 법적 책임을 묻지 않는다. 이렇게 위험한 영업방식에도 그라민 은행은 건재하게 살아남았고 방글라데시의 많은 사람들이 이 은행을 통해 빈곤에서 벗어나도록 도움을 제공하였다.

무함마드 유누스는 1940년 지금은 방글라데시 땅인 옛 동벵골 치타공 시에서 태어났다. 그는 치타공 대학 졸업 후, 풀브라이트 장학금을 받고 미국 밴더빌트 대학에서 경제학 박사학위를 받고, 치타공 대학 경제학과 교수가 되었다. 1976년 어느 날, 그는 경제학이 당장 굶어죽는 사람들에게는 전혀 도움이 되지 않는 것에 환멸을 느꼈다. 당시 방글라데시에는 엄청난 기아가 몰아쳤다. 그는 거리에 나뒹구는 시신을 보면서 "길바닥에 선 사람들이 굶어죽고 있는데 경제학 이론이 무슨 소용이란 말인가?"라고 되묻고 학교 근처에 있는 조브라 마을 사람들의 실상을 살펴보았다. 고리대금업자로부터 돈을 빌려 수공예품을 만들어 근근이 살아가는 주민들을 목격한 그는 주민 42명에게 주머닛돈 27달러를 빌려주었다.

그는 가난한 사람도 은행의 혜택을 입어야 하며 그들에게 주어지는 융자는 인간적 권리임을 강조하고 정부 관리를 설득해 1983년 그라민 은행을 탄생시켰다. 그라민은 방글라데시 말로 마을이란 뜻이다. 그라민 은행의 소액 융자 프로그램은 전 세계 60여 개국에도 도입되어 수백만에 달하는 사람들이 인간으로서 존엄성을 회복하도록 도왔으며, 빈곤 없는 세상을 향한 그라민 은행의 도전과 성취는 세계 지도층과 언론의 찬사를 받았다.

유누스 총재는 기존의 편견에 맞서 싸워 자신의 신념이 옳다는 것을 행동으로 보여주었다. 그는 가난을 극복하기 위해서는 자선보다는 희망을 갖고 생산활동에 참여하도록 도와야 한다고 주장했다. 그는 이론이 아닌 제도로 가난을 해결하려고 직접 발로 뛰면서 노력한 결과 성공을 거두어 많은 이들에게 큰 감동을 주었다.

2) 격려와 긍정

다른 사람을 존중하고, 그를 소중한 존재로 대하는 것은 중요하다. 이러한 격려와 긍정의 태도가 미래를 선도하며 선한 영향력으로 작용한다. 윌리엄 제임스(William James)는 "내 세대에서 가장 위대한 발견은 마음의 태도를 바꿈으로써 사람을 바꿀 수 있다는 것이다. 당신의 선택은 태도의 결과이다. 태도가 행동을 결정짓는다. 행동이 성취를 결정짓는다. 그것을 좋아하지 않을지 모르나 당신이라는 사람과 당신이 오늘날 서 있

는 곳은 당신의 태도의 결과이다."라고 말했다.[9]

샌프란시스코의 한 학교 교장이 세 명의 교사를 불러 "세 분은 우리 학교에서 가장 뛰어나고, 가장 훌륭한 능력을 갖추었기 때문에 우리 학교에서 가장 지능이 높은 90명의 학생을 선발하여 맡길 것입니다. 다음 한 해 동안 여러분은 이 학생을 가르치고 관리하게 될 것이며, 연말에 얼마나 향상되었는지 볼 것입니다."라고 말했다. 세 명의 교사와 학생들, 그리고 학부모들은 좋은 생각이라 여기고, 그들 모두는 한 해 동안 특별하게 보냈다. 연말 성적 평가에서 이 학생들은 샌프란시스코의 다른 학생들보다 20~30%의 우수한 성적을 거두었다.

그런데 교장은 교사들에게 "당신들이 가르쳤던 학생들은 머리가 우수한 학생이 아니라 평범한 학생들입니다. 무작위로 90명의 학생을 선발하여 맡겼을 뿐입니다."라고 고백하였다. 그러자 교사들은 자신들의 뛰어난 교수 능력 때문에 좋은 성적을 거두었을 것이라고 대답했다. 교장은 "여러분은 우리 학교에서 가장 뛰어난 교사들이 아니라 교사 명단에서 무작위로 선발한 것입니다"라고 말했다.[10]

학생들이 우수한 성적을 거두게 된 이유는 바로 학생들과 교사들의 긍정적인 태도 때문이었다. 학생과 교사들은 서로를 믿었으며 할 수 있다는 자신감과 긍정적 태도를 갖고 최선을 다했던 것이다. 다른 사람에 대한 격려와 긍정의 태도가 인생의 방향을 결정하고 운명을 결정한다.

칼슨 컴퍼니(Carlson Companies)의 CEO였던 마릴린 넬슨(Marilin Nelson)은 구성원들의 영혼을 울려 상상을 초월하는 결과를 만들었다. 넬슨이 칼슨 컴퍼니의 CEO가 되었을 때 칼슨 컴퍼니는 직원은 안중에도

---

9 J. C. Maxwell, 『성공여행』, 72.

10 같은 책, 76.

없고 오직 성장만 향해 달려가는 비인간적인 조직이었다. 넬슨은 CEO로 부임하자마자 직관적으로 이를 간파했다. 그가 기업문화를 연구하는 경영대학원 학생들과의 모임에서 의견을 구하자, 싸늘한 침묵이 감돌다가 한 여학생으로부터 '칼슨 컴퍼니는 무자비한 노동착취 공장'이라는 말을 듣게 되었다.

이를 심각한 사태로 인식한 넬슨은 곧바로 변화를 모색했고, '서로 아끼는 칼슨(Carlson Cares)'이라는 동기 유발 프로그램을 창안했다.[11] 이 프로그램의 시행을 준비하는 가운데 직원들은 먼저 기업문화를 바꾸는 데 시간이 필요하다는 반응을 보였다. 그러나 넬슨은 기다릴 시간이 없다는 판단을 내리고 스스로 애정과 관심의 본보기가 되기로 결심했다. 그리고 열정과 동기 유발 기술, 직원과 고객에 대한 진심 어린 관심을 통해 기업문화를 바꾸어 가기 시작했다. 그는 영업에 직접 참여했고 직원들과 매일 접촉했다. 결국 열정이 넘치는 넬슨의 에너지는 기업문화를 변화시켰고 확고한 고객 관계를 창출해 냈다. 회사의 수익구조가 개선되었고, 회사는 놀랍게 성장하기 시작했다.

3) 친절과 존중

친절은 다른 사람에 대한 관심, 인정, 격려의 뜻을 표현하는 행위이다. 훌륭한 인간관계는 구성원들을 하나로 묶어주는 강한 끈과 같다. 모든 대인 관계는 다른 사람을 소중히 여기는 존중으로부터 시작된다. 친절과 존중으로 탁월한 영향력을 발휘한 리더는 오드리 헵번(Audrey Hepburn)이다. 헵번은 영화배우로 성공했으나 평소 구호활동에 관심이 많았다.

---

11 홍종원, 『새로운 시대를 여는 도덕 리더십』, 163.

1970년 가을 헵번은 유니세프의 홍보대사로 임명되자, 후원금 유치를 위해 TV 광고에 흔쾌히 출연했다. 헵번은 이후 변함없이 유니세프와 함께 봉사활동을 했는데, 이는 2차 세계대전 당시 나치의 지배하에서 극심한 빈곤과 배고픔으로 고통을 겪었던 것과 중병에 걸려 죽을 뻔했으나 구호단체의 도움으로 생명을 건지게 되었던 경험과 밀접한 관련이 있다. 헵번은 양상추와 콩으로 만든 빵, 감자로 연명하기도 했고, 감자가 다 떨어지면 튤립의 구근을 먹기도 했다. 이로 인해 헵번의 체중은 40kg밖에 나가지 않게 되었다.[12]

전쟁이 끝날 즈음 헵번은 독일군에게 거의 붙잡힐 뻔했다. 헵번은 먹을 것을 찾으려고 거리로 나갔다가 독일군 순찰병을 발견하고는 황급히 무너진 집 지하실로 숨었다. 헵번은 그곳에서 꽤 오랫동안 숨어 있었다. 헵번이 오랜 굶주림으로 비틀거리며 거의 기다시피 집으로 돌아왔을 때 가족들은 기쁨으로 반겼지만 그녀의 심각한 건강 상태를 보고 충격을 받았다. 그녀는 여러 날 동안 숨어있는 와중에 빈혈과 부종, 그리고 황달 증세까지 앓게 되었다.[13]

헵번은 다행히 유니세프의 전신인 운라(UNRRA, 유엔구제부흥기구)에게서 받은 음식과 약이 든 소포들 때문에 극심한 영양실조와 질병에서 벗어날 수 있었다. 당시 운라는 음식, 옷가지, 의료품으로 구호활동을 펼쳤는데, 운라로부터 이러한 도움을 받았던 경험은 훗날 헵번이 구호사업에 관심을 갖는 계기가 되었다. 그녀는 고통받는 이들과 함께 하는 것이 얼마나 소중한지를 깨달았다.

헵번은 유니세프(UNICEF)를 통해 친절과 박애를 실천했다. 유니세프

---

12 Martin Gitilin, 양선영 옮김, 『오드리 헵번』 (서울: 신원문화사, 2010), 53.

13 Alexander Walker, 김봉준 옮김, 『오드리 헵번 스토리』 (서울: 북북서, 2008), 63.

는 160개국의 헐벗고 굶주린 아이들에게 식량을 제공하였고, 거주할 수 있는 주거 공간, 건강관리, 위생, 깨끗한 식수를 제공하면서 소외된 이들의 삶의 질을 높이고자 힘쓴 비영리 비정부 단체였다.

헵번은 영화배우로서 호화로운 삶을 살 수 있었으나, 구호활동가로서 험난한 삶을 선택했다. 1980년대 후반 유니세프는 가난과 기근으로 고통받는 500만 명을 위해 2천만 달러 이상의 성금이 필요했다. 이 성금의 상당 부분은 기아로 허덕이는 에티오피아의 어린아이들을 위한 것이었다. 헵번은 유니세프의 활동을 홍보하는 데 탁월한 재능을 갖고 있었을 뿐 아니라 영화배우로서 막강한 영향력을 갖고 있었다. 후원 성금 모금을 위해 헵번이 혼신의 힘을 다한 결과 놀라운 결실을 거두었다. 피터 우스티노프(Peter Ustinov), 리처드 어텐버로우(Richard Attenborough), 로저 무어(Roger Moore) 등과 같은 유명 영화배우들도 헵번의 구호활동에 동참하였다.[14]

1988년 헵번은 유니세프에서 친선대사로 임명되었다. 이는 1년에 1달러 이외에 어떤 보수도 받지 못하는 직위였다. 게다가 공식적인 출장과 숙박비는 유니세프에서 지원하지만, 그 외 지출은 스스로 감당해야 했다. 헵번이 제3세계에서 임무를 수행하며 머물렀던 숙박시설은 너무나 형편없었다. 이보다 더 심각했던 것은 각종 질병과 풍토병의 위험과 내전으로 인한 생명의 위협이었다. 헵번은 유니세프에 조금이라도 보탬이 되고자 자신을 위해 지출하는 돈을 한 푼이라도 아끼려고 노력하였다. 비행기를 타고 이동할 때는 1등석이 아닌 3등석을 이용했으며 1등석에 지출할 돈을 아껴 헐벗고 굶주림으로 고통받는 이들을 위해 사용했다.

유니세프의 친선대사로 임명된 지 2주 만에 오드리 헵번은 에티오피아의 기근 발생지역으로 가서 임무를 수행하게 되었는데, 그녀의 짐은 트렁

14 Martin Gitilin, 『오드리 헵번』, 238.

크 1개와 2개의 손가방뿐이었다. 이전 영화배우시절에는 호화로운 비행기로 편안한 여행을 했지만, 이제는 트럭 짐칸의 쌀자루 위에 앉아 덜컹거리는 비포장도로를 달리는 여행을 감수해야 했다. 그리고 바짝 말라 갈라진 아프리카의 평원 위를 날아가는 덜덜거리고 낡아빠진 헬리콥터 안에서 동료의 팔에 매달려 있어야 했다[15].

이전에는 화려한 옷을 입었으나, 이제는 카키색 작업복 바지, 라코스테 셔츠, 머리 스카프, 그리고 해가 지고 밤의 찬 기운이 몰려오면 파스텔 톤의 목이 긴 스웨터와 같은 간편한 옷을 즐겨 입었다. 헵번은 전기가 안 들어오고, 수도시설이나 난방도 공급되지 않으며, 위생시설도 없는 열악한 지역들을 돌아다니면서 불편함을 감수했다. 그녀는 상하수도 시설이 없어서 오물이 강물로 흘러 들어가는 곳에서 사람들이 목욕을 하고, 다시 그 물을 마시는 것을 보며 마음이 아팠다.

어느 날 헵번이 에티오피아 북부 지역인 메켈레의 고아원을 방문했을 때, 아이들이 낯선 타지인의 방문에 놀라서 아무 말도 하지 않는 서먹서먹하고 긴장된 순간이 있었다. 이때 헵번은 아이들에게 조심스럽게 다가서면서 마치 영화 대사를 외우듯 열심히 외운 현지어로 '감사합니다'라고 말하자 멍한 표정으로 바라보던 아이들이 활기를 띠며 그녀 앞으로 몰려들었다. 그녀는 정성을 다해 우는 아기를 달래고, 희망을 잃은 아이들의 얼굴에 달라붙는 파리를 쫓았다.

헵번은 열악한 지역을 다니면서 긴급구호가 필요한 지역에 관한 세부 정보까지 얻기를 원했다. 헵번은 이러한 정보를 토대로 제3세계에 대한 대중의 관심을 환기시키기 위해 대외활동을 활발하게 펼쳤다. 단순히 후원금을 요청한 것이 아니라 청중들에게 왜 그 지역에 재정적인 도움이 필

15 Alexander Walker, 『오드리 헵번 스토리』, 501.

요한지, 구체적으로 무엇이 필요한지를 세부적으로 설명하면서 사람들의 관심을 불러일으켰다. 이처럼 헵번은 자신의 명성에 걸맞게 완벽함을 추구하면서 모든 열정을 쏟았다.

헵번은 제3세계의 낙후되고 열악한 환경에서 봉사활동을 하면서 배고픔과 가뭄, 질병과 전쟁에 내몰린 이들의 친구가 되고 동반자가 되었다. 헵번은 전쟁의 폐허 속에 방치된 이들의 고통을 보면서 치밀어 오르는 분노를 느끼기도 했다.

헵번은 유니세프의 친선대사이자 홍보대사로서 교육기관이나 국제기구에 초청을 받아 연설할 기회가 있을 때마다 지구촌의 평화재건에 대한 대책 마련을 촉구했다. 헵번은 아무런 잘못도 없는 이들이 잔인한 전쟁의 희생양이 되어 극심한 기아로 고통받는 참상을 밝히면서 각국의 지도자들을 향한 비판도 서슴지 않았다. 전쟁 관련 지출을 줄이고, 대신에 제3세계에 시급한 식량 지원, 의약품이나 교육에 더 많은 관심을 갖고 경제적 지원을 간절히 요청하면서 그들의 양심에 호소했다.

헵번은 워싱턴 D.C에서 15번의 기자회견을 가졌고, 그 결과 6천만 달러나 되는 성금을 모아 에티오피아에 보냈다.[16] 헵번은 미국 상원의원들 앞에서 오늘날 세계 경제의 0.5% 미만이라도 지구촌에서 굶주림으로 고통받는 빈민에게 사용된다면 향후 10년 안에는 모든 인간이 기본권을 누리며 살 수 있을 것이라고 역설했다. 또한 5달러만으로 아이들에게 필요한 백신을 접종할 수 있으며, 6센트로 조기 영아 탈진을 막을 수 있고, 84센트로는 어린아이가 눈을 실명하여 시각장애인이 되지 않도록 예방할 수 있다고 강조했다.[17]

---

16 Martin Gitilin, 『오드리 헵번』, 245.

17 같은 책, 249-250.

헵번은 기자회견에서 발표할 자신의 연설 대본 준비에 심혈을 기울였다. 사람들의 심금을 울려 후원에 동참할 수 있도록 핵심적인 내용을 호소력 있게 표현하기 위해 정성을 다했다. 헵번은 작가가 써준 대사를 자신의 스타일에 맞추어 고치면서 자신의 예술적 재능을 발휘하여 정확하고도 명료하게 연설하였다. 헵번의 연설은 전 세계 신문에 헤드라인으로 장식될 만큼 호소력이 있었다[18]. "어린이 한 명을 구하는 것은 축복입니다. 어린이 백만 명을 구하는 것은 신이 주신 기회입니다."라는 헵번의 호소는 진심이 담겨 전달되었다.

1989년 헵번은 아프리카 수단으로 다시 갔고, 엘살바도르, 방글라데시, 과테말라, 케냐 등과 같은 빈곤한 국가들을 방문하면서 구호활동을 펼쳤다. 헵번은 영양실조로 고통받는 아이들에게 음식을 먹이고, 총성이 들리는 옥수수밭을 함께 걸어 다녔다. 수많은 영화감독들은 헵번에게 시나리오를 보내며 영화에 출연해 줄 것을 제의했지만 헵번은 영화출연을 사양하고 유니세프 구호사업에 더 많은 애정과 시간을 쏟았다.

그 와중에 헵번은 스티븐 스필버그가 감독한 〈영혼은 그대 곁에〉에서 천사 역을 맡아 출연하였다. 헵번이 이 영화에 출연했던 이유는 이 영화가 유니세프의 구호사업과 연관이 있었고, 자신이 맡은 역할 또한 비중이 적은 카메오였기 때문이었다. 헵번은 이 영화에서 천사 역을 맡았는데, 추락하는 영혼을 구해 천국으로 데려다주고, 그에게 사명을 알려주고 훈련시키는 역할이었다.[19] 천사 역을 맡은 헵번은 비행기 전투기 조종사였던 영혼에게 자기 욕심을 채우기 위해 인생을 낭비하지 말고, 다른 사람을 돕는 일에 힘쓰라고 알려 주었다.

---

18 Alexander Walker, 『오드리 헵번 스토리』, 504.

19 Martin Gitilin, 『오드리 헵번』, 248.

유니세프에서의 봉사활동은 헵번에게 기쁨과 행복을 선사했지만, 살인적인 스케줄로 인해 헵번의 건강은 점점 악화되었다. 헵번의 건강을 염려한 지인들은 그녀에게 휴식을 권유했지만, 현지의 절박한 상황을 잘 알고 있었던 헵번은 구호 활동의 뜻을 굽히지 않고 더욱 적극적으로 참여했다. 헵번은 자신의 삶 보다 타인의 삶이 좀 더 나아지고 행복해지기를 바라면서 혼신의 힘을 다했다. 잦은 여행 일정으로 인해 고된 일과가 계속되었지만, 헵번은 맡은 일의 양을 줄일 생각도, 애정을 덜 쏟겠다는 생각도 하지 않은 채 최선을 다했다.

한번은 헵번이 현지에 도착하기 바로 전날, 무려 20명의 아이들이 질병과 굶주림으로 생명을 잃게 되었다. 헵번은 가여운 어린아이들이 트럭에 실려 나가는 것을 참담한 심정으로 바라보면서, 죽음의 위협을 받고 있는 다른 아이들을 구해야 한다는 생각으로 의지를 더욱 굳게 다졌다. 이런 비극적인 광경들은 헵번으로 하여금 구호 활동에 더욱 매진하게 만드는 계기가 되었다.

헵번의 건강이 점점 악화되었고, 휴식이 절대적으로 필요한 상태가 되었다. 하지만 헵번은 쉬기를 원치 않았다. 온종일 일하고, 밤에는 충분한 수면을 취해야 함에도 굶주린 아이들을 염려하면서 밤잠을 설쳤다. 의사들은 헵번에게 건강에 유의할 것을 여러 차례 이야기했으나 그녀는 뜻을 굽히지 않았다. 급기야 1991년 5월 헵번은 구호 현장에서 일시적으로 제명되었다. 이는 만신창이의 몸으로 고집스럽게 구호 활동을 해 오던 헵번의 건강을 염려한 특단의 조치였다. 그리하여 헵번은 구호 현장을 잠시 떠나 영국을 방문하게 되었다. 영국을 방문한 헵번은 유니세프 성금 모금을 위한 공연 진행자로 활동하여 6만 달러의 성금을 모았다.[20]

---

20 같은 책, 255.

헵번은 유니세프 친선대사로서 노르웨이 오슬로에서 평화를 위한 콘서트를 열었고, 1991년에는 워싱턴을 방문하여 상원의원들에게 아프리카 지원을 호소하는 연설을 했다. 헵번은 베트남을 방문했고, 1992년에는 소말리아를 방문하여 소말리아의 심각한 상황을 알렸다. 헵번의 소말리아 방문은 언론의 큰 관심을 받았는데, CNN은 내전과 기근으로 고통받고 있던 소말리아의 참혹한 현장을 전 세계에 생생하게 알렸다.

헵번은 1993년 삶을 우아하게 마무리했다. 헵번의 사망 소식은 스위스의 집 주변 마을과 가게 주민에게 전해졌다.

> 네가 태어났을 때 너는 울었지만 세상은 기뻐했다. 그리고 네가 죽을 때 세상은 울겠지만, 너는 기뻐할 수 있는 삶을 살아야 한다.[21]

이 인디언 부족의 속담처럼 오드리 헵번의 죽음에 수많은 사람들이 애도를 표하기 위해 촛불을 밝혔다. 가까운 교회에서는 종을 울려 헵번의 죽음을 알렸다. 이웃 사람들은 라 페지블의 현관 앞에 추모의 꽃송이를 놓기 위해 찾아왔다.

오드리 헵번은 수줍음이 많고 겸손한 성품을 지녔다. 그녀는 겸손하다 못해 결여된 자신감으로 카메라 앞에 서지 못할 정도로 감수성이 예민하였다. 하지만 관객들과 평론가들은 오히려 수줍음이 많은 그녀의 약점을 보듬어 주었다. 헵번은 항상 진실하며 자신보다 남을 먼저 배려하였다. 헵번과 함께 일하며 소통했던 유니세프의 책임자 크리스타 로스는 헵번이 타고난 인간관계를 맺었다고 회고했다. 크리스타가 헵번에게 조언을 구했을 때, 헵번은 그녀의 말에 귀를 기울여 들었고, 항상 올바른 조언을 제

---

21 J. C. Hunter, 『서번트리더십』, 250.

시했다. 헵번은 타인의 말을 허투루 듣지 않고, 진심으로 경청했다.[22] 헵번은 아름다운 손으로 고통받고 소외당한 이들에게 행복과 사랑을 선사한 천사 같은 삶을 살았다.

2. 자석의 법칙

1) 인간적 매력

영향력을 지닌 리더는 구성원들을 자석처럼 끌어당긴다. 그가 지닌 인간적인 매력은 남다른 친화력으로 다른 이들을 강하게 끌어당긴다. 힘에는 하드 파워와 소프트 파워가 있다. 군사력이나 경제력과 같은 하드 파워는 한 국가나 집단이 외부적인 힘을 이용해서 원하는 바를 다른 나라나 집단에 강요하는 강제력이다. 이 힘은 단기간 효과를 거둘지 모르나 장기적인 효과를 기대하기는 어렵다. 외적인 힘이 사라지면 효력 또한 잃게 된다. 반면 인간적인 매력이나 존중, 배려와 같은 소프트 파워는 그 효과가 지속적이며, 상생의 시너지 효과를 일으킨다. 그런 점에서 서번트 리더는 소프트 파워로 영향력을 발휘하는 사람이다.

모한다스 간디(Mohandas K. Gandhi)는 인도인들에게 자유를 향한 비전을 제시하며 그들을 변화시켰다. 간디는 영국 런던에서 법률을 공부한 후 남아프리카에서 20년 동안 변호사와 정치가로 일했다. 이 기간 동안 그는 남아프리카 정부의 인종 차별 정책으로 인해 억압받고 차별받는 인도인들과 소수 민족의 권익 보호를 위해 힘썼다. 그가 1914년 인도로

22 Martin Gitilin, 『오드리 헵번』, 273.

돌아올 무렵에는 사람들에게 상당한 존경을 받았다. 그는 1920년 전인도 자치 연맹의 의장으로 선출되었다.

간디가 국민들을 이끌기 전에는 사람들은 자신들의 목적을 이루기 위해 폭력을 사용하기를 주저하지 않았다. 영국에 저항하는 폭력적인 반란이 수년 동안 일상화되었다. 그러나 인도에 진정한 변화를 일으키려는 간디의 비전은 비폭력 시민 불복종 운동이었다. 그는 "비폭력은 인간이 지닌 가장 강력한 능력이다. 비폭력은 인간의 정교함으로 고안된 강력한 파괴용 무기보다 더 강하다"라고 말하면서 압제를 평화로운 불복종과 비협력으로 맞설 것을 촉구했다.[23]

영국 군대가 1919년 아므리트사르에서 천 명 이상의 무고한 인명을 살상했을 때도 간디는 무력으로 대항하지 말 것을 당부했다. 간디가 외제 의류를 모두 불태우고 오로지 손으로 짠 옷만 입을 것을 요구했을 때, 수백만의 인도인들이 그대로 따랐다. 간디는 61세이던 1930년 영국이 제정한 소금 법령(Salt Act)에 저항하는 의미로 소수의 추종자들과 함께 바다를 향한 행진을 시작했다. 처음 시작할 때는 소수였지만 대열의 규모가 점점 늘어났다.

간디는 24일 동안 240마일을 걸었으며, 가끔 휴식을 취하면서도 자동차는 한 번도 타지 않았다. 간디는 휴식을 위해 멈출 때마다 군중에게 자신의 사명을 정성껏 설명하면서 동참할 것을 요청했다. 그러자 다양한 연령층이 가담하면서 마침내 그 수가 수십만 명까지 불어났고, 행렬은 거의 2마일에 이르렀다[24]. 인도양에 도착하자 간디는 바다로 들어가 소금을 한 줌 집어 올렸다. 그 행동으로 간디는 범죄자가 되었다. 당시에는 소금 채

---

23 J. C. Maxwell, 『리더십의 21가지 불변의 법칙』, 201.

24 Donald T. Philips, 『마틴 루터 킹의 리더십』, 251.

취가 범법 행위였기 때문이었다. 간디가 주도한 소금 행진(Salt March)은 인도에 혁명을 가져왔고 결국 인도의 독립으로 이어졌다.

신태식 박사의 호는 동산(童山)이다. 에덴동산이나 놀이동산이 아니라 '민둥산'이라는 뜻이다. 동산이라는 뜻은 산무초목왈동(山無草木曰童), 즉 산에 초목이 없는 산을 동(童)이라고 한다는 옛말에서 따왔다. 그는 부모에게서 태어날 때는 큰 산이 될 자질을 가지고 태어났는데, 자신의 노력이 부족해서 울창한 수목을 가진 큰 산은 못되고 초목이 없는 작은 산이 되었다고 고백했다.[25] 자신은 민둥산으로 헐벗더라도 계명의 캠퍼스는 수목이 우거진 동산으로 만들겠다는 의지를 겸손하게 표현한 것이다.

그의 인품이나 업적으로 보면 누구나 그를 '나무가 우거지고 기암절벽의 경관도 있는 큰 산'으로 인정할 터인데, 자신을 '보잘 것 없는 언덕의 산', 또는 '헐벗은 민둥산'으로 칭하며 아호로 삼았다. 자신의 희생을 통해 계명 동산을 더욱 푸르게 만들리라는 간절한 그의 염원과 겸손한 성품을 엿볼 수 있다. 신태식 학장이 취임하던 1961년에는 풀 한 포기 나지 않던 청석 바위산 계명의 동산이 종합대학으로 승격되어 발전을 거듭하게 된 1978년에는 '숲이 우거진 푸른 동산'으로 변했다.

마틴 루터 킹 목사는 비폭력운동을 통하여 인종차별이 없는 더욱 평등하고 평화로운 세상이라는 비전을 제시하면서 결단력 있게 대중들을 이끌었다. 그는 차별 없는 세상을 만들기 위해 잘못된 법과 제도에 저항하는 것이 '옳은 일'이라는 것을 깊이 인식하고 대중들로 하여금 이에 적극 동참하도록 호소하였다. 그는 이러한 비전을 위하여 강렬한 열정을 품고 솔선수범하면서 실천하는 비범함을 보여주었다.

그는 인권운동이 반드시 승리하리라는 확신을 갖고, 차별 극복에 대한

25 황종건, 『자유와 신념의 교육자, 동산 신태식』(대구: 계명대학교출판부, 1999), 228-229.

강렬한 열망을 품었다. 그는 변화를 두려워하지 않는 용기와 담대함으로 대중을 이끌었다. 그는 어떠한 역경이나 어려움이 닥치더라도 용기를 잃지 않고 기꺼이 위험을 감수하면서 반드시 이를 극복할 것이라는 신념을 갖고 저항 운동을 펼쳤다.

마틴 루터 킹은 비폭력주의를 선택함으로써 수준 높은 윤리성을 보여주었다. 그는 연설, 저서, 대화를 통해 형제애, 정의, 인권, 인간 존엄과 같은 가치를 역설했다. 그는 다양한 방식을 통해 지속적으로 사람들을 격려하고, 모범적인 사례를 제시했다. “날 수 없으면 뛰어라, 뛸 수 없으면 걸어라. 걸을 수 없으면 기어라”고 역설했다. 그는 사람들의 윤리와 도덕에 호소함으로써 행동에 적극 나설 것을 호소했다.

그가 비폭력주의를 주장한 배경에는 예수 그리스도와 간디에게서 받은 영향 때문이었다. 간디의 비폭력주의는 시민 불복종을 주장한 헨리 데이비드 소로의 에세이에서 비롯되었다. “더 이상 악마와 같은 체제에 우리의 힘을 빌려 주어서는 안된다”는 대목에서 힌트를 얻은 간디는 압제에 대항하는 방법으로 무저항 불복종 운동(Satyagraha)을 창안했다. Satya는 ‘사랑’이자 ‘진리’이며, Agraha는 ‘힘’을 의미한다. 이를 합하면 ‘진실의 힘’, ‘사랑의 힘’이라는 의미이다.[26] 간디는 사랑이라는 예수의 가르침을 한 개인과 권력을 가진 지배 세력 사이의 관계에 접목했다.

그는 간디를 통해 자신의 사상을 발전시켰다. 간디가 시민 불복종 운동이라는 단순하면서도 심오한 접근을 통해 사람들로부터 엄청난 반향을 일으켰다는 점에 주목했다. 특히 그는 간디가 소금행진을 통해 놀라운 성과를 이루었고, 비폭력주의가 매우 유용한 설득 수단임을 알게 되었다. 그는 사회정의를 추구하는 피억압 상태에 있는 대중이 사용할 수 있는 가장

---

26 Clayborne Carson, 이순희 옮김, 『나에게는 꿈이 있습니다 – 마틴 루터 킹의 자서전』(서울: 바다출판사, 2000), 37.

강력한 무기가 바로 비폭력적인 저항이라고 확신하였다.[27]

마틴 루터 킹은 비폭력이 대중의 묵인이라는 무기력함과 폭력의 재앙을 극복할 수 있는 효과적인 행동 수단이라고 보았다. 그리하여 그는 대중을 설득하기 위해 전략적으로 비폭력을 선택했다. 그는 먼저 대중에게 비폭력운동의 개념을 설명하고, 이것이 매우 유용한 전략이라는 점을 설득했다. 그가 생각한 비폭력운동은 단순히 하나의 이론이 아니라 불공평한 사회적 상황을 개선할 수 있는 효과적인 행동수단이었다.[28]

그는 비폭력운동에는 불의의 존재 여부를 판단하는 데 필요한 사실들을 수집하는 단계, 협상의 단계, 자체 정화의 단계, 그리고 직접 행동하는 단계의 네 가지 단계가 있다고 보았다.[29] 그는 비폭력주의를 변화와 수단으로 활용하였다. 그에게 비폭력주의는 진보를 위한 발설음이며 성취수단이고, 정의와 진실의 방패이자 무기였다. 그는 흑인들에게 비폭력주의가 왜 필요한지 그 이유를 설명하는 데도 노력을 아끼지 않았다.

그가 비폭력주의를 대중들에게 설득하고 호소하는 전략은 흑인 대중과 백인 사회에 큰 영향을 미쳤다. 비폭력주의는 흑인들의 가슴과 영혼에 자존심과 열정, 용기를 불러일으켰으며, 백인들의 선한 양심을 자극하여 방어막을 허물었으며, 잃었던 양심을 회복시키는 계기가 되었다. 비폭력주의는 흑인 사회의 자성을 촉구하는 수단임과 동시에 집단적 변혁 운동의 시발점이 되었고, 나아가 백인 사회의 억압적 환경을 스스로 개선하도록 유도하는 수단이 되었다.[30]

그가 강조한 비폭력주의는 지배자들을 공격하거나 굴욕감을 주는 것이

---

27 같은 책, 48.

28 Donald T. Philips, 『마틴 루터 킹의 리더십』, 74.

29 Clayborne Carson, 『나에게는 꿈이 있습니다』, 242.

30 Donald T. Philips, 『마틴 루터 킹의 리더십』, 75.

아니라 그들과의 친밀감 및 이해를 구하는 것, 사회적 변혁과 생각의 변화를 이끌어 내는 것이 목적이었다. 아울러 흑인들에 대한 불평등 체제에 이미 익숙해진 사람들로 하여금 불평등 체제가 얼마나 비윤리적이고 잘못된 폐해를 낳는지를 자각하게 함으로써 불평등한 체제 자체를 바꾸는 것이 목적이었다. 그는 사람들에게 폭력으로 저항하려는 자들에게 폭력의 부작용을 지적하면서 설득했다.

> 폭력을 통해 살인자를 죽일 수는 있습니다. 그러나 그것은 또 하나의 살인에 지나지 않습니다. 폭력을 통해 거짓말쟁이를 죽일 수도 있습니다. 그러나 그렇다고 해서 진실을 얻을 수는 없습니다. 폭력을 통해 증오의 대상을 죽일 수도 있습니다. 그러나 거짓을 없앨 수는 없습니다. 어둠이 어둠을 물리칠 수는 없습니다. 오직 빛만이 어둠을 사라지게 할 수 있습니다.[31]

마틴 루터 킹은 대중들에게 폭력이 결코 대안이 될 수 없음을 분명히 했다. 폭력보다는 예수가 적용한 비폭력주의를 채택할 것을 주장했다. 예수가 모범으로 보여준 비폭력주의는 유약하고 비겁한 방법이 아니라 강하고 대담한 접근법임을 강조하였다. 그는 폭력보다는 차라리 비폭력을 택하는 것이 목적달성에 유리하다는 점을 간디의 예를 들면서 설득하였다.

그에게 있어서 비폭력운동은 '저항 운동의 안내등'이자 '생활양식'이었다. 그는 만나는 사람들에게 폭력에 내재된 위험성과 함께 비폭력의 진정한 의미를 일깨웠다.

> 폭력의 단점은 이 세상에 존재하는 악을 오히려 부추긴다는 데 있습니다. 폭력으로는 아무것도 해결할 수 없습니다. 증오는 사랑의 힘으로

---

31 같은 책, 76.

감싸 안아야 합니다. 뒤통수를 치는 일이 있어서는 안 됩니다. 백인을 사랑해야 합니다.[32]

마틴 루터 킹은 비폭력을 사람들에게 말로 설득하면서 호소하였을 뿐 아니라 실제 비폭력적인 방식을 모범으로 실천하였다. 1958년 9월 20일 그가 집필한 『자유를 향한 발걸음』 판촉 행사에서 사람들에게 사인해주고 있을 때, 평범해 보이는 한 여성이 탁자 앞으로 와서는 "킹 목사가 맞느냐"고 물었다. 그가 그렇다고 대답하자, 그녀는 가방에서 7인치 길이의 서류용 칼을 꺼내 느닷없이 그의 가슴을 찔렀다.

주변 사람들이 그녀를 붙잡고 급히 도움을 요청했다. 몇 분 뒤 응급요원들이 도착할 때까지 그는 가슴에 꽂힌 칼을 손으로 붙잡은 채 바른 자세로 의자에 말없이 앉아 있었다. 그는 미동도 없이 응급요원을 기다렸다. 그는 병원으로 이송되자마자 흉기를 제거하는 수술에 들어갔다. 수술이 끝났을 때, 담당 의사는 다행히 칼끝이 심장에 얹혀 있었다고 했다. "만일 재채기라도 했더라면 대동맥이 끊어져 엄청난 출혈이 있었을 것"이라고 말했다.

그는 합병증으로 폐렴까지 얻어 2주 동안 병원에 입원했다. 그는 자신을 공격한 여성이 심각한 정신 질환에 시달리는 사람이라는 것을 전해 듣고, 담당 형사에게 그녀를 처벌하지 말고 치료해 줄 것을 부탁했다.

1962년 9월 연설 도중, 덩치가 우람한 나치 소속의 24세 백인 청년이 갑자기 연단으로 뛰어 올라와 그의 멱살을 잡고 여러 차례 얼굴을 때리는 일이 발생하였다. 그러나 그는 허리를 똑바로 세우고 그의 폭행을 그대로 받아들였다. 그는 물러서지도 않았고 반격을 하지도 않았으며 오히려 백인 젊은이가 스스로 잘못을 깨닫기를 바랐다. 경찰과 몇몇 사람들이 급히

---

32 같은 책, 78.

연단에 뛰어 올라 청년을 저지시키고 그를 끌고 가려 하자, 그는 청년이 자리에 돌아가 앉을 수 있도록 요청했다. 그리고 이렇게 말했다.

> 이런 청년을 양성한 것은 바로 우리 사회체제입니다. 나는 이 청년의 처벌을 원치 않습니다. 내가 바라는 것은 이런 청년들을 양성한 사회체제를 바꾸는 것입니다.

마틴 루터 킹은 비폭력주의를 강조했을 뿐만 아니라 자신이 한 말을 그대로 실천했다. 그는 천여 명의 청중들이 지켜보는 가운데 자신의 뺨을 때리는 이에게 다른 쪽 뺨을 내미는 용기 있고 헌신적인 행동을 보여줌으로써 자신이 강조한 비폭력주의를 실천했다.

마틴 루터 킹은 35세의 나이로 최연소 노벨 평화상 수상자가 되었다. 그가 노벨 평화상을 받게 되었던 것은 1963년 버밍엄 운동과 워싱턴 행진에 쏟아진 언론의 관심으로 인한 결과였다. 그동안 미국에서 진행되었던 민권운동에서 그가 보여준 탁월한 리더십에 전 세계의 이목이 집중된 결과였다. 그는 노벨 평화상으로 받은 상금(5만 4천 달러) 전액을 미국 민권운동을 위한 기금으로 기부했다.[33]

백신의 황제 이종욱 WHO 사무총장은 인간적인 매력을 겸비한 서번트 리더였다. 그는 1983년부터 남태평양 사모아의 린든 존슨 병원에서 한센병 치료와 연구를 하다 피지의 WHO 남태평양 지역사무처에서 일하면서 '아시아의 슈바이처'라는 별명으로 불렸다. 그는 1994년부터 WHO의 주요 직책을 역임하면서, 소아마비 백신 보급으로 1년 만에 세계 인구 1만 명당 1명 이하로 유병률을 낮췄다. 2003년 2월 이종욱은 WHO 사무총장

---

33 같은 책, 213.

에 당선되었다.[34]

이종욱은 학생 때부터 독서를 즐겼는데, 고등학생 시절에 토머스 하디의 작품을 원서로 읽었다. 그는 카뮈의 페스트를 원어로 읽으려고 프랑스어를 배웠고, 가와바타 야스나리의 소설을 읽으려고 일본어를 독학하기도 했다. 셰익스피어의 희곡을 오디오 책으로 듣고 WHO 사무총장 선거 운동에서 인용하기도 했다.

그가 WHO 사무총장으로 있을 때, 그의 서번트 리더십은 빛을 발했다. 2003년 사스가 발생했을 때, 그해 7월 사무총장 취임 즉시 전략 보건 운영 센터를 설치해서 30분 내에 긴급회의를 열 수 있도록 했다. 2009년 신종 플루와 2015년 메르스 때에도 긴급 대처를 위해 이 센터가 작동되었다.

그는 불필요한 예산을 절약하여 더욱 필요한 곳에 효과적으로 사용하도록 했다. 이를 위해 본부 사무국 예산과 인력을 줄이고 대신 빈곤지역의 의료 지원을 늘렸다. 그가 결핵국장으로 있을 때에는 국제의약품기구를 설립하고, 약값 때문에 치료를 받지 못하는 19개국 빈곤 국가를 지원했다. 그는 북한도 방문해서 6만 명분의 결핵 치료제를 지원했다. 그는 에이즈 퇴치와 조류 독감 치료, 동남아시아 지역의 쓰나미 보건 대책, 파키스탄 지진 재난 구호 등에도 큰 발자취를 남겼다.

WHO 운영에 드는 막대한 예산 중 절반 이상이 각국 정부와 기업, 재단 등이 기금으로 충당되는데, 그는 기금 모금에도 뛰어나 백신국장 시절 백신 연구기금을 1,500만 달러에서 7,000만 달러로 늘렸다. 그의 지론은 명분 있게 잘 쓸 수 있는 사업계획을 만들면 기부금은 들어온다는 것이었다. 테니스 스타 마르티나 힝기스도 백신 기금에 7만 5,000달러를 내놓았

---

34 김명자, 『팬데믹과 문명』 (서울: 까치, 2020), 108.

다.[35] 빌 게이츠도 그에 대한 신뢰로 7억 5,000만 달러를 기부했다. 그는 2004년 타임지 선정 100인에도 선정되었다.

이종욱은 검소하고 성실한 리더였고, 솔선수범하면서 행동하는 지도자였기에 인간적인 매력이 넘쳤다. 1년 중 150일 출장으로 30만 킬로미터 거리를 비행하면서도 항상 이코노미 좌석을 이용했다. 또한 제네바 인근의 월세 아파트에 살면서 환경 보호를 위해 1,500cc짜리 하이브리드 자동차를 탔다.[36]

그의 일본인 부인 레이코 여사는 1972년부터 한국에서 한센병 치료에 봉사하다가 1976년 이 박사를 만나 3년 후 결혼했고, 결혼 후에도 부인은 1년의 절반은 페루에 가서 봉사활동을 하며 살았다. 하지만 애석하게도 이종욱 박사는 61세이던 2006년 5월 뇌경색으로 갑작스럽게 세상을 떠났다.

2) 겸손과 열정

겸손은 진실하고 가식이 없으며 거만한 태도로 뽐내지 않는 겸허한 성품이다. 조지 워싱턴은 언제나 편지 말미에 "당신의 보잘것없고 충직한 하인"이라는 표현으로 끝을 맺었다.[37] 그는 미국의 독립전쟁을 승리로 이끌고 초대 대통령이라는 막강한 권력을 누렸지만, 언제나 서번트라는 자기 인식을 잊지 않으려 노력했다.

서번트 리더는 겸손한 자세로 열정을 품고 자신의 사명을 묵묵히 감당하는 사람이다. 열정(enthusiasm)이라는 말은 "en theos"라는 말에서

---

35 같은 책, 109.

36 같은 책, 110.

37 R. K, Greenleaf, 『서번트 리더십 원전』, 220.

유래되었는데, 'en'은 '안에서'라는 뜻이고, 'theos'는 '하나님'이라는 뜻이다. 즉 하나님 안에서 진정한 열정을 찾을 수 있다는 의미이다. 조지 버나드 쇼는 다음과 같이 확신에 찬 열정을 밝혔다.

> 내게 삶은 잠깐 타다 꺼지는 촛불이 아니다.
> 삶은 내가 이 순간을 위해 꼭 쥐고 있어야 할 찬란한 횃불이다.
> 나는 이 횃불을 다음 세대에 넘겨주기 전에 최대한 밝게 빛내고 싶다.[38]

『지도밖으로 행군하라』에서 한비야는 월드 비전(World Vision)의 긴급 구호팀장으로서 아프가니스탄, 이라크, 아프리카에서 일했던 자신의 경험을 다음과 같이 회고하였다.[39]

> 기쁘고 즐거운 일이 더 많았지만 지치고 힘든 날도 많았다. 과도한 업무와 스트레스로 몸과 마음이 곤죽이 되면 저절로 이런 생각이 떠오르곤 했다.
>
> 정말 힘들어 죽겠군. 이렇게 무리하게 일하는 데가 세상에 어디 있어?
>
> 무쇠로 만든 사람이라도 녹고 말겠다.
>
> 그러나 이렇게 입이 댓말이나 나와 죽겠다고 아우성치면 내 안의 내가 곧바로 튀어나와 이렇게 묻는다.
>
> "누가 시켰어? 그렇게 힘들면 그만두면 되잖아?"
>
> 그러면 나는 불에 데기라도 한듯 화들짝 놀라며 즉시 대답한다. "누가 그만두겠대? 말이 그렇다는 거지."
>
> 마음 속의 불평불만과 몸의 고단함이 이 대답과 함께 한순간에 쏙 들어가 버린다. 그러면 그 내 안의 내가 다시 묻는다. "왜 계속하고 싶은

---

38 같은 책, xxii.

39 한비야, 『지도 밖으로 행군하라』 (서울 : 푸른숲, 2006), 282.

건데?"

답은 아주 간단하다. 이 일이 내 가슴을 뛰게 하기 때문이다. 내 피를 끓게 하기 때문이다.

참말이지 5년 동안 해 왔지만 지금도 긴급구호라는 말만 들어도 몸이 뜨거워지고 마음은 어느덧 현장에 가 있다. 이 견딜 수 없는 뜨거움, 이 마음이 식기 전에는 긴급구호를 그만둘 수가 없다. 마음이 온통 여기에 있는데 무슨 다른 일을 할 수 있을까? 미련도, 후회도, 원망도 없다.

여행가였던 한비야가 긴급구호 팀장으로 일하게 된 것은 아프리카 케냐를 여행할 때, 사십대 중반의 케냐인 안과의사를 만났던 경험 때문이었다. 이 의사를 만나려면 대통령도 며칠씩 기다려야 할 정도로 유명한 의사였다. 그럼에도 그는 강촌에서 전염성 풍토병 환자들을 아무렇지 않게 만지며 치료하고 있었다. 궁금해진 한비야가 "당신은 유명한 의사이면서 왜 아무도 알아주지 않는 이런 험한 곳에서 일하고 있어요?"라고 물었다.

그러자 이 의사는 활짝 웃으면서 "내가 가지고 있는 기술과 재능을 돈 버는 데만 쓰는 건 너무 아깝잖아요. 그러나 무엇보다도 이 일이 내 가슴을 몹시 뛰게 하기 때문이지요."라고 대답했다. 그 말을 듣는 순간 한비야는 벼락을 맞은 것처럼 온몸에 전율과 짜릿함을 느꼈다. 한비야는 서슴없이 가슴 뛰는 일을 하고 있다고 말하는 그 의사가 몹시 부러웠고, 자신도 언젠가 저렇게 말할 수 있다면 얼마나 좋을까 생각했다.

누구에게나 뜨거운 열정이 숨어 있고 그 열정은 휴화산과 같아서 아직 밖으로 분출하지 못하고 있지만, 열정의 분출구를 찾게 되면 엄청난 에너지를 뿜으며 자신의 모습까지 바꾸어버린다. 케냐의 한 의사가 품었던 겸손과 열정의 불꽃은 한비야의 마음에 불을 붙였고, 한비야에게 타올랐던 열정은 긴급구호 현장에서 뜨겁게 타올랐다. 서번트 리더는 자신의 열정을 분출할 사명을 발견하고, 겸손한 태도로 섬김의 자리로 내려가 열정의 불꽃으로 타오르는 사람이다.

3) 희생과 봉사

자기 자신을 넘어서지 못하는 사람들은 보통 이기적이고 불안정하다. 하지만 영향력을 발휘하는 서번트 리더는 희생정신으로 봉사를 실천한다. 알버트 슈바이처는 희생과 봉사가 지닌 가치를 다음과 같이 강조하였다.

> 다른 사람들보다 더 많이 받은 것들, 즉 건강, 재능, 능력, 성공, 기타 모든 것들을 당신 자신만을 위해 사용하려고 해서는 안 된다. 모든 고마운 행운을 감사하며, 자신의 생애를 다른 사람을 위해 희생할 수 있어야 한다.[40]

서번트 리더는 자신의 신념과 공동체의 유익을 위해 섬김과 봉사의 정신으로 희생을 주저하지 않는 사람이다.

리더는 더 높이 오르기 위해 많은 것을 포기해야 한다. 챔피언이 되면 도전자의 도전을 받기 위해 경기력을 더욱 향상시키고, 최상의 컨디션을 유지하기 위해 힘써야 하듯이 높이 오르면 오를수록 더 많은 것을 포기해야 한다. 훌륭한 리더일수록 영향력을 발휘하기 위해 많은 것을 포기하고 희생해야 한다. 마틴 루터 킹 목사의 아내였던 코레타 스토트 킹 여사는 『킹 목사와 함께 한 나의 생애』라는 책에서 인권 운동을 하는 동안 얼마나 고통스럽고 힘든 날을 보냈는지 다음과 같이 회고하였다.[41]

---

40 John C. Maxwell, 윤순식 옮김, 『성경에서 배우는 불변의 법칙』 (고양: 청우, 2002), 188.

41 J. C. Maxwell, 『리더십의 21가지 불변의 법칙』, 264.

날마다 전화벨이 울렸다. 어떤 사람은 입에 담지 못할 욕설을 퍼부었다. 이곳에서 꺼지지 않으면 죽여버리겠다는 협박으로 끝났다. 그러나 이런 모든 위험과 사적인 생활을 방해받는 가운데서도 나는 영감을 느꼈고 기운이 고양되었다.

킹 목사는 시민운동을 이끄는 과정에서 여러 차례 붙잡히고 투옥되었다. 그는 돌에 맞기도 하고, 칼에 맞기도 했으며, 신체적인 공격을 여러 번 받았다. 그의 집에 폭탄이 떨어져 불타기도 했다. 하지만 그의 영향력은 더욱 커져만 갔다. 궁극적으로 그는 모든 것을 희생했고, 포기해야 할 것을 기꺼이 포기했다.

"이 땅에 장애인은 없다. 있다면 인간이 존재할 뿐이다." 위르겐 몰트만(Jürgen Moltman)이 강조한 이 말은 이종만 목사가 지금까지 장애인들과 함께 살아온 이유이며, 그리스도인으로서 가치 있는 삶을 되새기는 질문이라고 고백했다.[42] 이종만 목사는 장애인들이 겪는 삶의 고통을 조금이라도 줄이는 일에 자신의 삶을 드리기로 하고, 장애인들 곁에서 함께 슬퍼하며 기뻐하며 머물다가 떠나기로 결심한 지 40년을 넘어섰다.

한국의 농아인 선교는 1909년으로 거슬러 올라간다. 북감리교 선교사였던 로제타 셔우드 홀(Rosstta Sherwood Hall) 여사가 평양맹아학교에 농아부를 설립하면서부터 농아인 선교가 처음 시작되었다. 당시에는 맹인을 위한 학교 중심이었기 때문에, 농아들에 대한 교육은 활발하지 못했다. 그러다가 1946년 한경직 목사가 목회하던 영락교회에 농아 전도부가 설립되면서 농아인 선교가 본격적으로 진행되었고, 이후 전국적으로 확대

---

42 이종만, "기독교 대학으로서 사랑의 빛: 실존의 본질성", 『제3회 동천포럼 자료집』, 39.

되었다.[43]

경북 안동 지역은 1967년 안동서부교회 농아학교에서 시작되었다. 이후 안동 농아인교회는 안동서부교회의 후원을 받아 1993년 독립하였다.[44] 예배는 주일 오전과 오후, 그리고 수요예배를 드렸고, 새벽기도회는 고난주간이나 절기에 맞추어 특별새벽기도회 형식으로 실시했다. 대부분의 농아인들은 새벽에 일어나는 것이 쉽지 않았고, 나눔 공동체에서 밤늦은 시간까지 일을 했기 때문에 새벽기도회는 현실적으로 어려웠다. 금요기도회는 없었고, 토요일에는 농아인 청년들이 함께 모여 예배를 드리며 친교를 나누었다.

이종만 목사는 농아인들의 어려운 경제와 자녀교육의 어려움을 지켜보면서 함께 땀 흘리고 서로 위로하며 더불어 살아가는 공동체가 필요함을 절실하게 느꼈다. 그는 장애인 스스로 노동의 기쁨을 누리며 의미 있는 삶을 누릴 수 있도록 장애인들의 자립을 위한 방안을 모색하였다. 그가 품었던 소망과 기도는 10년 후인 1994년 1월 22일 장애인자활자립장인 나눔공동체를 설립함으로 이루어졌다.

나눔공동체는 장애인들이 자립할 수 있는 삶의 터전을 제공하고, 현실에서 겪는 삶의 무게를 조금이라도 줄이기 위하여 시작되었다. 정부나 사회가 미처 관심을 기울이지 못했던 시절, 이랜드 그룹의 도움을 받아 장애인 직업재활시설인 의류가공공장을 세웠다.[45] 초창기에는 기술이 서툴고 의사소통이 되지 않아 어려움이 많았다. 하지만 설립 1년 후에는 장애인 45명과 비장애인 38명이 하루 1,700장의 남방을 만들 정도로 발전하였

43 류시완, 「경북 안동 농아인교회의 역사」, 장로회신학대학교 대학원 석사학위논문, (2008), 1.

44 같은 책, 2.

45 같은 책, 59.

다. 이랜드 그룹 계열의 헌트, 언더우드, 이랜드, 스코필드, 브렌타노, 리틀브랜, 이랜드 주니어 등의 다양한 브랜드의 옷을 계절에 따라 여러 모양으로 만들었다. 아침 8시 30분에 일을 시작하여 저녁 5시 30분까지 8시간 일하고, 보통 2시간 이상 연장 근무를 했다. 서로 간에 호흡이 잘 맞으면 힘든 일도 즐거웠지만, 종종 발생하는 불량품과 여러 사건들로 인해 어려움도 많았다.[46]

이종만 목사는 당시 소유하고 있던 대지와 시설 평가액인 6억 4천만 원과 보유 현금 5,000만원인 6억 9천만 원을 정부에 출현하고 2002년 사회복지법인 '유은복지재단'을 설립하였다. 지적, 발달, 뇌병변, 정신, 청각, 언어, 지체 장애인들과 새터민, 고령자 모두가 하나님의 백성이요, 스스로 납세의 의무를 이행하는 대한민국 국민으로서 떳떳하게 살아갈 수 있도록 도와 마침내는 예수 그리스도의 '사랑의 빛'의 가치를 드러내기 위함이었다.

지금까지의 모든 일이 오직 하나님의 은혜로 된 것임을 고백하며 '오직 은혜'라는 뜻의 '유은(唯恩)'을 복지재단의 이름으로 정했다. 유은복지재단은 장애인 스스로 일하면서 살아가는 장애인직업재활시설과 장애인근로작업장으로서 경상북도에서는 첫 번째로 허가받은 기관이 되었다.[47]

이후 운영상의 어려움 때문에 봉제사업을 중단하고 새싹채소를 조사연구하면서 새싹을 재배하기 시작했다. 2004년 5월에 새싹채소 분야에서 한국장애인복지시설협회 품질인증지원 사업에 선정되었고, 6월부터 새싹채소 재배와 판매를 시작하였다. 그해 11월에는 새싹채소가 친환경농산물 인증을 획득했고, 12월에는 환경시스템인증서와 품질시스템인증서를

46 같은 책, 61.

47 같은 책, 64.

받았다.[48] 이후 새싹 사업이 안정되어 어린잎 채소와 콩나물 등 친환경농산물을 생산하고 현수막을 제작, 판매하고 있다. '유은복지재단 나눔공동체'는 웰빙 식자재로 주목받는 새싹채소를 재배해 전국 슈퍼와 대형마트 등에 공급하는 사업을 통해 2014년 29억 원의 매출을 올렸다.

이종만 목사는 유은복지재단의 설립 취지를 다음과 같이 밝히면서 복지재단을 통해 그동안 느낀 보람을 이야기했다.

> 몸이 불편한 장애인들이 단순히 사회나 정부로부터 동정과 시혜의 대상으로 살아가는 것은 바람직하지 않다고 생각했다. 스스로 땀 흘리며 열심히 일해 대한민국 국민으로서 세금을 납부하는 자랑스러움을 느낄 수 있도록 하고 싶었다.
>
> 2000년대 후반 사회적기업이 주목받기 전부터 일생을 바쳐 공동체의 사회적 목적을 지키기 위해 노력했다. 주저앉고 싶은 순간이 많았지만, 그때마다 제일 밑바닥을 치면 올라가는 일밖에 없다는 신념을 갖고 견뎌냈다.
>
> 사회적기업을 너무 쉽게 생각하고 접근하면 나중에 접는 일도 쉽게 된다. 얼마나 큰 의지를 갖고 버티는지가 중요하다. 이곳에서 돈을 벌어 부모님과 외식도 하고 영화도 보러 다니고 생계를 꾸리는 이들이 모인 곳이다. 목마른 사람이 우물을 파는 심정으로 공동체를 꾸렸다. 사회적 기업으로서 시장 경쟁력을 갖추기 위해서 장애인 시설이 보호 대상이라는 발상 자체를 버렸다.[49]

유은복지재단은 장애인들의 경제적인 자립과 신앙의 성숙을 도우며 하나됨과 사랑과 나눔의 신앙공동체를 실현하고 있다. 그동안 많은 어려움이 있었지만 유은복지재단은 사회적 약자들에게 일자리를 제공하면서 그

---

48 같은 책, 67.

49 https://news.v.daum.net/v/20151214143019223 (2020년 5월 15일 검색)

들 스스로 자립할 수 있는 삶의 터전을 제공하고 있다. 이러한 결실은 이종만 목사의 서번트 리더십과 희생정신이 맺은 아름다운 결과이다.

3. 협력의 법칙

1) 아치발드 캠벨과 신발 끈 늘리기

아치발드 캠벨(Archibald Campbell, 감부열) 선교사는 1954년 계명대학을 설립할 때 초대 학장에 취임하여 학교 운영에 적극적으로 참여하였으며, 아담스 선교사와 함께 캠퍼스 부지 확보에 공헌하였다. 계명대학을 설립하기 위해 아담스 선교사와 캠벨 선교사는 1954년 11월 8일 문교부에 법인설립 인가를 신청하고 캠퍼스 부지 선정과 매입에 착수하였다. 당시 4년제 대학 설립을 신청하기 위해서는 일정한 교지와 시설을 반드시 갖추고 있어야 했다. 이를 위해 캠벨 선교사는 캠퍼스 조성에 대한 총책임을 맡았다.

미국 북장로교 해외선교부로부터 대학 설립자금으로 지원받은 9만 달러 중 4만 달러를 먼저 지원받아 사용하였고, 나머지 5만 달러는 향후 운영경비로 5년간 나누어 받기로 하였다. 하지만 해외선교부로부터 지원받은 자금은 학교 건축에 턱없이 부족했다. 그는 부족한 대학 설립자금을 짧은 신발 끈에 비유하여, '신발 끈 늘이기 작전(shoestringistics)'에 돌입하였다.

'신발 끈 늘이기 작전'은 아이젠하워 대통령의 제안으로 창설된 미 육군 대한지원단(Armed Forces Aid Assistance to Korea, AFAK)의 도움을 받아 대학 건축을 진행하는 계획이었다. 1636년 미국 하버드대학교를 설립했던 하버드나 1701년 예일 대학을 설립했던 예일처럼, 외부의 후원이나 원조를 통해 부족한 자원을 충당하자는 계획이었다.

당시 미 육군은 원조 프로그램을 통해 학교, 병원, 고아원 같은 공공건물뿐 아니라 교회 건축에 필요한 자재들까지 지원하였다. 미군은 건물을 짓는 데 건축자재를 지원했지만 직접 공사에 참여하지는 않았다. 공사에 대한 자문 역할만 하였다. 캠벨 학장은 뒤늦게야 이 프로그램을 알게 되었고, 맥고우 장군의 도움으로 미 육군의 지원을 받을 수 있었다. 그리하여 대명동 본관 건축 시에 목재, 시멘트, 벽돌, 유리, 기와 등 6만 달러 상당의 건축자재를 지원받을 수 있었다.

캠벨 학장은 직접 학교 건물을 설계하고, 교가를 짓고 교기와 학교 직인도 만들었고, 학칙 제정, 교복 선정, 본관 강단 의자 제작과 구입, 강의실용 의자 디자인 및 도색, 캠퍼스 조성을 위한 나무 심기 등 학교 운영과 관련하여 수많은 업적을 남겼다. 그는 학생들을 가르치고 함께 일하는 것을 좋아했다. 그는 학생들과 친근한 관계를 맺으려고 자전거를 타고 출퇴근했다. 유머와 위트를 지닌 그는 음악과 시를 좋아하였고, 인자한 성품으로 한국인들을 위해 온 마음과 정성을 다해 봉사했다. 예술적 재능도 겸비한 그는 많은 그림을 남겼다.

2) 조지 워싱턴 카버와 나눔의 정신

땅콩박사로 유명한 조지 워싱턴 카버(George Washington Carver, 1864~1943)는 남북전쟁 초기, 미국 남부지방의 농장에서 흑인 노예로 태어났다. 그가 태어난 지 일주일쯤 되었을 무렵, 노예 상인들이 쳐들어와 그의 어머니 메리와 그의 누나 멜리사와 조지를 붙잡아 켄터키주로 끌고 갔다.

모지스 카버는 존 벤틀리라는 사람에게 "메리를 찾아오면 밭을 주겠다"고 제안해서 메리를 되찾으려 했으나, 조지밖에 찾아오지 못했다. 모지스 카버는 조지를 찾아온 뒤, 자신의 성을 주어 조지 워싱턴 카버로 불렀다. 조지 워싱턴 카버는 태어날 때부터 체질적으로 허약해서 사람들은 그가 오래 살지 못할 것으로 예상했다. 하지만 그는 용케도 죽지 않았다. 흑인이었던 그는 자라면서 말로 표현할 수 없는 억압과 차별을 겪었다.

당시 흑인이 학교를 다닌다는 것은 쉽지 않는 일이었다. 그렇지만 배움에 대한 카버의 뜨거운 열정과 새로움에 대한 끊임없는 호기심은 그칠 줄 몰랐다. 흑인에게 고등학교 진학이 쉬운 일이 아니었으나, 그는 캔자스주 미니애폴리스 고등학교를 졸업했다. 그는 대학입학을 원했으나, 인종차별로 입학을 거부당하기도 했다.

다행히 그는 아이오와 농과대학교(현, 아이오와 주립대학교)에 진학하여 식물학을 전공하였다. 그는 부모가 없었기에 학비를 스스로 벌어야 했다. 그는 서른이 훨씬 넘은 나이에 대학을 졸업할 수 있었고, 구두닦이에서 세탁업에 이르기까지 수많은 일을 했다. 대학 재학 시절, 그가 교내 식당에서 입장을 금지당하자, 그를 대학에 추천했던 버드 교수의 친구가 학교 당국에 강력히 항의하여 차별이 개선되었다.

그는 흑인 학생으로서 첫 졸업생이 되었다. 학위 취득 후, 그는 모교의 실험농장에서 연구원으로 일했다. 그는 남부에 있는 흑인 농부들을 가르치는 데 힘썼다. 남부의 목화농업이 바구미 때문에 몰락하자, 그는 농부들에게 고구마와 땅콩 같은 작물을 재배하도록 권했다.

농부들이 땅콩을 많이 재배하면서, 땅콩이 넘쳐나기 시작했다. 그는 남아도는 땅콩을 처리하기 위해 땅콩버터, 인조고기, 빵, 땅콩 우유, 음료 등과 같은 땅콩을 원료로 수백 가지의 제품을 만들고 상품을 개발하였다. 그는 또한 남부 농민들의 권익을 보호하기 위해 땅콩 수입에 관세를 매기는 보호무역을 미국 의회에서 주장하기도 했다.

그는 인종차별로 인한 제한된 자원과 기회에도 불구하고 탁월한 성취를 이루어냈다. 조지 워싱턴 카버가 주는 교훈은 다음 세 가지이다. 첫째, 끊임없는 탐구 정신과 배움에 대한 뜨거운 열정이다. 둘째, 어떤 고통과 억압과 핍박에도 굴하지 않는 끈기와 추진력이다. 셋째, 자신에게 맡겨진 사명에 대해 목숨을 걸 정도의 책임감이다.

카버는 어릴 때 어떤 아주머니의 도움으로 공부를 계속할 수 있었다. "네가 배운 것을 다시 네 동족에게 꼭 나누어 주어라."는 그 아주머니의 말이 카버의 인생을 지배하였다. 진정한 사랑은 자신의 것을 온전히 나누는 데 있음을 이 아주머니로부터 배웠고 그는 평생 이 가르침을 실천하기 위해 힘썼다.

3) 솔라 카우와 클라우드 펀딩

사회안전망이 취약한 아프리카 저소득국은 식량문제뿐만 아니라 에너지 부족, 열악한 교육여건 등으로 많은 어려움을 겪고 있다. 솔라 카우(Solar Cow)는 아프리카 아이들이 학교에 와서 휴대폰을 충전해가기 때문에 아이들에게 교육 기회를 제공한다. 또한 솔라 밀크(Solar Milk)의 태양광 에너지 조명은 등유 램프를 대체하므로 온실가스와 탄소배출을 줄이는 데 기여한다.

솔라 카우는 젖소를 형상화한 태양광 충전시스템이다. 젖소의 등에는 태양광 패널이, 배 쪽에는 우유병 모양의 보조배터리를 꽂을 수 있는 충전기가 있다. 2018년 아프리카 케냐의 오지 마을 포콧의 한 학교에서 솔라카우가 처음 설치되었다. 아이들은 등교하자마자 보조배터리를 솔라 카우에 꽂은 뒤 충전되는 4~5시간 동안 수업을 듣는다. 수업이 끝나면 충전된 보조배터리를 들고 집으로 향한다.

보조배터리는 각 가정에서 전등을 켜고 휴대폰을 충전하는 등 요긴하게 사용된다. 솔라카우 1대는 250가구에서 쓸 수 있는 태양광 에너지를 생산한다. 보조배터리 1개의 용량은 2900mAh로 2G폰 한 대를 충전하고 전등 4시간을 켤 수 있는 양이다. 솔라 카우는 현재 케냐 3곳, 탄자니아 2곳, 캄보디아 1곳의 학교에 설치되어 운영 중이다. 솔라 카우의 수혜자는 가족을 포함해 약 5,000명에 이른다.

솔라 카우를 개발한 요크(YOLK)의 장성은 대표는 아프리카 극빈층 아이들이 학교 대신 일터로 보내지고, 부모는 휴대폰 충전을 위해 상당한 돈을 지불한다는 점에 착안해, 아이들을 학교에 보내는 가정에 전기를 공짜로 제공하는 아이디어를 접목시켰다. 장성은 대표는 시카고 예술대학(School of Art Institute of Chicago)에서 디자인을 전공하면서 창의적 수업을 많이 경험했다.

그녀는 대학을 졸업한 뒤 이탈리아에서 디렉팅에 관해 더 공부한 후, 태양광 에너지와 디자인을 활용해 사회 문제를 해결하는 요크를 창업했다. 요크는 2014년 태양광 제품을 처음 만들었고, 2015년에는 태양광 충전기 '솔라 페이퍼'가 미국 크라우드 펀딩 서비스 킥스타터에서 100만 달러(약 12억 원) 투자 유치에 성공했다.[50]

솔라 카우 프로젝트(Solar cow project)는 태양광을 활용한 전기 생산과 에너지 비용 절약, 교육 문제 해결이라는 일석삼조의 효과를 거두면서 아프리카 각국으로 확대되고 있다. 솔라 카우는 2019년 미국 시사주간지 타임이 선정한 '최고 발명품 100선'에 선정되었으며, 2020년 세계 최고의

---

50 "아프리카 아이들을 구한 한국인의 보조배터리, 솔라카우" https://cafe.daum.net/push21/MJtb/526?q=%EC%86%94%EB%9D%BC%20%EC%B9%B4%EC%9A%B0 (검색 2020년 2월 10일)

테크쇼인 세계가전전시회(Consumer Electronics Show)에서 혁신상을 받은 것을 비롯해 한국 기업 최초로 베를린 그린테크 페스티벌에서 그린 어워드(Green Award) 상을 받았다.

요크는 크라우드펀딩을 통해 기부 문화를 확산시키고 있다. 킥스타터에서 시작한 크라우드펀딩은 솔라 밀크(보조배터리)를 직접 구입하거나 혹은 기부하는 형태로 구매 금액은 개발도상국의 학교에 솔라카우를 설치하는 비용으로 사용된다. 솔라 카우 시스템은 비용이 많이 들기 때문에 개인 후원만으로 운영하기는 쉽지 않다. 그래서 크라우드 펀딩으로 십시일반 모아 후원하는 형태로 기획했다. 아프리카 속담에 "한 명의 아이를 기르는 데 온 마을이 필요하다"는 말처럼, 솔라 카우 프로젝터는 많은 사람들의 참여를 이끌어 내었다.

장성은 대표는 "솔라 밀크에는 개인 ID 코드가 부여돼 충전 기록을 포함해 출석률 등 효과 추적이 가능하다"면서 "기부자들에게는 옵션 형태로 데이터를 보냄으로써 투명성과 보람이라는 두 마리 토끼를 잡는 새로운 기부문화를 만들려고 한다"라고 덧붙였다.[51] 이처럼 IT기술을 이용해 후원 성과를 기부자들과 함께 공유하는 것은 매우 창의적 발상이다.

4) 배상민 교수와 나눔 프로젝트

배상민 교수는 자신을 3D(Dream, Design, Donate)로 표현했다. 그는 파슨스 디자인 스쿨 졸업 작품에서 1등을 했고, IDSA 학생 디자인 대회(IDSA Student Merit Awards)에서 우승했다. 그는 졸업 후 세계 최고의 디자인 회사인 스마트 디자인(Smart Design)에 특채로 입사했으며,

---

51 "크리스마스 선물로 '솔라카우' 어때요?"
https://www.eroun.net/news/articleView.html?idxno=21048 (검색 2021년 1월 4일)

27살의 나이로 파슨스 디자인 스쿨에서 동양인 최초이자 최연소 교수가 되었다.[52]

그는 일류 기업들의 광고를 맡아 일하면서 짜릿하고 흥분되기도 했지만, 이것이 정말 자신이 하고 싶었던 일인지 되묻게 되었다. 제품의 디자이너로서 자신의 역할에 대해 진지하게 성찰하면서 고민하게 되었다. 디자인으로 제품을 더욱 화려하게, 값비싸게 사람들의 눈을 현혹할 수 있었지만, 자신이 하는 디자인은 아름다운 쓰레기를 만드는 것임을 깨달았다.

제품의 수명이 다하기 전에 쓰레기통으로 들어갈 물건을 만드느라 밤을 지새우고 아이디어를 짜내고 열정을 불사르는 일이 정말 자신이 원하는 삶인지 진지하게 되물었다. 그는 진정한 행복을 위해 소비주의 문화의 부속품으로 사는 것을 버리고, 다시 시작하기로 결심했다. 좀 더 가치 있는 디자인, 상위 10%가 아니라 하위 90%의 사람들을 위한 디자인, 인간애를 실천할 수 있는 디자인, 더불어 사는 공동체를 위해 자신의 재능을 쓰기로 하였다.[53]

배상민 교수가 주목한 것은 나눔(Donate)이다. 세상에는 눈앞에 보이는 인과관계와 손익관계를 벗어난 거대한 법칙이 있는데 그것은 바로 홍익인간(弘益人間), 즉 나눔의 정신이다. 그는 2005년 14년간의 뉴욕 생활을 정리하고 한국으로 돌아왔다. 디자이너로서 경력이나 명성을 우선시한다면 파슨스 디자인 스쿨에 있어야 하겠지만, 보다 의미 있고 가치 있는 디자인을 위해 그는 한국으로 돌아왔다.

그는 먼저 아프리카를 비롯하여 만성적인 물 부족 사태를 겪고 있는 제3세계 사람들의 생존 문제를 해결하기로 하였다. 이들 지역은 오랜 가뭄

---

52 배상민, 『나는 3D다』(서울: 시공사, 2105), 27.

53 같은 책, 28-29.

의 여파로 식수가 부족하고 오염된 물을 마신 뒤 병에 걸리거나 심지어는 죽음에 이르기도 한다. 언제 어디서나 손쉽게 정수할 수 있는 장치가 있다면 이들의 고통을 덜어줄 수 있을 것이라는 생각에 착안하여, 정수 필터를 꽂은 후 바로 뒤집는 바텀업(Bottom-up) 정수기를 개발했다.[54]

바텀업 정수기는 카보네이트 필터(carbonate filter)가 달린 뚜껑을 중심으로 위아래 두 개의 생수병을 연결한 것이다. 한쪽 병에 오염된 물을 넣은 후 모래시계처럼 뒤집으면 필터를 통해 정수된 깨끗한 물이 다른 병으로 모이는 원리이다. 한 개의 필터로 약 7리터의 물을 정수할 수 있다. 바텀업 정수기는 물 부족 국가에서는 정수기로, 비교적 물을 구하기 쉬운 곳에서는 필터에 녹차나 홍차 등 티백을 붙여 간편하게 차를 즐길 수 있게 만들었다. 필터 비용은 1달러 미만으로 누구나 이용할 수 있나.

배상민 교수는 2006년부터 월드비전과 함께 나눔 프로젝트를 진행하였다. 나눔 프로젝트는 처음부터 자선을 목적으로 제품을 개발하여, 수익금의 100%는 어려운 청소년들에게 장학금으로 기부하여 소비와 동시에 기부가 되도록 고안하였다.[55] 소비자가 각자의 필요에 따라 상품을 구매하면, 모든 수익금은 불우한 청소년들에게 기부된다.

선진국이 개발도상국을 상대로 저지른 노동력 착취가 이슈로 제기된 적이 있었다. 가령 스타벅스가 세계 최고의 원두를 사가면서도 아프리카의 커피 노동자에게는 하루 평균 1달러라는 최악의 인건비를 지급했다. 커피 한 봉지의 가격은 아프리카 현지에서 40센트인데, 스타벅스 매장에서는 40달러나 받으면서 사람들의 공분을 샀다.

반면 패션 브랜드인 갭(Gap)은 매출이 줄어 어려움에 직면하였지만,

54 같은 책, 178.

55 같은 책, 210.

목화를 따는 아프리카 노동자에게 적정한 노동의 대가를 주는 '에코 프렌들리(eco-friendly)' 캠페인을 벌였다. 갭은 착한 기업이라는 이미지로 소비자의 신뢰를 얻었고, 이를 통해 도약의 기회로 삼았다. 톰스 슈즈는 소비자가 신발을 한 켤레 구매할 때마다 남아메리카의 어린이들에게 신발을 한 켤레씩 기부하는 '1+1 캠페인'을 전개했다. 이를 통해 톰스 슈즈는 설립 6개월 만에 1만 켤레의 신발을 기부했다.

위의 사례들은 현명하고 똑똑한 소비를 통해 기업을 변화시키고, 세상을 정의롭고 공정하게 바꿀 수 있음을 보여준다. 소비자들은 공정하지 못한 방식으로 거래하는 악덕 기업에게는 나쁜 여론으로 불이익을 줄 수 있고, 착한 기업에게는 더 많은 구매를 통해 공익 활동을 늘리도록 할 수 있다. 배상민 교수는 착한 소비운동을 확산시키기 위해 나눔 프로젝트를 진행하고 있다.

배상민 교수는 크로스 큐브(Cross Cube)라는 접이식 MP3플레이어를 개발하였다. 펼치면 초콜릿처럼 납작한 형태의 십자가 모양인데, 모서리를 맞붙여 접으면 주사위 모양의 정육면체가 된다. 십자가의 가로는 나와 이웃의 관계를, 세로는 나와 하나님과의 관계를 의미하며, 네 방향으로 뻗은 십자가를 결합해 육면체가 되면 더 견고한 나눔공동체가 이루어진다는 의미를 담았다.[56]

각 면에는 커다란 버튼이 하나씩 달려있는데, 노인이나 어린이도 쉽게 사용할 수 있도록 하였다. 버튼 하나로 음량을 조절할 수 있고, 재생과 정지도 가능하기 때문에 누구나 쉽게 조작할 수 있도록 디자인하였다. 2008년 그가 크로스큐브를 제작하는 동안, 그의 마음을 짓누른 고민은 교수 재임용을 앞두고 이렇다 할 실적이 없었기 때문이었다. 카이스트는 교수

---

56 같은 책, 223.

들의 논문 발표나 연구 성과를 평가 기준으로 삼는데, 그가 매달려 있는 나눔 프로젝트는 금전적인 이익이 없을뿐더러, 연구실적으로 인정받을 수도 없었기 때문이었다.

우여곡절 끝에 완성된 크로스큐브는 청계천에서 열린 나눔 프로젝트 출정식에서 공식 판매 시작과 동시에 15,000개가 그 자리에서 매진되었고, 수입금 3억 원은 장학금으로 전달되었다. 놀랍게도 그해 IDEA(International Design Excellence Awards)에서 크로스큐브가 은상을 받았다. 「비즈니스 위크」가 주관하는 IDEA는 세계 50개국에서 6,000점 이상의 작품이 참가하는 세계 최고의 디자인 대회인데, 이곳에서 애플의 아이팟을 제치고 은상을 차지했던 것이다.[57]

2008년 8월 「비즈니스 위크」는 IDEA 수상작에 관한 특집기사를 실으며, 애플의 아이팟을 이긴 놀라운 제품이라는 타이틀로 크로스큐브에 상당한 페이지를 할애했다. 우연히 이 기사를 접한 카이스트의 교수들과 총장이 애플을 이긴 점을 높이 평가하여 교수 평가에서 좋은 점수를 주었고, 이로 인해 재임용 심사도 무사히 통과하였다.[58]

배상민 교수는 2008년 12월 나눔 프로젝트의 세 번째 작품으로 러브팟(Love-pot)이라는 친환경 가습기를 개발했다. 러브팟은 화분 형태의 본체에 물을 담고 하트 모양의 티슈볼을 꽂아 사용하는데, 화분은 물을 보관하는 역할을 하고 물을 머금은 티슈볼은 가습기 역할을 한다. 얼핏 생각하면 물을 채워 사용하기 때문에 기존 가습기와 유사하지만, 러브팟의 차별화된 특징은 자연 증발 효과가 있다는 것이다.[59]

---

57 IDEA에서 금상은 소니의 플레이스테이션이 받았고, 동상은 애플의 아이팟이 받았다. 같은 책, 225.

58 같은 책, 226.

59 같은 책, 230.

그는 전기를 사용하지 않는 친환경 가습기를 위해 벌집 구조를 응용했는데, 벌집은 최소한의 면으로 공간을 최대한도로 활용하는 특징이 있다. 이러한 벌집 구조를 따서 만든 티슈볼을 통해 가습 효과를 극대화했으며, 면보다 물을 세 배 정도 빠르게 빨아들이고 증발시키는 울 펠트를 소재로 사용했다. 러브팟은 1평 규모의 실내에 젖은 티셔츠 열 장을 널어 놓은 것과 같은 가습 효과를 발휘하도록 하여 아이나 노약자, 환자가 안심하고 사용할 수 있도록 했다.

나눔 프로젝트의 다섯 번째 상품인 딜라이트(D'light)는 사용자가 전등갓의 형태를 마음대로 바꿀 수 있는 스탠드 조명이다. 일반적인 전등갓의 기본 형태인 A라인 스커트 모양에서 윗부분을 아래로 내리면 각도에 따라 천사의 날개 모양을 연상시키는 엔젤 윙이, 215도로 내리면 하트가 되게 만들었다. 전등갓은 이외에도 수많은 모양으로 연출할 수 있으며, 갓의 형태에 따라 빛의 밝기와 방향도 달라지게 했다.[60]

딜라이트는 기부금(donative)과 빛(light)의 합성어이기도 하지만, 큰 기쁨을 준다(delight)는 의미도 있다. 전등갓이 가장 밝을 때는 하트 형태인데, 나눔이 어둡고 소외된 곳을 밝힌다는 뜻을 표현했다. 딜라이트를 구매하면 일반 조명의 역할은 물론 도움이 필요한 곳에 또 다른 빛을 밝힌다는 의미를 담았는데, 딜라이트는 미국 IDEA에서 수상한 뒤 일본의 굿 디자인 어워드에서도 수상했다. 2007년부터 시작한 나눔 프로젝트를 통해 총 15억 원의 기금을 조성하여 240명의 저소득층 어린이들에게 장학금을 전달하였다. 배상민 교수는 나눔 프로젝트로 47회나 수상했다.[61] 배상민 교수는 나눔의 진정한 의미와 결과를 다음과 같이 말했다.

---

60 같은 책, 239.

61 같은 책, 240.

> 내 삶을 가장 크게 바꾼 것은 돈이나 명예가 아닌 나눔이었다. 세상 90% 사람들의 요구에 귀 기울이는 일, 더 많은 사람을 이롭게 하는 일, 그렇게 10%에 속한 사람의 책임을 다하기 위해 노력하는 일이다….
>
> '준다'는 생각을 하면 원래 가지고 있던 내 것이 아까울 수밖에 없다. 하지만 나눔은 내 것을 나누고, 그것을 받은 사람이 또 다른 사람에게 나누어 결국은 나에게 돌아오는 것이다. 그러므로 나눔은 그저 좋은 일, 착한 일이 아니다. 말로 다 설명할 수 없는, 인간이 생각할 수 있는 인과관계의 정도를 넘어선 보이지 않는 힘을 가진 행위이다….
>
> 내가 살아가는 이 땅을 보다 살만한 곳으로 만드는 작은 톱니바퀴. 그것이 바로 나눔이다. 미세하지만 끊임없이 움직이는 톱니바퀴가 초침을 움직이고 분침을 움직이듯이 우리 한 사람 한 사람은 작은 움직임으로 거대한 세상을 바꿀 수 있는 놀라운 존재들이다.[62]

5) 이제석과 공익 광고

이제석은 계명대학교 시각디자인 학과를 탁월한 성적으로 졸업했음에도 불구하고, 취업에 실패한 뒤 간판을 제작하는 곳에서 일하게 되었다. 그는 그곳에서 학력과 직업에 대한 사람들의 편견으로 어려움을 겪었다. 그는 자신의 한계를 극복하기 위해 미국 유학을 결심하고 뉴욕으로 갔다. 그는 가진 돈이 거의 없어 경제적인 어려움에 처하기도 했지만, 자신의 꿈을 실현하기 위해 포기하지 않고 끈기를 가지고 열정을 불태웠다.

그는 스쿨 오브 비주얼아트(School of Visual Art)에서 광고디자인학을 전공하면서 수많은 공모전에 응모하여 수상하였다. 그는 2007년 원쇼 광고 공모전(One Show Interactive Award)에서 수업 시간에 만든 '굴뚝총'이란 작품으로 최고상인 금상을 받았다.[63] 또한 장애인 인식 개선을

---

62 같은 책, 257–258.

63 이제석, 『광고천재 이제석』 (서울: 학고재, 2010), 46.

위해 만든 '누군가에게 이 계단은 에베레스트 산입니다'라는 광고로 2007년 클리오 어워드(Clio Award) 대학생 부문에서 동상을 받았다.[64] 그리고 세계평화단체(The Global Coalition for Peace)의 반전 포스터인 "뿌린 대로 거두리라(What goes around comes around)"는 원쇼 페스티벌 등 국제광고공모전에서 10여 개의 메달을 수상했다.[65]

그는 미국의 유명 광고 대행사에서 일하다가 상업적 광고보다는 사회 문제를 개선시킬 수 있는 광고를 만들기로 결심하였다. 그 후 한국으로 돌아와 '홍익인간'의 가치를 내걸고, 세상에 단 하나밖에 없는 좋은 광고, 정직한 광고를 만들기 위해 2009년 5월 이제석 광고연구소를 설립하였다.

이제석은 자신의 광고를 통해 사회 공익과 더불어 사는 행복한 세상을 만들려는 핵심 가치를 추구하고 있다. 자살, 학교폭력, 차별, 약물중독, 치안, 보건, 인권, 환경 문제 등 우리 사회가 직면한 수많은 문제들을 예산이나 법 제도와 같은 '물리적인 해결책'이 아닌 '인식의 변화'를 통해 해결책을 모색하려 하였다. 공익 광고와 계몽 캠페인과 같은 대국민 인식개선 활동을 통해 '더 나은 세상을 만드는 것'이 그의 경영 철학이다.

이제석은 사람들이 평소 미처 인식하지 못했던 사회 문제들을 광고를 통해 인식시키고 계몽시키고자 한다. 그는 '광고계의 천재'라는 별명을 가지고 있다. 그의 광고에 대한 뜨거운 열정은 창의적인 공익광고들이 그 결과물이다. 그는 광고연구소를 통해 기아와 식수 문제, 전쟁과 폭력 등과 같은 문제를 제기하고, 사회정의를 구현하기 위해 애쓰고 있다.

그가 만든 광고는 섬김의 가치가 담겨있는 것들이 많다. 그는 광고를 통해 장애인들의 아픔을 살피고, 사회적 약자들이 처한 현실을 고발하면

---

64 같은 책, 82.

65 같은 책, 165.

서 인권보장을 촉구하고 사람들의 인식을 개선시키고자 한다. 그는 상업적인 광고보다는 사회적 약자들을 품고 이들과 함께 더불어 살아가는 따뜻하고 행복한 세상을 꿈꾼다.

6) 느헤미야와 성벽 재건

느헤미야는 페르시아의 술맡은 관원장으로서 왕의 신임을 받는 고위관료였다. 그는 예루살렘성이 복구되지 못한 채 비참한 상황에 처해 있다는 소식을 듣고, 수개월 동안 금식기도하면서 귀향할 것을 결심하였다. 그는 아닥사스다 왕의 허락을 받아, 유다의 총독으로 예루살렘으로 돌아오게 되었다. 느헤미야는 아닥사스다 왕으로부터 성벽을 재건해도 좋다는 허락을 받아 냈고, 성벽 재건에 필요한 물자와 지원도 함께 얻었다. 예루살렘에 도착하자마자, 그는 조용한 밤에 예루살렘 성벽을 돌아보면서 앞으로 진행될 건축 계획을 확인하였다.

그는 남 유다가 바벨론 제국에 의해 멸망된 후, 무너진 채 방치되었던 성벽을 백성들과 함께 힘을 모아 재건하였다. 유대인과, 제사장들, 귀족들, 관리들, 그리고 백성들과 함께 성벽 재건 공사를 시작했는데, 공사에 앞서 성벽 재건에 대한 자신의 비전을 나누고 백성들과 지도자들의 동의를 얻었다. 느헤미야는 먼저 백성들을 가족 단위로 조직했고, 예루살렘 성문을 기준으로 각자 맡을 분량을 할당했다.

느헤미야가 성벽을 재건할 때, 사마리아 사람 산발랏, 암몬 사람 도비야, 아라비아 사람, 아스돗 사람들의 방해 공작이 있었다. 그들은 성벽 재건을 방해하기 위해 여러 차례 공포 분위기를 조성하였다. 그리하여 일군의 절반은 적대자들의 공격에 대비하여 보초를 서고, 나머지 일군들만이 성벽을 재건하는 어려움을 겪었다.

방해 세력들은 자신들의 방해 공작이 실패하자 느헤미야를 암살할 계획을 세우고 실행에 옮기려 하였다. 하지만 느헤미야는 그들의 사악한 계획을 파악하고 지혜롭게 대처하여 위기를 모면하였다. 방해 세력들의 온갖 음모와 비방에도 불구하고, 느헤미야는 백성들과 함께 힘을 모아 52일 만에 성벽을 재건하였다.

그는 이스라엘 공동체 안에 있는 불합리한 사회제도와 차별을 극복하였다. 느헤미야는 12년간 유다 총독으로 있으면서 사회정의를 실현하기 위해 스스로 총독의 녹을 받지 않고 솔선수범하면서 본을 보였다. 그는 종교지도자 에스라와 함께 흐트러진 사회기강을 바로잡고, 종교 질서를 회복시켰다. 그는 유능하고 청렴한 총독으로서 솔선수범하는 서번트 리더였다.

에필로그

| 영향력 있는 서번트 리더로 살기 |

리더는 고난과 역경 속에서도 다른 이를 원망하거나 환경을 탓하지 않고, 오히려 고난과 역경을 발판삼아 탁월한 인격을 형성하여 새로운 역사의 물줄기를 여는 사람이다. 리더는 적당함보다는 탁월함을 얻기 위해 노력하여 성취하는 사람이다.

성공한 사람들의 공통점에는 강한 신념, 불도저처럼 밀어붙이는 도전정신, 역경을 극복하는 인내와 끈기, 시대적 변화를 대비하는 예지력과 새로운 것에 대한 통찰력과 창조성 등을 들 수 있을 것이다. 여기에 중요한 요소를 하나 더 보태자면, 부드러운 성품을 지닌 따뜻한 카리스마를 들 수 있다.

카리스마는 하나님에게서 받은 신적인 능력이다. 카리스마가 있는 사람은 강력한 영적인 힘으로 사람들을 끌어당기는 매력을 가지고 있다. 하지만 이 시대에 요구되는 리더는 힘이나 강제력으로 사람을 끌어당기는 것이 아니라 부드러운 인간적 매력으로 사람들을 감동시키는 사람이다. 즉 따뜻한 성품으로 사람들에게 선한 영향력을 끼치는 사람이다.

빅터 프랭클은 모든 사람에게 주어진 각자의 사명이 있다고 다음과 같이 말했다.

모든 사람은 인생에서 자신의 구체적인 소명과 사명을 갖는다.
모든 사람들은 성취를 요구하는 구체적인 숙제를 해야 한다.
인생은 누가 대신할 수도 없고 반복할 수도 없다.
그러므로 모든 사람들의 임무는 그것을 실현할 구체적인 기회만큼이나 독특하다.[66]

서번트 리더는 구성원들에게 요구하기 전에 그들이 원하는 바가 무엇인지 먼저 살피고, 그들의 마음을 감동시키는 사람이다. 서번트 정신은 자신이 몸담고 있는 기관, 사회 공동체를 향한 섬김까지 포함한다. 서로가 섬기면서 서로를 인도함으로써 강하고 능력 있는 사람들이 자유롭게 자신의 능력을 마음껏 펼치며, 활동할 수 있는 문화를 만들어갈 때 좋은 결과를 기대할 수 있다.

좋은 리더는 자신의 장점이 되는 부분에 초점을 맞추고, 추종자들을 신뢰하고 적절한 역할을 위임한다. 예수 그리스도가 사람의 몸을 입고 이 땅에 내려와 섬김의 본을 보인 것은 그가 얼마나 탁월한 서번트 리더였는지를 보여준다. 동방순례에서 레오는 최고의 리더였지만 여행단을 섬기는 종으로서 봉사했다. 이것이 가능했던 이유는 레오의 내면 깊숙이 자리 잡고 있는 인간 본연의 종으로서의 자기인식 때문이었다. 랠프 월도 에머슨(Ralph Waldo Emerson)은 진정한 성공에 대해 다음과 같이 이야기했다.

자주 그리고 많이 웃는 것
현명한 이에게 존경을 받고
아이들에게 사랑을 받는 것
정직한 비평가의 찬사를 듣고
친구의 배반을 참아내는 것

---

66 J. C. Maxwell, 『성공여행』, 25.

아름다움을 식별할 줄 알며
다른 사람에게서 최선의 것을 발견하는 것
건강한 아이를 낳든
한 뙈기의 정원을 가꾸든
사회 환경을 개선하든
자기가 태어나기 전보다
세상을 조금이라도 살기 좋은 곳으로
만들어 놓고 떠나는 것
자신이 한때 이곳에 살았음으로 해서
단 한 사람의 인생이라도 행복해지는 것
이것이 진정한 성공이다

우리가 누군가를 진심으로 돌보고 도움을 베풀 때, 그에게 선한 영향을 미치게 된다. 한 사람에게 주는 파급효과는 그 사람과 관계된 모든 사람에게로 확산된다. 진정한 성공은 소소한 일상 속에서 작은 섬김을 통해 영향력을 확산시키는 것이다. 이는 마치 나비효과처럼 작은 나비의 날개짓으로 시작하지만 그 날개짓으로 인해 엄청난 변화의 바람이 일어나고, 결국에는 토네이도(Tornado)를 일으킬 정도로 강력한 변화가 일어나게 된다.

베토벤(Ludwig van Beethoven)의 교향곡 제9번 환희의 송가는 모든 악기가 제 역할을 충실히 해내고 절제된 합창 소리가 이에 더해지면서, 절망에서부터 환희까지 인간의 모든 감정을 아우르는 위대한 작품이다. 아름다움이 결국 공허함을 누르고 승리한다는 것을 장엄하게 표현한 걸작이다. 세상을 더욱 평화롭고 행복한 곳으로 만드는 변화의 시작은 일상에서의 작은 섬김에서 시작된다. 서번트 리더의 작은 섬김은 나비효과처럼 더 멀리까지, 더 많은 사람에게 강력한 영향력을 끼치는 거대한 변화를 일으키는 계기가 될 것이다.

참고문헌

• • •

고신대학교출판부, 『고신의료원 50년을 '선생이 함께 하신 발자취'』, 부산: 고신의료원, 2001.

계명대학교 120년사 편찬위원회, 『계명대학교 120년사』, 대구: 계명대학교출판부, 2019.

김명자, 『팬데믹과 문명』, 서울: 까치, 2020.

김애란 외. 『눈먼 자들의 국가』, 파주: 문학동네, 2014.

김은식, 『장기려-우리 곁을 살다간 성자』, 봄나무, 2006.

김종현, 『검은 케네디 오바마의 리더십 10계명』, 서울: 일송북, 2013.

민주화를위한전국교수협의회, 『신자유주의와 세월호 이후』, 서울: 앨피, 2014.

배상민, 『나는 3D다』, 서울: 시공사, 2105.

박성희, 『진정성』, 서울: 학지사, 2011.

손정위, 『변화와 성숙을 위한 섬김의 리더십』, 부천 : 존스북, 2012.

이계자, 『한경직 목사의 사회봉사 사상』, 서울: 기독교문서선교회, 2015.

이기환, 『성산 장기려』, 한걸음, 2000.

이제석, 『광고천재 이제석』, 서울: 학고재, 2010.

정영숙, 『성공과 행복을 가져오는 공감 커뮤니케이션』, 서울: 높은오름, 2007.

최원영, 『행복한 리더가 만들어가는 이타적 리더십』, 인천 : 다인아트,

2009.
한비야,『지도 밖으로 행군하라』, 서울: 푸른숲, 2006.
한정선,『소통, 진정성이 진정성을 만날 때』, 서울: 커뮤니케이션북스, 2013.
한 홍,『거인들의 발자국』, 서울: 두란노, 2000.
황종건,『자유와 신념의 교육자, 동산 신태식』, 대구: 계명대학교출판부, 1999.
홍종원,『새로운 시대를 여는 도덕 리더십』, 서울: 호박, 2018.

• • •

Baron-Cohen, Simon. 홍승효 옮김,『공감제로』, 서울: 사이먼스북스, 2018.
Blanchard, Kenneth H. & Miller, Mark. 조천제 & 이명노 옮김,『행복 주식회사』, 파주: 21세기북스, 2006.
Blanchard, Ken. & Hodges, Phil. 조천제 옮김,『섬기는 리더 예수』, 서울: 21세기북스, 2004.
Boyatzis, Richard E. & Mckee, Annie. 정준희 옮김,『공감 리더십』, 서울: 에코의서재, 2007.
Carson, Clayborne. 이순희 옮김,『나에게는 꿈이 있습니다 - 마틴 루터 킹의 자서전』, 서울: 바다출판사, 2000.
Gitilin, Martin. 양선영 옮김,『오드리 헵번』, 서울: 신원문화사, 2010.
Greenleaf, Robert K. 강주헌 옮김,『서번트 리더십 원전 : 리더는 머슴이다』, 서울 : 참솔, 2006.
Hesse, Hermann. 이인웅 옮김,『동방순례』, 서울: 민음사, 2000.
Howe, David. 이진경 옮김,『공감의 힘』, 서울: 지식의 숲, 2013.

Hunter, James C. 김광수 옮김, 『서번트 리더십』, 서울: 시대의창, 2014.

Krznaric, Roman. 김병화 옮김, 『공감하는 능력』, 서울: 더퀘스트, 2018.

Lowe, Janet. 신리나 옮김, 『신화가 된 여자 오프라 윈프리』, 서울: 청년정신, 2009.

Maxwell, John C. 채천석 옮김, 『리더십의 21가지 불변의 법칙』, 고양: 청우, 2003.

Maxwell, John C. 윤순식 옮김, 『성경에서 배우는 불변의 법칙』, 고양: 청우, 2002.

Maxwell, John C. 채천석 옮김, 『리더십 101』, 고양: 청우, 2003.

Maxwell, John C. 채천석 옮김, 『성공여행』, 고양: 한움, 2003.

Maxwell, John C. 조용만 옮김, 『인간관계의 원칙』, 고양: 청우, 2003.

Peterson, Jordan B, 강주헌 옮김, 『12가지 인생의 법칙』, 서울 : 메이븐, 2018.

Philips, Donald T. 『마틴 루터 킹의 리더십』, 서울: 시아출판, 2001.

Robbins, Anthony. 『네 안에 잠든 거인을 깨워라』, 서울: 씨앗을뿌리는사람, 2008.

Walker, Alexander. 김봉준 옮김, 『오드리 헵번 스토리』, 서울: 북북서, 2008.

Weston, Anthony. 이주명 옮김, 『윤리문제에서 딜레마 뛰어넘기』, 서울: 필맥, 2007.

• • •

강수돌, "세월호 참사에 드러난 기업 · 정부의 사회적 무책임," 「인문논총」

72/2 (2015. 5).

김은섭, “한경직 그 삶의 여정,” 「한국교회사학회지」 32 (2012).

류시완, 「경북 안동 농아인교회의 역사」, 장로회신학대학교 대학원 석사 학위논문 (2008).

박민규, “눈먼 자들의 국가,” 김애란 외, 『눈먼 자들의 국가』, 파주: 문학동네, 2014.

박재현, “성산 장기려 선생의 의학전문직업성,” 「한국의료윤리교육학회지」 11/1(19호), (2008. 6).

박찬구, “세월호 사건을 통해서 본 한국 사회의 위기에 대한 성찰,” 『교육연구와 실천』 81(2015. 7).

박창훈, “한경직 목사와 사회봉사,” 「신학과 선교」 41 (2012. 11).

손홍규, “남북에서 인술 펼치는 장기려 박사와 아들 장택용,” 「민족 21」 (2004. 7).

서영석, “한경직 목사의 삶과 설교에 나타난 사상,” 「한국교회사학회지」 32 (2012).

안교성, “한경직 목사와 세계선교,” 「한국교회사학회지」 32 (2012).

유장춘, “영락교회를 넘어서 한국사회를 섬긴 한경직 목사의 사회봉사 연구,” 「교회사회사업」 9 (2009).

이종만, “기독교 대학으로서 사랑의 빛: 실존의 본질성,” 『제3회 동천포럼 자료집』 (2019).

장기려, “유물론자들에게 전하고 싶은 요한의 사랑의 철학,” 「부산모임」 43 (1974. 8).

장기려, “창간사를 대신하여,” 「청십자뉴스」 창간호 (1968. 8).

지강유철, “장기려 그 사람,” 「기독교사상」 52/9 (2008. 9).

채규철, “장기려 박사 – 존경받은 사랑의 인술,” 「새가정」 (1973. 3).

황재범, “서번트 리더십의 기독교적 및 시대적 적합성과 특징들,”「신학논단」60 (2010. 6)

• • •

「조선일보」, 1979년 8월 22일

「한국일보」, 1990년 2월 18일

• • •

https://www.sciencephoto.com/media/896339/view/amundsen-at-the-south-pole

https://picryl.com/media/members-of-the-terra-nova-expedition-at-the-south-pole-robert-f-scott-lawrence-1

https://commons.wikimedia.org/wiki/File:Shack-endurance.jpg

https://post.naver.com/viewer/postView.nhn?volumeNo=27229733&memberNo=39989806

https://blog.naver.com/junghwanedu_official/222262095618

https://www.chosun.com/national/weekend/2020/10/17/XTPS6ZBEKZD23PL6ZK2R3SRXW4/?form=MY01SV&OCID=MY01SV

http://www.systemclub.co.kr/bbs/board.php?bo_table=22&wr_id=20

https://news.v.daum.net/v/20151214143019223

https://cafe.daum.net/push21/MJtb/526?q=% EC%86%94%EB%9D%BC%20%EC%B9%B4%EC%9A%B0

https://www.eroun.net/news/articleView.html?idxno=21048

색인 INDEX

ㅅ

ㅇ

ㅈ

ㅎ